말로써 행복을

| 권재일 |

서울대학교 인문대학·대학원 언어학과 졸업 (문학박사)
서울대학교 언어학과 교수, 국립국어원 원장, 한글학회 회장 등 역임
현재 서울대학교 명예교수

저서: 《국어의 복합문 구성 연구》(1985), 《일반언어학 이론》(번역: R. 야콥슨, 1989), 《한국어 통사론》(1992), 《한국어 문법의 연구》(1994), 《한국어 문법사》(1998), 《언어학과 인문학》(1999, 공저), 《국어지식탐구》(1999, 공저), 《구어 한국어의 의향법 실현방법》(2004), 《20세기 초기 국어의 문법》(2005), 《남북 언어의 문법 표준화》(2006), 《사라져 가는 알타이언어를 찾아서》(2008, 공저), *A Study of the Tacheng Dialect of the Dagur Language*(2008, 공저), 《문법 교육론》(2010, 공저), 《중국의 다구르어와 어웡키어의 문법-어휘 연구》(2010, 공저), 《언어의 이해》(2010, 공저), 《중앙아시아 고려말의 문법》(2010), 《언어 다양성 보존을 위한 알타이언어 문서화》(2011, 공저), 《북한의 〈조선어학전서〉 연구》(2012), 《한국어 문법론》(2012), 《세계 언어의 이모저모》(2013), 《남북 언어의 어휘 단일화》(2014), 《아이마라어 연구》(2015, 공저), 《아이마라어 어휘》(2015, 공저), 《언어학사강의》(2016), 《개정판 한국어 문법사》(2021), 《한국어 동사사전》(2021, 공저) 등.

말로써 행복을

초판 인쇄 2023년 9월 15일
초판 발행 2023년 10월 4일

지은이   권재일
펴낸이   박찬익
편집   이기남
책임편집   권효진
펴낸곳   ㈜박이정   ▌주소 경기도 하남시 조정대로 45 미사센텀비즈 F827호
전화   031-792-1195 ▌팩스 02-928-4683
홈페이지   www.pijbook.com ▌이메일 pijbook@naver.com
등록   2014년 8월 22일 제2020-000029호
ISBN   979-11-5848-833-0 03700

가격   20,000원

말로써 행복을

권재일

박이정

　이 책은 글쓴이가 그동안 온 국민이 우리말과 우리글에 자긍심을 가지고, 쉽게, 바르게, 품격 있게 언어생활 하기를 바라는 마음으로, 신문이나 잡지를 통해 주장을 펼친 글과 여러 사람 앞에서 강연한 내용을 다듬어 엮은 책이다. 따라서 이 책은 국어학을 공부하는 전문서가 아닌, 우리 언어생활을 바르게 이해하기 위한 읽을거리라 하겠다.

　글쓴이는 대학에서 일반언어학 이론을 바탕으로 한국어 문법론과 문법사를 연구하고 강의하였다. 한국어 문법 체계를 세워 한국어 문법의 특질을 찾았으며, 한국어 문장구성과 문법범주가 역사적으로 변화해 온 과정과 원인을 밝혔다. 또한, 고대로부터 현대에 이르기까지 언어학 연구의 흐름을 살피고, 언어 다양성과 언어 유형에도 관심을 가지면서 사라져 가는 언어들에 대한 현지 조사를 다녔다.

　그러나 이러한 학술 활동은 그 자체로도 가치가 있지만, 이를 국민의 말글 생활을 윤택하게 하는 것에 활용한다면 그 가치는 훨씬 더 높을 것이라고 믿는다. 글쓴이는 이러한 믿음을 대학 시절부터 간직해 왔다. 국어운동학생회라는 동아리를 통해 우리 말글에 대해 자긍심을 높이고 우리 말글을 바르게 쓰도록 하자는 활동을 펼친 이래 지금까지 연구 활동과 함께 늘 국어 교육, 국어 정책 분야에 관심을 기울였다. 초등학교 및 중등학교 국어 교과서를 편찬하는 일에도 참여하였으며, 남북 언어 통합을 위한 남북 언어학자 교류, 남북 공동 사전 편찬 활동에도 적극적으로 관여하였다. 특히 국립국어원의 원장을 맡아 국어 정책을 수립하여 국민의 국어 능력 향상을 위해 노력하였으며, 한글학회의 회장을 맡아 우리말과 우리글을 가꾸고 지키는 일에 힘을 보태었다.

이렇게 지난 오십여 년 동안, 학술 활동뿐만 아니라, 국민이 우리 말글에 대한 인식을 새롭게 하고 국어 능력을 향상하도록 하는 활동도 펼쳤다. 이러한 지금까지의 활동 내용을 모아 다듬은 것이 이 책이다. 구체적으로는 다음과 같은 내용을 담았다.

제1장에서는 우리 삶에 참으로 소중한 존재인 언어의 기능과 본질을 소개하였다. 의사소통의 도구인 언어를 통하여 인류 사회는 서로 협동하여 문화를 발전시켜 왔음을 확인하였다. 제2장에서는 말, 얼, 그리고 문화가 서로 어떠한 관계를 맺고 있는가를 살펴, 말글 생활의 이모저모를 살폈다. 특히 언론의 언어, 행정용어, 법률용어의 실태를 분석하였다. 이어서 제3장에서는 어문규범과 관련한 문제를 짚었다. 어문규범은 우리가 의사소통을 효과적으로 하기 위한 약속이다. 따라서 국민은 관심을 가지고 약속을 지켜야 하며, 국가는 국민이 약속을 잘 지킬 수 있는 환경을 마련해야 한다는 주장을 펼쳤다.

제4장과 제5장은 언어의 다양성에 관한 이야기이다. 언어 다양성을 말소리, 어휘, 문법 현상을 통해 확인하고, 그러한 다양성을 지닌 언어가 사라져 가고 있는 현실에 관심을 기울였다. 왜냐하면 어떤 언어가 사라진다는 것은 그 언어가 품고 있는 문화, 역사, 생활방식, 자연환경 등에 대한 다양한 정보가 다 사라지는 것이기 때문이다. 그리고 제6장에서는 언어 변화를 다루었다. 언어는 표현의 간결함, 이해의 분명함을 확보하기 위해 끊임없이 변화해 왔고, 이 순간에도 변화는 지속하고 있다.

제7장은 훈민정음 창제에 담긴 깊은 뜻을, 책으로서 훈민정음인 《훈민정음해례》와 글자로서 훈민정음인 "한글"을 통해 알아보았다. 세종대왕이 글자를 알지 못해 지식과 정보를 제대로 누리지 못했던 어리석은 백성들이

의사소통할 수 있도록, 배우기 쉬운 글자를 창제한 의의를 되새겨 보았다. 이어서 제8장에서는 지금의 한글학회로 이어온 조선어학회의 큰사전 편찬 과정을 되돌아보았다. 조선어학회 선열들이 사전을 편찬하다가 옥에 갇혀 가면서 펴낸 《큰사전》은 우리 민족문화사에 빛나는 큰 업적이다. 제9장에서는 남북의 언어 차이를 이해하고 그 차이를 극복하기 위한 방안을 제시하였다. 남북 언어 차이를 극복하는 것은 통일을 준비하는 우리에게 매우 절실한 과제이다

마지막으로 제10장은 국어 연구가 새롭게 나아갈 방향을 제시한 것이다. 언어 연구 역사의 흐름을 통해 우리말 연구의 목표, 대상, 방법이 지향해야할 방향을 제안하였다.

이 책을 읽는 데에 순서는 없다. 독자께서 흥미로워 보이면 어느 것을 먼저 읽어도 좋다. 혹시라도 흥미가 덜하면 어디서든 건너뛰어도 괜찮다. 한편, 이 책에서 다음과 같은 용어는 뜻의 차이 없이 문맥에 따라 섞어서 사용하였는데, 이 점 너그럽게 헤아려 주길 바란다. '언어'와 '말', '문자'와 '글자' 등을 그때그때 상황에 맞게 사용하였다. '국어, 한국어, 우리말'도 내용에 따라 편하게 사용하였다. 그리고 오래전에 발표했던 내용도 들어 있어 지금 사정과 어울리지 않는 것도 있을 수 있다. 그래서 해당 글의 출전인 글쓴이의 논저 목록을 덧붙였다.

아무튼 이 책을 통하여 우리 말글의 가치를 바르게 이해하고, 나아가서 우리 말글에 대해 자긍심을 가지고 말글 생활을 편하게 하여, 모든 국민이 "말로써 행복을" 누리기를 소망한다. 이번에도 기꺼이 출판을 맡아 주신, 그동안 국어학 전문서를 출판하여 학계에 크게 이바지해 온, 주식회사 박이정의 박찬익 사장님께 고마움의 인사를 드린다.

2023년 5월 19일
권재일

언어의 가치

말로써 행복을

언어는 의사소통의 기본 도구이다. 그러나 언어는 단순히 의사소통의 도구에 그치는 것이 아니다. 언어를 통하여 인류 사회는 서로 협동하여 문화를 발전시켜 왔다. 인류는 동시적 협동 뿐만 아니라 계기적 협동이 가능하여 한 사람이 습득한 지식이나 경험을 다른 사람에게, 그리고 다음 세대에 전수하는 능력을 가졌다. 이러한 계기적 협동이 가능한 것은 오로지 인류가 말을 할 수 있기 때문이다.

- 허웅, 《언어학개론》에서

1.1. 삶에 참으로 소중한 존재, 언어

"안녕하세요?" 아침에 만나면 누구나 나누는 인사말이다. 이렇듯 우리는 말로써 하루를 시작한다. 마주 앉아 있는 사람과 이야기하기도 하고, 전화로 말을 주고받기도 하고, 방송에서 나오는 말을 듣기도 한다. 이처럼 말은 우리 생활에서 떼려야 뗄 수 없을 정도로 깊숙이 녹아 있다. 그래서 말은 우리 삶에서 없어서는 안 되는 참으로 소중한 존재다. 그리고 이 소중한 말을 과학적으로 연구하는 학문이 언어학이다. 이제 이 책을 시작하기에 앞서 언어의 기능은 무엇일까, 언어의 구조는 어떻게 되어 있을까, 언어는 어떻게 변화하여 오늘에 이르렀을까, 이러한 언어에 관한 몇몇 문제에 대해 살펴보기로 하자.

언어의 기능, 인류를 인류답게 하다

어떤 현상을 가장 정확하게 이해하기 위해서는 그 현상의 기능과 본질부터 알아보는 것이 필요하다. 그래서 언어를 이해하기 위해서 먼저 언어의 기능이 무엇인지 알아보기로 하자.

언어는 사람만이 가지는, 매우 중요한 가치를 지닌다. 언어가 의사소통의 기본 도구이기 때문이다. 즉, 언어는 나의 생각과 느낌을 상대방에게 전달하고, 표현하고, 또한 상대방의 생각과 느낌을 전달받는, 즉 이해하는 도구이다. 이것이 바로 언어의 기능이다. 그러나 언어의 기능은 단순히 의사소통의 도구에 그치는 것이 아니다. 언어를 통하여 인류 사회는 서로 협동하며 문화를 발전시켜 왔다.

인류가 다른 동물과 구별되는 가장 중요한 특성은 서로 협동할 수 있다는 점이다. 동물, 특히 개미나 꿀벌의 사회에서도 상당히 조직적인 협동이 있지만, 그들의 협동 방식은 매우 단순하고 동시적이다. 이에 비해 인류는 동물과는 달리 동시적 협동뿐만 아니라 세대를 이은 계기적 협동도 가능하다. 즉, 인류는 한 사람이 습득한 지식이나 경험을 다른 사람에게 전수할 뿐만 아니라, 세대를 이어 전수하는 협동이 가능하다. 이것은 오로지 인류가 말을 할 수 있기 때문이다. 인류에게 말할 수 있는 천부적 자질이 없었더라면, 인류는 지식의 교환이나 전수가 불가능했을 것이고, 따라서 오늘날과 같은, 고도로 발달한 인류 문화는 이루지 못했을 것이다. 이렇듯 언어는 의사소통의 도구인 동시에 인류 문화를 이끌어온 원동력이다. 오늘날 인류를 인류답게 해 준 것이 바로 언어다. 이 점이 바로 우리가 언어에 대해 관심을 가지는 까닭이다. [참고: 허웅 1963, 《언어학개론》 11-12쪽, 정음사]

언어를 이루는 요소, 말소리, 뜻 그리고 문법

다음은 언어의 본질에 대해 살펴보기로 하자. 언어의 본질은 흔히 기호의 일종이라고 한다. 기호란 반드시 외적인 형식과 내적인 내용이라는 두 요소를 갖추고 있어야 하는데, 언어 역시 이 두 요소를 가진다. 인간의 언어는 형식의 측면인 말소리[음성]와 내용의 측면인 뜻[의미]이라는 두 요소를 가진 기호이다. 말소리는 뜻을 실어 나르는 형식이며, 거기에 실린 뜻은 상대방에게 전달하고자 하는 내용이다.

언어도 자연 현상처럼 그 구조에 일정한 규칙과 원리가 있는데, 언어에 담겨 있는 규칙과 원리를 문법이라 한다. 사람들이 언어를 안다는 것은 그 언어의 문장을 이루고 있는 규칙이나 원리를 안다는 것이다. 사실 한국어를 모국어로 배워 아는 사람이라면 전에 들어 본 일이 있든 없든 한국어 문장을 올바로 구성할 줄 알며, 또 그것이 문법적으로 적합한지 않은지를 가려내어 이해할 수 있다. 이러한 능력이 바로 언어능력이다.

이렇게 보면, 언어를 이루는 세 가지 기본 요소는 말소리, 뜻, 문법이다. 이 세 가지 요소는 언어를 이루는 핵심 구조이자, 곧 언어학이 연구하는 대상이다.

언어학은 무엇을 연구하는가

[1] 말소리 연구

언어학은 언어의 말소리를 연구한다. 우리가 쓰는 구체적인 말소리가 음성기관을 통해 어떻게 만들어지며, 구체적으로 자음과 모음, 그리고 소리의 높이, 길이, 세기의 성질이 어떠한지를 연구한다. 최근에 말소리 연구는 컴퓨터의 다양한 프로그램을 활용하여 음성인식, 음성합성, 그리고 언어치료와 같은 여러 분야에서 큰 성과를 올려 우리 생활을 한결 윤택하게 하고 있다. 음성인식이란 기계가 사람의 말소리를 알아듣게 하는 것을 말하고, 음성합성이란 기계가 사람의 말소리를 만들어 내는 것을 말한다. 오늘날 음성인식과 음성합성은 어느새 우리 생활 곳곳에 깊숙이 들어와 있다.

[2] 의미 연구

언어학은 단어와 문장의 의미를 연구한다. 단어끼리 서로 어떠한 의미 관계를 맺고 있는지를 밝히기 위해 의미의 확대, 의미의 축소, 그리고 은유 표현, 문장의 중의성 등에 관심을 가진다. 또한 같은 소리에 서로 다른 뜻을 가진 단어(다의어, 동음이의어), 같은 뜻이 서로 다른 말소리로 나타나는 단어(동의어, 유의어), 서로 의미가 대립하는 단어(대립어) 등을 찾아 연구한다.

영어의 rice라는 단어는 우리말에서 '벼, 모, 쌀, 밥' 등 다양한 의미에 대응한다. 그리고 우리말에서는 아버지와 숙부를 가리키는 단어가 구별되어 있고, 어머니와 고모, 이모를 가리키는 단어가 서로 구별되어 있다. 그런데 하와이어에서는 아버지와 숙부를 모두 makuakane라고 하여 구별하지 않고, 어머니, 고모, 이모를 모두 makuahine라고 하여 구별하지 않는다. 이와 같이 언어마다 서로 다른 의미 관계를 잘 분석해 낸다면, 외국어 자동번역기의 기능을 높일 뿐만 아니라 외국어를 효과적으로 교육하는 데에 결정적인 도움이 될 것이다.

한편 "비가 오네."처럼 같은 문장이라도 누가, 누구에게, 언제, 어디서 말하는 상황이냐에 따라, '비가 오니 우산을 가져가거라, 비가 오니 마당의 빨래를 걷어라, 가뭄이 끝나겠다, 오늘 들놀이가 취소되겠다' 등과 같이 매우 다양하게 해석된다. 따라서 이러한 상황에 따른 의미를 정확하게 잘 판단해 내는 것도 원활한 의사소통을 위해 매우 중요하다. 원활한 의사소통은 모든 사회활동의 기반이 되기 때문에, 언어의 가치는 대단히 높은 것이다.

[3] 문법 연구

언어학은 언어의 문법 구조를 연구한다. 즉, 언어에 담겨 있는 규칙과 원리를 찾아 설명한다. 단어를 구성하는 데에 규칙과 원리가 있는가 하면, 단어와 단어가 모여 문장을 구성하는 데에도 일정한 규칙과 원리가 있다. 예를 들어 다음과 같은 한국어와 영어 문장을 살펴보자.

　(가) 광수가 영희를 좋아하였다.
　(나) 광수가 영희를 좋아하였느냐?
　(다) John loved Mary.

(라) Did John love Mary?

문장을 구성할 때, 한국어에서는 종결어미 '-다'에 의해 서술문을, '-느냐'에 의해 의문문을 구성하는 반면, 영어에서는 문장성분이 놓이는 위치에 따라, 주어가 앞에 놓이면 서술문을, 서술어가 앞에 놓이면 의문문을 구성한다. 이처럼 문법 연구는 언어마다 어떤 방식으로 문장을 구성하는가를 밝힌다.

한 예를 더 들어 보자. 위의 문장을 보면, 한국어에서는 조사 '가'에 의해 주어를, '를'에 의해 목적어를 나타내는 반면, 영어에서는 서술어 앞에 위치하는 성분이 주어가 되고, 서술어 뒤에 위치하는 성분이 목적어가 된다. 즉, 한국어는 조사와 같은 문법형태에 의해 문장성분을 표시하며, 영어는 어순에 의해 문장성분을 표시한다. 따라서 한국어 문법을 연구하거나 교육할 때에는 조사나 어미와 같은 문법형태의 특성을 잘 살펴 이들이 결합하는 규칙이나 원리를 찾아내야 할 것이며, 영어 문법을 연구하거나 교육할 때에는 어순에 대한 규칙과 원리를 찾아내야 할 것이다. 이처럼 문법 연구는 언어의 여러 다양한 문법 기능을 밝혀 언어가 간직하고 있는 비밀을 하나씩 벗겨 내고 있다.

언어의 변화, 언어는 살아 움직인다

세상 만물이 세월의 흐름에 따라 변화하듯이, 언어도 역사적으로 변화한다. 옛 문헌의 우리말 기록을 보면 오늘날 말과는 꽤 다르다는 것을 알 수 있다. 옛말에서 'ᄀᆞᅀᆞᆯ'이었던 단어가 지금은 '가을'로 바뀌었다. /ㅿ, ㆍ/와 같은 자음과 모음이 지금은 사라졌다. 말소리뿐만 아니라 뜻도 역사적으로 변화한다. '어엿브다'는 옛말에서 '불쌍하다'라는 뜻이었는데, 지금은 '아름답다'라는 뜻으로 쓰인다. 또한 《춘향전》에서는 '인정'이 '뇌물'을, '방송'이 '석방'을 뜻하였다. 지금 우리가 알고 쓰는 뜻과는 전혀 다르다.

같은 시대 안에서도 이러한 뜻 변화가 있다. 신문이나 잡지를 구입해서 '읽는' 것을 '구독'이라고 하는데, 어느새 온갖 것을 구입하는 것을 다 '구독'이라 한다. 유튜브를 시청하는 것도 구독이라 하고, 더 나아가 꽃배달도 구독하기를 요구한다. 이렇듯 언어는 살아 움직이는 것이어서, 없어지기도 하고 바뀌기도 하고 새로 생겨나기도 한다. 최근 우리 사회에서 갑자기 나타나 사용빈도가 매우 높은 '식감, 가성비'라는 말이 있다. 기록을 검색해 보면 불과 십 년 정도의 역사를 지닌다. 국립국어원의 《표준국어대사전》에는 아직 표제어로 등재도 되어 있지 않지만 일상 대화에서 없어서는 안 될 단어가 되었다.

한편, 언어는 시간에 따라 변할 뿐만 아니라, 지역이나 사회에 따라서 달라질 수 있다. 우리나라 각 지역마다 사투리가 쓰이고 있음을 우리는 잘 알고 있다. 또한 언어는 사회 계층이나 나이, 성별 등의 사회적 요인에 따라서도 달리 나타난다. 어른들의 말과 청소년들의 말에 크고 작은 차이가 있음을 우리는 보고 있다. 이처럼 한 언어 안에 존재하는 언어의 다양한 차이를 방언이라 하는데, 언어학은 다양한 방언의 모습에도 관심을 가진다.

언어학과 컴퓨터의 만남, 삶의 질을 높이다

현대 학문의 중요한 특징은 서로 이웃하는 학문끼리 도움을 주고받는 것이다. 컴퓨터 기술의 발전과 더불어 최근에는 언어 연구에도 컴퓨터가 적극적으로 활용되고 있다. 그래서 언어학과 컴퓨터과학이 만나 이룬 컴퓨터언어학의 발전이 눈부시다. 컴퓨터언어학은 컴퓨터가 인간의 언어를 처리하는 방법을 연구한다. 즉, 인간의 언어지식을 활용하여 유용한 컴퓨터 시스

템을 개발한다. 앞서 잠깐 살핀 음성인식과 음성합성을 비롯하여 언어정보의 검색, 맞춤법과 문법의 검사와 교정, 전자사전, 외국어 자동번역, 음성과 문자의 자동변환 등, 언어와 컴퓨터가 만나는 수많은 영역을 컴퓨터언어학이 맡고 있다.

컴퓨터언어학의 기반이 되는 것은 대규모 말뭉치의 구축이다. 말뭉치란 입말과 글말에서 실제 쓰이는 언어자원을 수집한 큰 자료뭉치를 말한다. 양질의 대규모 말뭉치를 구축하여 이를 관찰하고 분석하는 것은 컴퓨터언어학에서 가장 절실한 과제이자 인문학 기반의 제4차 산업혁명 시대의 과제이기도 하다. 이제 이론언어학을 바탕으로 컴퓨터언어학을 더욱 발전시킨다면, 언어학을 통해, 우리 삶의 수준은 한 단계 더 높아질 것으로 믿는다.

[출전]

1996 언어학은 무엇을 탐구하는가, 《한글사랑》 2, 137-143, 한글사.
1996 언어학, 김완진 외 지음 《학문의 길라잡이》, 41-50, 청림출판.
2005 언어학: 인간의 본성을 밝히는 위대한 도전, 김용준·정운찬 외 공저 《스무 살에 선택하는 학문의 길》, 187-201, 아카넷.
2020 삶에 참으로 소중한 존재, 언어, 《지질·자원·사람》 2020년 3-4월호, 32-35, 한국지질자원연구원.

1.2. 말로써 행복을

앞에서 언어는 의사소통의 도구라 하였다. 그렇다면 의사소통을 잘할 수 있는 가장 훌륭한 방법은 무엇일까? 그것은 상대방의 관점에서 말을 하고, 또한 상대방의 관점에서 말을 듣는 것이다. 즉, 상대방을 배려하며 말하고, 상대방의 말을 귀담아 듣는 것이다. 이렇게 하면 우리의 삶은 말로써 한결 행복해질 것이다.

귀담아 듣기

우리가 사회활동하는 데서 여러 가지 중요한 활동이 있을 수 있겠지만, 그 가운데 가장 중요한 활동은 언어활동이라고 해도 틀림이 없다. 그러한 언어활동은 크게 두 가지 모습으로 나타난다. 첫째는 어떠한 언어 내용을 '표현'하는 모습이고, 둘째는 표현된 언어 내용을 '이해'하는 모습이다. 따라서 언어활동이란 언어 내용을 표현하고 그것을 이해하는 활동이다. 그런데 이러한 활동은 다시 다음과 같은 두 가지 방식으로 실현된다. 즉, 입말과 글말이 그 두 방식이다. 입말로 표현하는 활동을 '말하기'라 하고, 입말을 이해하는 활동을 '듣기'라고 한다. 그리고 글말로 표현하는 활동을 '쓰기'라 하고, 글말을 이해하는 활동을 '읽기'라고 한다.

이렇게 보면 언어활동이란 말하기, 듣기, 쓰기, 읽기의 네 가지 활동으로 되어 있다. 따라서 우리가 살아가면서 언어활동을 한다는 것은 바로 위의 네 가지 활동을 하는 것이다. 다시 말하자면, 머릿속에서 짜 맞춘 내용을 조리 있게 표현하고, 이것을 정확하게 이해하여 받아들이는 과정이 바로 언어활동이며, 이것이 곧 의사소통의 과정이다.

그러면 이러한 언어활동, 즉 의사소통 과정은 왜 우리가 살아가는 데 필요할까? 생각을 표현하고 이해하는, 언어활동의 목적은 다음과 같은 세 가지이다. 첫째는 알리려는 표현이다. 이것은 지식을 전달하려는 표현인데, 설명하기, 묘사하기 등이 여기에 속한다. 둘째는 설득하려는 표현이다. 이것은 상대방의 마음을 변화시키거나 행동을 변화시키려는 표현이다. 셋째는 즐거움을 나누려는 표현이다. 흥미 있는 이야기나 경험을 전달하는 표현이다. 실제로 우리가 언어활동을 할 때는 이러한 세 가지의 표현 가운데한 가지 또는 그 이상으로써 표현한다. 즉, 말하거나 글을 쓰게 된다.

여기에서 우리들의 언어활동을 잠시 돌이켜 보면, 큰 문제점을 발견한다. 위에서 우리는 언어활동에는 표현과 이해의 두 모습이 있다고 하였다. 그런데 지금까지 우리는 대체로 표현의 측면에 대해서만 관심을 가졌지, 이해의 측면에 대해서는 너무 소홀히 했다는 것이 바로 그 문제점이다. 즉, 자기의 생각과 느낌을 표현하는 데에 너무 큰 비중을 두고, 남의 생각과 느낌을 이해하는 데에는 너무 소홀히 하였다.

흔히 현대사회를 가리켜 자기개성의 시대, 자기주장의 시대라고 말하고 있다. 그러나 이 말에는 반드시 '남과 함께 사는 사회에서'라는 조건이 전제되어야 한다. 그런데 우리는 가끔 이 조건을 무시한 채 자기주장의 시대로만 살아가려는 경우를 본다. 상대편은 아무 주장도 못하도록 큰 고함으로 구호를 부르짖는 사람들이 그 대표적인 예이다. 이들은 거기에 한술 더 떠서 북과 꽹과리 소리를 곁들여 다른 사람의 말은 아예 막아 버리고 자기주장만 내세운다. 자동차끼리 어쩌다 부딪기라도 하면 우선 언성을 높여 자기는 잘못이 없고 상대방만이 잘못이 있다고 하는 예도 흔히 본다. 어떤 사람은 자동차 사고가 났을 때는 우선 큰소리부터 치라고 처음 운전을 시작하는 사람에게 가르쳐 준다고 하니 이것은 두술 더 뜨는 격이다. 어디 그뿐이겠는가. 이름 그대로 듣기 위해 모인 모임인 청문회에서 증인에게 묻기만 하고 증인이 대답하려고 하면, 그만 되었다고 말을 끊어 버리는 진풍경도 모두 이런 예, 즉 상대방의 말은 전혀 들으려 하지 않고 자기주장만을 말하려는 예에 속한다. 나의 표현이 존중받기 위해서는 남의 표현도 존중하여 이해하려고 해야 할 것이다.

민주주의 사회란 나의 자유가 존중되는 것과 마찬가지로 남의 자유도 그만큼 존중하는 사회이다. 우리가 살고 있으며 또 지향하고 있는 사회가 민주주의 사회라고 한다면, 언어활동에 있어서도, 자기의 생각만을 표현하고 남의 생각을 이해하는 것을 소홀히 해서는 안 될 것이다. 그래서 말하기에 앞서서 남의 말에 귀 기울여 듣는 자세가 언어활동의 기본이라고 믿는다.

상대방의 존재와 가치를 나의 존재와 가치만큼 존중하여, 상대방의 말을 귀담아 듣는 마음가짐이 민주주의를 지향하는 사회에서 참으로 중요하다고 하겠다. 우리는 지금부터라도 자기만의 일방적인 표현 활동, 즉 말하기만의 활동보다는 상대방의 말을 진심으로 귀담아 듣는 언어활동에 진지한 관심을 기울려야 할 것이다.

우리나라 초등학교 국어 교과서가 '읽기, 쓰기, 말하기·듣기'로 나누어 편찬된 것은 1989-1990년 무렵이다. 그때 글쓴이는 초등학교 4학년 《말하기·듣기》 교과서의 집필을 맡았다. 글쓴이는 그 교과서에서 특별히 듣기 활동을 강조한 바 있다. 4학년 1학기 교과서 마지막 쪽에 있는 다음과 같은 소중한 말을 여기에 옮겨 본다. "잘 듣는 것이 잘 말하는 것이다." 이 말은 다른 사람의 말을 귀담아 듣는 것이 말을 잘하는 것보다 훨씬 더 값진 언어활동이라는 뜻을 담고 있다.

초등학교 4학년 1학기 《말하기·듣기》 마지막 쪽

효과적인 대화 방법

바람직한 의사소통을 위해 중요한 것은 대화의 방법을 올바르게 이해하는 것이라 하겠다. 이제 이러한 바람직한, 효과적인 대화 방법에 대해 살펴보기로 하자. [참고: 구현정 1997, 《대화의 기법》, 한국문화사]

대화란 무엇일까? 대화는 말하는 사람[화자]이 듣는 사람[청자]에게 언어 내용을 전달하는 과정이다. 따라서 '누가, 누구에게, 무엇을' 말하는가가 대화의 핵심 요소이다. 그런데 화자와 청자의 지위는 고정되어 있는 것이 아니고, 상황에 따라 서로 교대된다. 대화에서 말하기와 듣기를 서로 주고받으면서 진행해 나감으로써, 화자와 청자의 지위는 항상 순환되는 것이다.

그러나 사람은 대체로 자기중심적이어서 화자의 관점에서 생각할 때와 청자의 관점에서 생각할 때 요구하는 바가 달라진다. 흔히 보면, 화자는 자기가 말하고 싶어 하는 것만 말하려고 하고, 청자는 자기가 듣고 싶은 것만 들으려 한다. 이러한 화자와 청자 사이의 대립이 대화의 일반적인 성격이다. 그래서 이러한 대립을 극복하는 것이 바로 효과적인 대화 방법이다. 즉, 대화에서 가장 이상적인 화자는 청자의 관점을 가장 잘 고려하여 말하는 화자이고, 가장 이상적인 청자는 화자의 관점을 가장 잘 고려하여 듣는 청자라 하겠다.

존중의 대화

바람직한 대화의 또 다른 한 방법은 존중의 대화이다. 존중의 대화의 시작은 상대방의 말에 공감을 표시하면서 듣는 것, 즉 공감적 경청이다. 한 예를 들어 보자. 다음 대화에서 (가)의 대화는 그렇지 않은 예이고, (나)의 대화는 공감적 경청의 예이다. 그래서 (가)는 대화가 끊겨 버렸지만, (나)는 상대방의 말에 공감하면서 들어서 대화를 잘 이어가고 있다.

(가)　A: 나 요즘 출근하기가 싫어요.
　　　B: 아이고, 왜 출근하기가 싫어요? 요즘 세상에 직장 있다
　　　　는 게 얼마나 감사한 일인데. 행복에 겨워서 그래.
　　　A: ??
(나)　A: 나 요즘 출근하기가 싫어요.
　　　B: 아, 무슨 어려운 일이라도 있으세요?
　　　A: 예, 그래요. 새로 아파트단지가 들어서고 나서 길이 얼
　　　　마나 막히는지 고속도로 진입하는 데까지 삼십 분도 더
　　　　걸려요.
　　　B: 그렇지요, 거기 정말 많이 막히데요. 출근길이 너무 힘드
　　　　시겠어요.
　　　A: 아무래도 대평 쪽으로 이사해야 할 것 같아요.
　　　B: 그러세요. 거기 동네 살기 편하다고 다들 그러데요.

이러한 존중의 대화를 위해서는, [1] 상대방에게 부담되는 표현은 최소화하고 배려하는 표현은 최대화하는 것, [2] 자신에게 혜택을 주는 표현은 최

소화하고 자신에게 부담을 주는 표현을 최대화하는 것, [3] 상대를 트집 잡는 표현은 최소화하고 맞장구치는 표현은 최대화하는 것, [4] 자신을 자랑하는 말은 최소화하고 자신을 낮추는 말은 최대화하는 것이다. 이렇게 대화하면서 의사소통한다면, 우리의 삶은 나날이 행복할 것이다.

[출전]

1989 국어운동과 말하기/듣기, 《가운뎃소리》 8, 10-11, 건국대학교 국어학생회.
1990 귀담아듣기, 《삼성》 1990년 10월호, 68-68, (주) 삼성물산.
2007 인간과 언어: 쌍방향 커뮤니케이션의 도구, 《서울대학교 인문대학 AFP 제2기 강의 자료》.
2021 우리의 삶과 공감의 언어, 《경북도민행복대학 강의 자료》.

02

바람직한 말글 생활을 위하여

말로써 행복을

한 겨레의 문화 창조의 활동은, 그 말로써 들어가며, 그 말로써 하여 가며, 그 말로써 남기나니: 이제 우리말은, 줄잡아도 반만년 동안 역사의 흐름에서, 우리의 창조적 활동의 말미암던 길이오, 연장이오, 또 그 성과의 축적의 끼침이다. 그러므로 우리말을 닦는 것은 앞사람의 끼친 업적을 받아 이음이 될 뿐 아니라, 나아가아, 계계승승할 뒷사람의 영원한 창조 활동의 바른 길을 닦음이 되며, 찬란한 문화 건설의 터전을 마련함이 되는 것이다.

                - 최현배, 《우리 말본》 머리말에서

2.1. 말, 얼, 그리고 문화

말은 그 말을 쓰는 사람들의 얼(=정신세계), 문화와 아주 밀접한 관계를 맺고 있다. 이제 이들의 관계를 살펴보기로 하자. 이에 앞서 먼저 우리말과 우리글이 세계 속에서 차지하는 위상에 대해 살펴보자.

세계 속에서 빛나는 우리말과 우리글

한국어를 사용하는 사람들은 크게 세 부류로 나눌 수 있다. 첫째, 한국어를 제1언어인 공용어로 사용하는 경우이다. 남한과 북한의 주민이 여기에 속한다. 최근 자료에 따르면 한국어 사용자 수는 7,727만 명으로, 세계 7,168개 언어 가운데 사용자 수로 보면 최상위에 속한다(2023년, www. ethnologue.com). 둘째, 한국어를 제2언어로 사용하는 경우이다. 중국, 일본, 미국, 중앙아시아 지역 등 세계 각 지역에 살면서 중국어, 일본어, 영어, 러시아어 등 그 국가의 언어를 제1언어로 사용하고 가정이나 지역 사회에서는 한국어를 사용하는 경우이다. 주로 한국계 이주민과 그 후손들이 여기에 속한다. 셋째, 외국어로서 한국어를 배워 사용하는 경우이다. 그동안 한국이 경제적으로, 문화적으로 발전하면서 한국에 관심을 가지고 한국어를 배우려는 외국인들이 늘어나고 있다. 한국어 능력시험에 응시하는 외국인 수가 처음 실행한 1997년에 2천여 명이던 것이 2022년에는 40만 명에 이르고 있는 것을 보면 한국어를 배우려는 세계인이 많다는 것을 실감할 수 있다.

또한 2007년 9월 제43차 세계지식재산권기구 총회에서 한국어가 국제 공개어로 채택되어, 한국어로 특허를 제출할 수도 있고 특허 내용을 열람할 수도 있게 되었다. 한국어가 국제어로 한 걸음 다가가게 되었다.

한국어뿐만 아니라 한국어를 적는 글자인 한글의 위상도 대단하다. 잘 알다시피 한글, 즉 훈민정음은 세종대왕이 세종 25년(1443년) 음력 12월에 창제하여 세종 28년(1446년) 음력 9월 상순에 반포한 글자이다. 훈민정음은 창제한 사람, 창제한 날짜가 정확하게 알려져 있으며, 창제한 원리를 적은 기록인 책이 전해 오는 이 세상에서 유일한 글자이다. 훈민정음을 창제한 원리를 풀이하고 보기를 든 책이 바로 《훈민정음해례》라는 책이다. 이 책은 대한민국의 국보이며, 아울러 1997년에는 유네스코에서 세계기록유산으로 지정하여 기념하고 있다.

말과 얼

말, 즉 언어는 우리의 생각과 느낌을 전달하는 도구이다. 그러나 언어는 단순히 그러한 도구에 그치는 것이 아니라 이를 사용하는 사람들의 정신세계를 형성하는 구실도 한다. 그래서 한 국가나 민족은 공통된 언어 구조에 이끌려 공통된 정신과 생각을 가지게 되고 고유한 문화를 형성한다. 그러므로 언어는 이를 사용하는 국가 또는 민족, 그리고 그 문화와 밀접한 관계를 맺는다. 우리말도 우리의 얼을 기르면서 우리의 문화를 형성하는 데 매우 중요한 구실을 맡아 왔다.

말과 얼은 매우 밀접한 관계에 있다. 일찍이 17세기 우리나라 정치가이며 소설가인 서포 김만중은 그의 《서포만필》(西浦漫筆)에서 다음과 같이 기술한 바 있다. 사람의 마음이 천지를 움직이고 귀신에게도 통할 수 있듯이, 그 마음이 입 밖으로 나온 말 역시 그러한 힘을 가질 수 있다는 뜻이다.

"사람의 마음이 입으로 나오면 말이 되고, 말에 가락이 붙으면 가시문부(歌詩文賦)가 된다. 진실로 말 잘하는 사람이 있어 각각 그 말에 따라서 가락을 붙이면 곧 족히 천지를 움직이며 귀신에게도 통할 수 있다." [참고: 허웅 1981, 《언어학》, 샘문화사]

주시경 선생 역시 말과 얼, 말과 나라는 밀접한 관계가 있다고 하였다. 말은 그 겨레에 모두 공통이고, 그리고 말의 구조는 그것을 쓰고 자라는 사람들의 정신을 좌우하는 힘이 있어서, 한 나라 사람들은 대체로 비슷한 생각 방식을 가진다고 하였다.

"말은 사람과 사람의 뜻을 통하는 것이라. 한 말을 쓰는 사람과 사람끼리는 그 뜻을 통하여 살기를 서로 도와줌으로 그 사람들이 절로 한 덩이가 되고, 그 덩이가 점점 늘어 큰 덩이를 이루나니, 사람의 제일 큰 덩이는 나라라. 그러하므로 말은 나라를 이루는 것인데, 말이 오르면 나라도 오르고, 말이 내리면 나라도 내리나니라. 이러하므로 나라마다 그 말을 힘쓰지 아니할 수 없는 바니라. 글은 말을 담는 그릇이니 이지러짐이 없고 자리를 반듯하게 잡아 굳게 선 뒤에야 그 말을 잘 지키나니라. 글은 또한 말을 닦는 기계니 기계를 먼저 닦은 뒤에야 말이 잘 닦아지나니라. 그 말과 그 글은 그 나라에 요긴함을 이루 다 말할 수가 없으나, 다스리지 아니하고 묵히면 덧거칠어지어 나라도 점점 내리어 가나니라." [독립기념관에 세운 「주시경 선생의 말씀비」에서]

서양에서도 훔볼트는 '인간은 언어가 제공해 주는 대로 그 주위에 있는 세계를 인식하며 산다'고 하였고, 비트겐슈타인은 '언어의 한계가 곧 세계의 한계'라고 하였다. 말과 얼은 이처럼 밀접한 관계를 맺는 것이어서, 한 사람의 언어는 그의 사고방식을 결정짓고, 나아가 세계를 인식하는 세계관까지도 결정짓는다고 한다.

말과 문화

인류 역사는 문화와 더불어 시작되었으며, 인류 사회의 발전은 곧 문화의 발전이다. 그런데 이러한 문화를 지탱해 주는 가장 중요한 요소는 언어이다. 인류 사회는 의사소통의 기능을 가지는 언어를 통해 동시적, 계기적 협동을 하게 된다. 사회 구성원은 협동을 통해 경험과 지혜를 쌓아 결과적으로 문화를 형성한다. 따라서 언어는 그 자체가 문화일 뿐만 아니라, 인류의 모든 문화를 형성하고 발전시키는 원동력이라 하겠다. 한 나라의 언어에는 그 나라 사람들의 삶의 모습, 즉 문화가 반영되어 있다. 언어는 이를 사용하는 사람들의 정신세계를 형성하고, 이를 바탕으로 고유한 문화를 창조한다. 그래서 언어는 이를 사용하는 민족과 문화와 밀접한 관계를 맺는다.

어떤 민족의 특성을 이해하려면 먼저 문화를 이해해야 한다. 그리고 문화를 이해하려면 그 언어를 먼저 이해해야 한다. 예를 들면, 어떤 나라가 다른 나라를 식민 지배하려 할 때는 그 민족성을 말살하려 한다. 그러기 위해서는 문화를 말살한다. 이때 맨 먼저 하게 되는 것이 언어의 말살이다. 우리가 일제강점기에 겪은 일이기도 하다. 이렇게 언어와 문화는 매우 밀접한 관계에 놓여 있다.

이제 이러한 관점에서 우리 문화와 우리말은 어떠한 관계를 맺는지 살펴보기로 하자. 언어의 여러 요소 가운데 문화의 특성을 가장 잘 반영하고 있는 것은 단어인데, 따라서 단어를 중심으로 이 문제를 살펴보기로 하겠다.

눈과 함께 생활하는 날이 많은 북극지방에 이누이트족이 산다. 흔히 에스키모족이라고 하는데 에스키모는 '날고기를 먹는 인간'이라는 뜻을 지녀서 그들은 듣기 싫어하고, 그들 스스로는 '인간'을 뜻하는 이누이트를 민족 이름으로 쓴다. 그들의 말인 이누이트어에는 눈에 관한 단어가 '내리는 눈', '쌓인 눈', '가루눈', '큰 눈' 등을 구별할 정도로 여러 가지로 분화되어 있으며, 흰색을 가리키는 말도 십여 개나 된다. 또 바다로 둘러싸인 오스트레일리아 토박이말에는 모래에 관한 단어가 많이 발달하여 있다.

이에 비하여 우리말의 경우 '괭이, 쇠스랑, 삽, 가래, 고무래, 도리깨, 쟁기, 멍에, 보습, 써레, 두레박, 용두레, 무자위' 등과 같이 농사와 관련한 단어들이 발달해 있다. 이를 통해서 우리 사회는 과거에 농사 중심의 삶을 살았다는 것을 알 수 있다. 요즘에 이르러 이러한 말들은 점점 사라져 가고 있는데, 이를 통해 우리의 생활 문화 양식이 변화해 가고 있다는 사실도 알 수 있다. 영어의 rice가 우리말에서는 '모, 벼, 나락, 볍씨, 쌀, 밥, 뫼, 수라, 진지' 등으로 다양하게 분화된 것도 농사 문화의 특징이라 하겠다. 그리고 영어의 cupcake, croissant, muffin, waffle, biscuit, roll과 같은 밀가루 음식의 이름을 우리는 모두 '빵'이라 하는 반면, 쌀가루로 만든 떡의 이름은 '송편, 인절미, 백설기, 경단, 전병' 등과 같이 여러 가지로 분화되어 있다. 이것 역시 우리 문화의 일면을 보여 준다.

우리말은 색깔 이름 또한 다양하다. '검다, 희다, 누르다, 푸르다, 붉다' 등과 같은 기본 이름이 있지만, 파생 이름은 매우 다양하게 발달해 있다. '누렇다'만 보더라도 '노랗다, 노르께하다, 노르끄레하다, 노르무레하다, 노르스름하다, 노릇하다, 노릇노릇하다, 노르톡톡하다, 노리께하다, 노리끄레하다, 노리무레하다, 노릿하다, 노릿노릿하다, 노리톡톡하다, 누렇다, 누리께하다, 누르끄레하다, 누르무레하다, 누르스름하다, 누릇하다, 누릇누릇하다, 누르툭툭하다, 누르칙칙하다, 샛노랗다, 싯누렇다' 등과 같이 셀 수 없이 많다.

한편 우리말 단어들은 우리말 형성 때부터 있던 토박이말과 다른 언어에 기원을 두고 차용한 외래어로 구성되어 있다. 우리말에 들어온 외래어의 기원에는 크게 세 가지가 있는데, 오랜 전통을 가진 한자어, 강제로 받아들인 일본어의 잔재, 그리고 현대의 서양 외래어이다. 외래어는 토박이말이 표현하지 못하는 단어의 공백을 대신하여 우리말의 표현을 풍부하게 하고,

더 나아가 다양한 문화를 형성하는 긍정적인 면도 있으나, 이미 존재하는 토박이말을 위축시켜 결과적으로 전통문화를 단절시키는 부정적인 면이 더 강하다. 그래서 우리가 외래어를 수용할 때에는 신중해야 한다.

단어뿐만 아니라 문법에도 우리 문화가 녹아 있다. 높임법의 예를 들 수 있다. 화자가 청자에게 언어 내용을 전달할 때에는 다양한 높임의 의향을 품고 전달하는데, 흔히 한국어의 특징을 말할 때 외국어보다 높임법이 더 발달해 있는 점을 들 정도로, 높임법은 우리말의 독특한 특징이다.

일제강점기 때 지금의 한글학회인 옛 조선어학회에서 사전 편찬에 힘을 쏟던 정태진 선생이 말, 얼, 문화에 대해 다음과 같이 말한 것을 되새겨 본다.

> "언어가 아니면 우리의 문화를 무엇에 담으며, 언어가 아니면 우리의 사상은 무엇으로 나타내랴? 언어가 그릇일찐대 우리는 이 그릇을 더욱더욱 아름답게 든든하게 만들어야 될 것이며, 언어가 거울일찐대 우리는 이 거울을 더욱더욱 맑고 깨끗하게 닦아야 될 것이 아니냐?"

[출전]

1983 말과 생각, 《태백》 3, 41-45, 태백회.

1996 '언어', 삶의 모습인 문화의 반영, 《한국방송대학보》 1996년 10월 21일, 한국방송통신대학교 학보사.

2014 우리말과 우리 얼, 그리고 언어문화, 《언어문화개선운동의 현황과 앞으로의 발전 방안 강연 자료》, 문화체육관광부·문화융성위원회.

2017 문화는 언어를 담는 그릇이다, 《고급 한국어 (상)》, 197-213, 주편 왕단, 출판발행 북경대학 출판사.

2017 언어와 문화, 그리고 한국어 교육, 《한인교육연구》 32, 21-28, 재미한국학교협의회.

2.2. 말글 생활의 이모저모

앞에서 말은 그 사용자의 얼과 문화를 반영한다는 것을 살펴보았다. 그러나 그 말이 일그러지면 그 사용자의 얼과 문화도 어지러워진다. 그런데 요즘 들어 우리말의 가치에 너무 무관심하여 우리의 말과 글이 망가뜨려지고 있다. 거기에 더해 세계화 추세에 따라 일상생활과 교육 현장에서 국어가 경시되고 외국어가 널리 퍼져가고 있다. 한글학회가 끊임없이 '외국말 마구 쓰기, 이제 그만!'이라는 운동을 펼치는 것도 이를 극복하기 위함이다. 이러한 잘못된 현실을 극복하기 위한 방안은 국민들이 우리말의 참된 가치를 인식하고, 지켜 가꾸려는 의지를 지니는 일이다. 그래서 우리가 지향하는 말글 생활의 방향은 우리 말글을 쉽게 그리고 바르게 쓰려고 꾸준히 실천하는 것이라고 하겠다. 잘 알아들을 수 없는 어려운 외국어를 섞어 쓰지 말고 되도록 모든 사람들이 쉽게 알아들을 수 있는 말을 쓰는 것이 쉬운말 쓰기며, 규범에 맞는 발음, 단어를 사용하고, 문법에 맞는 문장을 쓰는 것이 바른 말 쓰기이다.

어지러운 우리말 사용

언어는 말소리, 단어, 문장으로 구성되어 있다. 이 가운데 현재 우리말의 참된 모습이 가장 많이 흐트러져 있는 부분은 바로 단어이다. 우리말 단어의 의미를 잘못 쓰고 있는 것도 문제가 되며, 반듯한 우리말 단어를 몰아내고, 불필요한 한자어, 서양 외국어를 가리지 않고 지나치게 많이 쓰는 것도 문제이다.

단어의 의미를 잘못 쓰는 보기를 들어 보자. 우리 일상에서 흔히 쓰는 단어 '분리수거'가 그 예이다. 분리수거는 청소업체에서 하고 주민들은 분리 배출을 하는데, 주민 자신이 분리수거한다고 말한다. '수거'는 가져간다는 뜻이고 '배출'은 내어놓는다는 뜻이다. '실향민의 애환이 서려 있는 마을'에서 '애환'은 슬픔과 기쁨의 뜻인데, 흔히 슬픔의 뜻으로 오해하고 있다. '임산부'는 임신한 사람과 출산한 사람을 함께 뜻하는 단어인데도 흔히 임신한 사람을 가리킨다.

본래 뜰이나 정원을 뜻하는 독일어 '호프'(Hof)는 언젠가부터 우리말에서 생맥주나 생맥줏집으로 통하고 있다. 아마도 맥주의 원료인 Hopfen과 혼동했던 것 같다. 이것은 모두 우리말을 바르게 쓰려는 노력이 부족했던 탓이다. 이렇게 불필요하게 외국어를 오용하거나 남용하는 경우뿐만 아니라, 불필요하게 어려운 한자어를 남용하는 경우도 흔히 볼 수 있다. '대출 도서를 금일까지 필히 반납하시기 바람'이라는 도서관의 평범한 안내문에서조차 '오늘'을 '금일'로, '반드시'를 '필히'로 쓰는 경우가 그러하다. 토박이말을 잘못 쓰고 있는 경우도 물론 많다. '물건을 잃어버리다'를 '물건을 잊어먹다'로, '손님을 차에 태우고'를 '손님을 차에 싣고'로 잘못 쓰고 있다. 차에 짐은 싣고 사람은 태운다. 시집간 딸이 자기 아버지와 어머니를 어린이말인 '아빠, 엄마'로 부르는 것도 바르지 못하다.

'별다줄'이라는 말이 있을 정도로, 지나치게 말을 줄여 쓰는 표현은 이제 일상생활이 되다시피 하였다. 줄임말의 예를 여기서 일일이 들지 않겠지만, 다음과 같이 표현의 한 부분을 통째로 생략해 버리는 표현이 요즘 점차 굳어 가고 있다. '역대 최고 기록, 역대 최대 수확'에서 '최고, 최대'와 같은 기준을 생략하고 '역대 기록, 역대 성적, 역대급' 등으로 쓴다. '인생에서 최고 멋진 사진, 세상에서 가장 편안한 생활'을 '인생 사진, 세상 편안한 생활'로 쓴다.

다음은 발음을 잘못하는 예를 살펴보자. 우리말에는 표준발음법 규정이 마련되어 있고, 이를 초등학교에서부터 강조해서 교육하고 있다. 그럼에도 불구하고 잘못된 발음이 이곳저곳에서 들린다. '꽃을, 흙이, 통닭이, 깨끗이'[꼬츨, 흘기, 통달기, 깨끄시]를 [꼬슬, 흐기, 통다기, 깨끄치]로 받침 발음을 잘못하는 경우가 있는가 하면, '한국-베트남 정상 회담'의 '정'은 짧게 발음해야 하는데 길게 발음하고, '정기국회'에서는 길게 발음해야 할 '정'을 짧게 잘못 발음하는 경우도 자주 듣는다.

문장 구조의 잘못도 물론 많다. 주어와 서술어가 제대로 이어지지 못하는 경우는 말할 것도 없고 우리말의 전통적인 문장 구조를 깨뜨리는 예도 수두룩하다. 조사를 잘못 사용하는 경우도 셀 수 없이 많다. 사람의 경우에는 조사 '에게'를, 사물일 경우에는 조사 '에'를 사용해야 하는데, '후손 -에게 물려줄 소중한 우리의 문화'를 '후손 -에 물려줄 소중한 우리의 문화'라 쓰고 있다. '방역 해제 일상 회복에 즈음해서 급증하는 관광객'을 '방역 해제 일상 회복-을 즈음해서 급증하는 관광객'으로 쓰거나, '발등-에 불이 떨어지자 허둥지둥 하였다'를 '발등-의 불이 떨어지자 허둥지둥 하였다'로 쓰고 있다.

외국어가 넘쳐나는 말글 생활

지하철 탈 때마다 듣는 '스크린도어'도 '안전문'이라 하면 참 좋을 것이라고 생각해 본다. 산이나 강에 가서 쓰레기 치우는 일을 '클린업 운동'이라 한다. 외국어를 분별없이 남용하는 경우이다. '대청결 운동'이라 하면 격조 낮은 환경운동이 될까 봐, '오늘 전국에 클린업 행사'라는 신문 기사 제목이 이러한 무분별한 외국어 남용을 부추기고 있다. 이것은 우리말은 품위가 없고 외국어는 품위가 있다는 잘못된 의식에서 비롯된 것이다. '삼림욕'을 신문에서 '그린 샤워'라 부르고 있는 것도 역시 그러하다. 자기 부인을 남에게 이야기할 때 '와이프'라 표현해야 품위가 있고 '집사람, 아내'라 하면 품위가 없다고 생각하는 것도 마찬가지이다. 다행히도 남편은 '허즈번드'라 하지 않는다. 그 대신 신혼이거나 환갑이 지나서나 부인들이 자기 남편은 '신랑'이라고 지칭하여 대조적이다.

세계는 서로 문화를 주고받는다. 그래서 어느 나라든 외래문화가 들어온다. 외래문화가 들어올 때는 당연히 새로운 단어가 따라 들어온다. 고대 한국어, 중세 한국어, 근대 한국어는 물론이고 현대 한국어에도 외래어가 들어왔다. 그러나 반드시 필요한 경우가 아니면서, 즉 버젓이 우리말 표현이 있음에도 불구하고, 일상 대화에서 외국어를 섞어 즐겨 사용하는 것은 우리말을 어지럽힌다. 이는 언어의 기능인 의사소통 능력을 떨어뜨릴 뿐만 아니라 우리 얼과 문화를 어지럽힌다. 그래서 우리가 이러한 언어생활을 개선해야 하는 것이다.

아침 신문에 '핀테크 혁명에 스타트업들의 뱅크샐러드 모바일 앱 서비스'라는 제목이 눈을 끈다. 무슨 뜻인지 쉽게 짐작할 수 없다. 아침마다 신문에 등장하는 외국어를 보면 모르는 말이 너무 많다. '뱅크월렛'이란 말도, '마이스클러스터, 섀도배팅, 몰링'이라는 말도 등장한다. '디지털 뱅크런'과 '바이럴 패닉'이라는 말의 뜻은 과연 몇 사람이나 알아들을까?

백화점의 여성복 브랜드를 '아티스틱한 감성을 바탕으로 꾸띄르적인 디테일을 넣어 페미닌함을 세련되고 아트적인 느낌으로 표현합니다'라고 소개한다. 영어와 우리말, 프랑스어가 어지럽게 섞여 있는 이 문장은 '예술적인 감성을 바탕으로 맞춤복의 세밀함을 더해 여성스러움을 세련되고 예술적인 느낌으로 표현했다' 정도로 해석할 수 있다. 목걸이 대신 네크리스, 말굽 모양 대신 호스슈, 신발의 밑창과 안창 대신 아웃솔, 인솔이라고 쓰는 것은 이미 너무나 흔한 일이다. 또 다른 백화점은 여성용 가방을 소개하며 '내츄

럴한 터치의 탄 컬러 가죽을 콤비한 유러피안 스타일의 숄더백'이라고 썼다.

잡지 한 권을 집어서 넘겨본다. 'January, 메거진페어, 콘테스트, 현장스케치, 프리저브드 프라워데몬스트레이션, 스트리트인터뷰, 글로벌, 굿다운로더캠페인, 오픈소스, NEWS CLIPPING, YOUNG ARTISTS'와 같은 외국어가 듬뿍 눈에 들어온다. 알게 모르게 우리말 표현은 좀 촌스럽고 외국어 표현은 고급스럽다는 의식이 마음속에 자리 잡고 있어서 잡지마다 책마다 외국어가 넘쳐 흐른다. 고상하게 보이려는 책일수록 우리말은 밀려나고 외국어로 가득 차 있다.

식당 출입문에 OPEN이란 팻말이 걸려 있다. '영업 중'이라는 단어를 쓰면 음식맛이 떨어질까? 식당 안에 들어가면, ORDER, PICK UP이 보인다. 오후에 '준비중'이라 써 붙인 식당도 있지만 대부분 Break Time이다. 우리 사무실 옆 맛있는 국밥집에는 오랫동안 '저녁장사 준비중'이라 써 붙어 있더니 바로 며칠 전부터 '브레이크타임'이라 고쳐 붙였다.

불과 10년 전만 해도 유명 호텔 식당에서도 널리 사용되던 '조리장', '조리법'이란 우리말이 어느새 크고 작은 모든 식당에서 '셰프', '레시피'로 바뀌어 버렸고, '마늘'은 '갈릭'으로 새로 태어났다. 이제는 '전망' 좋은 식당도 '뷰'가 좋아야 한다. 손님이 많으면 '대기'보다는 '웨이팅'을 해야 한다. 그래도 식당 밖에 OPEN SPACE는 '열린 쉼터'로 다듬어 쓰고 있어 다행이다.

사람 이름, 상품 이름, 광고 표현에서 외국어를 함부로 쓰는 경우는 더 많다. 몇 해 사이 연예인의 서양 이름이 부쩍 늘어가고 있다. 거기에 더해서 영어 정관사 The에 우리말을 덧붙인 혼합어가 나타나는가 하면, 가수 이름을 로마자 한 글자로 지은 경우도 있다. 연예인 이름, 그리고 민간 기업 이름은 그렇다 치더라도 우리나라를 대표하는 공기업의 멀쩡한 이름을 LH, NH, K-Water처럼 로마자 약자로 다투어 고치고 있다. 더 나아가서 행정기관의 친서민 정책인 'G-러닝'이나 '마이크로 크레딧', '맘프러너 창업스쿨'이란 용어도, '마더세이프'나 '워킹스쿨버스'라는 정책 이름도 일반 국민이 선뜻 알아보기 어렵다.

그럼 왜 이렇게 외국어로 이름을 지을까? 새로운 상품을 만들어 팔려는 기업이 있다고 해 보자. 상품 이름을 지을 때 무엇부터 생각하게 될까? 어떻게 하면 잘 팔릴까 생각할 것이다. 잘 팔리려면 이름부터 고상하고 세련되게 소비자에게 다가가야 할 것이다. 그렇다면 소비자의 의식은 어떠한가? 우리말이 정감 있고 아름답다고 하면서도 의식 속에는 외국어를 더 고상하고 세련된 것으로 생각한다. 그러니 기업에서는 상품 이름을 외국어나 외국어처럼 붙이는 것은 너무나 당연하다.

기업은 제품을 하나라도 더 팔려고 애쓸 것이다. 그렇다면 소비자들이 고상하고 세련된 것으로 생각하는 쪽으로 이름을 지을 수밖에 없을 것이다. 만약에 소비자들이 우리말을 훨씬 더 세련된 것으로 받아들인다면 기업에서는 당장 우리말로 상품 이름을 지을 것이다. 결국 우리말을 쓰고 안 쓰고는 우리 국민들의 의식에서 출발한다. 우리말이 외국어에 자꾸만 밀려나고 있는 현실에서 앞으로 우리가 지향해야 할 마음가짐은 우리말에 대한 자긍심을 높이 받들어 나가는 일이다. 그래서 우리는 '쉬운 말로 맑게, 바른 글로 밝게'와 같은 말글 생활을 실천하려는 것이다.

남에게 상처 주는 말글 생활

일찍이 프랑스의 철학자 뷔퐁은 "문장은 그 사람의 인격을 나타낸다."라는 말을 남겼다. 문장, 즉 말에는 그 말을 하는 사람의 사람됨이 그대로 반영되어 있다는 뜻이다. 개개인의 사고방식은 그 사람의 인격을 반영하며 말은 곧 얼이기 때문에, 한 개인의 말은 그 사람의 인격을 그대로 드러낸다는 뜻이기도 하다. 그래서 동양에서도 사람을 평가할 때 말씨를 어떻게 하는가를 평가의 한 기준으로 삼았다.

　이처럼 동서양을 막론하고 말은 한 개인의 인격을 판단하는 중요한 잣대가 되어 왔다. 그런데 우리 사회에는 우리의 귀를 어지럽히는 지도자들의 말이 방송에서 그대로 전달되며, 신문에는 글자로 인쇄되어 눈을 어지럽힌다. '저 새끼 깡패야? 어디서 책상을 쳐! 조폭이야? 저런 양아치 같은'은 국회에서 국회의원이 한 말이다. 인격 존중이 실종된 현장 그대로이다. '청년 대표라고 하여 데리고 온 아이들, 너 같은 아이도 국회의원이냐', '부하들을 다 죽이고 무슨 낯짝으로'라고 차마 입에 담기도 어려운 막말을 하고, 또 그것에 대해 동료 국회의원에 대한 최소한의 예의조차 갖추지 못한 폭력이라며 사과를 요구하는 일들은 신문에서 흔히 보는 기사이다. '우리는 국민의 대표자로서 인격과 식견을 함양하고 예절을 지킴으로써 국회의원의 품위를 유지하며, 국민의 의사를 충실히 대변한다'라는 국회윤리강령이 있는지도 모르는 듯하다. 이 윤리강령만이라도 실천한다면 나라 발전을 위한 진정한 토론, 인격을 존중하는 품격 있는 언어가 우리 국회에 가득 찰 것이라 믿는다.

　국회의원 못지않게 우리 사회에서 영향력을 행사하는 인터넷 논객들의 말도 그러하다. '나라 운영 못 하겠으면 사죄하고 내려와라, 시궁창 쓰레기 같은 자들, 천하의 나쁜 자식', '귀는 쳐 닫고 혼자 떠드는 인간, 목 위에 붕어머리 달고'와 같은 표현을 대하면 참으로 안타까운 생각이 든다. 상대방의 의견과 다른 나의 의견을 표현하거나 더 나아가 상대방의 의견을 비판할 때에는 확실한 근거와 올바른 논리로, 감정에 치우치지 않은 합리적인 표현을 사용해야 상대방을 설득할 수 있을 것이다. 국민의 생각을 대변하고 서로 다른 생각을 조정해야 할 정치인이나, 사회의 다양한 주장을 바탕으로 여론을 주도해야 할 논객에게는 더욱 그러하다. 일반인들의 댓글 표현과 그 수준도 이들의 말과 글을 따라가기 때문이다.

상대방의 가슴을 칼로 도려내서야

말은 단순히 의사소통의 도구에 그치지 않고 말하는 이의 감정을 실어 전달하여, 말에는 늘 감정이 담겨 있게 마련이다. 그래서 개인적인 공간에서는 거칠게 표현하여 막말을 하거나 욕설을 하기도 한다. 그러나 정치인이나 사회 여론을 주도하는 논객이 공적인 공간에서 그래서는 안 된다. 국민을 대표하는 정치인, 사회 지도층의 말은 공인으로서 공적인 공간에서 행해지기 때문에 표현이 거칠어 막말이 되거나, 감정에 치우쳐 폭력적으로 되어서는 안 된다. 상대방의 가슴을 칼로 도려내는 표현은 말하는 자신에게는 즐거움을 가져다줄지 모르지만, 듣는 상대방에게는 돌이킬 수 없는 마음의 충격을 안겨 준다.

우리말과 우리글이 세계 속에서 그 위상을 드높이고 있는 오늘날 나라 안에서 말과 글 때문에 마음의 상처를 입고 사회가 어지러워진다면 이는 우리말 우리글에 대한 심각한 모독이라 하겠다.

남에게 상처 주는 언어생활을 개선하기 위한 방안은, 한 마디로 말하자면, 상대방을 배려하는 언어생활을 실천하는 것이다. 상대방을 배려하는, 인격 존중의 마음가짐이 바탕이 되어야 할 것이다. 인격으로나 식견으로 보나 존경받을 정치인과 사회 지도층이 이에 앞장서야 할 것이다.

그분들을 모두 모아 집중적으로 언어 교육을 할 수만 있다면 좋겠으나 그것은 아마도 불가능할 것이다. 그래서 정치인과 사회 지도층의 거친 막말은 그 내용과 관계없이 방송이나 신문에서 아예 다루지 않으면 어떨까 생각한다. 그분들은 대개 자기 과시욕이 지나쳐서, 어쩌면 사회적인 비난을 받으면서도 즐기는 것이니, 아예 언론에서 무시한다면, 시청자와 독자의 귀와 눈을 어지럽히지도 않게 되고, 그분들도 더 이상 즐기지 못하게 될 것이다. 시민단체에서 그분들의 거친 표현을 분석하여 주기적으로 발표하여 일깨우는 것도 한 방법이 될 것이다. 언젠가 청소년들이 뽑은 국회의원 아름다운

말 선플상에서 대상 수상자로 선정된 어느 국회의원이 "앞으로 국회 안팎에서 항상 다른 사람을 배려하는 언행으로 국민들에게 부끄럽지 않은 정치인이 되도록 노력하겠습니다."라고 인터뷰한 말을 귀담아 들어야 할 것이다.

우리가 사용하는 말은 우리의 얼, 우리의 문화를 담고 있는 그릇이다. 우리 민족의 얼을 가장 잘 담고 있는 것은 우리말이다. 우리 후손에게 물려줄 가장 확실한 유산 또한 우리말이다. 우리가 우리말을 가꾸고 지켜 나가야 하는 까닭이 바로 여기에 있다. 그래서 우리 모두가 언어문화의 품격을 높여, 우리의 인격도, 나라의 국격도 함께 높아지도록 힘써야 할 것이다.

[출전]

1983 쉬운 말의 참뜻, 《대구대신문》 1983년 4월 14일, 대구대신문사.
1996 우리말의 지금 모습, 그리고 앞으로의 방향, 《한국방송대학보》 1996년 10월 7일, 한국방송통신대학교 학보사.
2010 왜 상품이름을 외국어로 지을까?, 《출판저널》 409, 10-10, 출판저널 문화미디어.
2013 국회 윤리강령 사문화시켜선 안 된다, 《문화일보》 2013년 7월 29일, 문화일보사.
2020 쉬운 말로 맑게 바른 글로 밝게, 《한글새소식》 569, 2-3, 한글학회.

2.3. 언론, 행정, 법률의 말글

언론의 말글

우리는 아침마다 신문을 보면서 하루를 시작한다. 이렇게 신문은 우리 곁에서 늘 우리의 생활과 생각을 이끌어 간다. 따라서 신문이 우리말에 대해 보이는 태도는 우리의 언어생활에 큰 영향을 미친다. 그런데 언제부터인지 우리말 신문이 World News, Home & Living, News in Brief, Culture, Music & Theater, Sports, Metro Life, People & Story, Wisdom, Stock & Finance처럼 쪽 제목을 영어로 달고 있다. 처음에는 한두 신문에서 시도하더니 이제는 모든 신문이 다 그러하다. 우리말을 모르는 외국인은 우리말 신문을 읽지 않을 테니, 결국 이 신문은 우리 국민이 읽는 신문이다. 그런데 왜 영어로 쪽 제목을 달았을까? 아마도 세계화를 지향하려는 의식에서 나온 것으로 생각한다. 하지만 신문 쪽 제목을 영어로 다는 것하고 세계화를 지향하는 것은 아무리 생각해도 관련이 없어 보인다. 국민들에게는 신문 쪽 제목을 통하지 않더라도 얼마든지 세계화의 기회가 있기 때문이다. 결국 이것은 우리말과 우리글에 대해 언론이 보여 주는 무책임한 태도의 결과라 하겠다.

'메가뱅크의 꿈, 볼커룰에 물거품 되나'라는 제목이 눈을 끈다. 무슨 뜻인지 알 수 없다. 아침마다 신문에 등장하는 외국어를 보면 모르는 말이 너무 많다. '업사이클'이란 말도 등장한다. '리사이클'이 '재활용품'이라는데 그것을 '업'(up) 시킨다는 뜻이란다.

'샛강을 살리자'라는 환경운동이 몇 해 전 신문을 중심으로 크게 전개된 바 있다. 여기에서 '샛강'이 가리키는 뜻이 무엇일까? 아마 이 표어를 만든 기자는 샛강을 큰 강으로 모여드는 시냇물, 개천, 지류 등으로 이해한 것 같다. 그런데 우리말에서 샛강의 바른 의미는 '큰 강에서 한 줄기가 갈려 나가서 중간에 섬을 이루고 아래에 가서 다시 합류하는 강'이다. 여의도 샛강이 바로 그것이다. 따라서 '시냇물을 깨끗하게'라면 될 표어를 엉뚱하게 '샛강을 살리자'라 한 것이다. 우리말에 무지했던 어느 한 기자에 의해 샛강이란 우리말이 잘못 사용되고 말았다.

오늘도 방송에서는 외국어가 넘친다. '디지털 익사이팅, 언컨트라이얼, 유니버설 디자인, 키드 에이 프로젝트, 라이브레스토랑, 뮤직피버, 뷰티컨설턴트, 콤비스낵, 오늘의 토킹 어바웃 추억, 쇼킹 애니멀, 러브러브 쉐이크, 사람 얘기 롱 테이크' 등은 머리마저 어지럽게 한다. 이러한 단어에 그치지 않고 방송은 문법까지 영어에서 차용한다. 어떠한 일을 하는 사람을 '-러'(-er)를 붙여 일잘러, 프로여행러, 불참러, 결심러라 하고, 복수 '-즈'(-es)를 붙여 동생즈, 친구즈, 후배즈라 아무 거리낌 없이 쓴다.

현대사회는 정보사회라서 우리는 매체언어를 통해 쏟아지는 정보를 매일매일 받아들인다. 그렇기 때문에 정보를 전달하는 언어가 쉽고 정확하지 않다면 우리 사회는 혼란해진다. 현대사회에서 신문과 방송의 영향은 매우 크다. 신문과 방송은 우리 곁에서 늘 우리의 생활과 생각을 이끌어 간다. 따라서 이들이 우리말에 대해 보이는 태도는 우리의 언어생활에 큰 영향을 미친다. 더욱이 방송언어는 시청자에게 직접 전달되는 특성을 가졌기 때문에 글자 매체와는 달리 언어생활에 미치는 영향은 절대적이다. 그래서 우리는 신문과 방송이 우리 말과 글에 대해 적극적인 관심을 가지고, 계몽하고, 또한 이들 스스로가 앞장서서 솔선수범하기를 강력하게 바라는 것이다.

방송은 우리 사회를 비추는 거울이라 한다. 방송언어 또한 생활의 생생한 언어 그대로를 반영한다. 그렇다 해도 언어예절이 실종되고 막말과 비속어가 일상화된 품격 없는 말을 방송에서 계속하여 내보내는 것은 바람직하지 않다. 방송에는 우리 사회의 언어 사용을 이끌어 가야 하는 의무도 있기 때문이다. 물론 방송이 국어 교과서이기를 요구할 수 없지만, 위에서 말한 방송의 특성 때문에, 방송이 우리말을 쉽게 그리고 바르게 쓰려는 의지를 가지고 이를 꾸준히 실천하기를 우리는 기대하는 것이다. 적어도 청소년에게 이런 언어 환경이 노출되지 않았으면 한다. 언어는 인격 형성과 밀접한 관계를 맺고 있기 때문에 청소년의 언어 사용은 그 어느 것보다도 중요하다. 우리 모두가 지혜를 모아야 한다.

그런데 드라마나 오락 프로그램의 방송언어는 더욱더 심각하다. "당신은 나 아니었으면 그나마 온 세상 똘마니들한테 실컷 다 이용이나 당하고 어느 개천에 코를 박고 죽었는지 시체도 못 찾았을 인간이야.", "세퍼트 머리통만도 못한 주제에 그 정도 살았으면 뭐 손해 볼 것도 없지."

이 표현은 방송 드라마에서 여주인공이 그동안 자기 일을 도와준 남자를 비난하며 하는 말이다. 이런 표현은 저녁 시간대에 온 가족이 시청하는 드라마에서 사용되기에는 너무나 극단적이고 품격이 낮다. 이 표현은 상대방의 인격을 비하하는 동시에 '똘마니', '머리통'과 같은 비속어를 거침없이 쓰고 있다. "같잖은 물건 같으니라고."라는 표현에서는 사람을 물건에 빗대어서 인격 비하의 절정을 이룬다. 방송언어가 과연 이렇게까지 저품격으로 나가도 되는 것일까?

오락 프로그램에서 특정인을 두고 '아침 먹고 기분 좋아진 맹수, 교류하는 두 금수, 산짐승에 놀란 고릴라'와 같이 짐승으로 표현하는 것은 재미를 넘어 지독한 인격 모독이다. 폭력적인 표현도 너무 자주 노출된다. 아래 표현들은 모두 가족 간의 대화인데 지나치게 폭력적이다. "야, 너 죽을려구 환장을 했냐?", "그런 헛소리도 한 번만 더 지껄이면 그때는 죽여 버릴 줄 알아.", "야, 니 입부터 돌려놓기 전에 주둥이 닫고 형 돈이나 갚어.", "아주 아작을 냈어요."

방송작가, 방송제작자, 방송출연자, 방송심의기구, 그리고 시청자 모두가 우리말에 대한 자긍심을 가지고 적극적인 관심을 보일 때, 방송언어는 바른 방향으로 나아갈 것이다. 달콤한 인공감미료를 쓰는 요리사는 당장 손님들의 입맛을 끌 수는 있겠지만 손님들의 건강을 해칠 수 있다. 그러나 천연재료를 써서 은근하고 깊은 맛을 우려내는 요리사는 손님들의 입맛을 돋울 뿐만 아니라 건강까지 지켜 줄 것이다. 방송작가가 어느 쪽을 택해야 할까? 드라마의 효과를 유지하면서도 품격 있는 언어를 골라 쓰는 진정한 언어의 마술사가 되길 희망한다. 그래야 방송언어의 품격을 높이게 되고 국민들의 언어생활도 제 자리를 잡을 것이다.

일찍이 최현배 선생은 《우리 말본》(1937년, 정음사) 머리말에서 다음과 같이 말씀한 바 있다. 이 말씀을 되새기면서, 우리는 우리말에 대해 긍지를 가지고 높이 받들려는 의지를 새롭게 다져야 할 것이다.

> "한 겨레의 문화 창조의 활동은, 그 말로써 들어가며, 그 말로써 하여 가며, 그 말로써 남기나니: 이제 우리말은, 줄잡아도 반만년 동안 역사의 흐름에서, 우리의 창조적 활동의 말미암던 길이오, 연장이오, 또 그 성과의 축적의 끼침이다. 그러므로 우리말을 닦는 것은 앞사람의 끼친 업적을 받아 이음이 될 뿐 아니라, 나아가아, 계계승승할 뒷사람의 영원한 창조 활동의 바른 길을 닦음이 되며, 찬란한 문화 건설의 터전을 마련함이 되는 것이다."

행정용어

'문탠로드'. 밤하늘의 달빛을 받으며 마음의 정겨움을 느끼도록 부산 해운

대구가 지어 붙인 달맞이고개로 이어지는 길 이름이다. '달맞이길' 대신 꼭 이렇게 불러야 달밤의 그 고즈넉한 정취를 더 느끼게 되는 것일까? '힘내自! 중소氣UP, 공공구매路'라는 어느 정부부처의 구호는 우리말 표기를 마음껏 깨뜨렸다. 또 다른 부처의 '내가Green희망JOP氣'라는 직업 능력 향상을 위한 정책 이름을, 또 다른 부처의 '소셜 네트워크 서비스인 미투데이'라는 정책 설명을 대하게 되면 정말 정부부처의 우리말 사용이 이렇게까지 가도 되는가 하는 생각이 든다.

십여 년 전 일이다. 서울시가 야심 차게 내놓은 정책이 있었다. 맘프러너 창업스쿨. 정작 이 정책을 필요로 하는 여성분들은 무엇인지도 몰랐다. 결혼으로 경제활동이 끊긴 주부들의 창업을 돕기 위해 마련한 제도라 한다. '맘'과 기업이라는 뜻의 프랑스어 '앙트프러너'의 합성어라고 풀이하였다. 처음부터 정책 이름을 알기 쉽고 정확한 뜻을 담았더라면 창업을 갈망하는 여성들에게 큰 호응을 받았을 텐데 안타까웠다. 어디 십여 년 전에만 그랬을까? 세월이 한참 지나 서울시는 '서울우먼업인턴십' 사업을 펼치고 있다. WomanUp 사업은 재취업의 의지가 있는 경력단절 여성을 대상으로 사회 복귀에 대한 자신감을 회복하고 경험을 쌓을 수 있도록 지원하는 사업이라 하니, 십여 년 전 맘프러너창업스쿨 사업과 다를 바가 없고 이름이 알쏭달쏭한 것도 마찬가지다.

해마다 가을이면 정부서울청사 건물을 가득 채운 펼침막에 '코세페'라 써 둔 것은 누가 보라는 것일까? 코리아세일페스타라고 풀이했지만, 시민들은 무슨 행사인지 도무지 알 수 없다. 세계소리축제의 주제는 '이리 오너라 up go 놀자'이며, 어떤 공공기관이 마련한 복고풍(復古風)의 대중가요 행사는 '福GO 클럽'이란다. 또 다른 기관에서는 도무지 뜻을 짐작할 수 없는 '마더세이프', '워킹 스쿨버스', '행복e음', '잡월드'라는 정책 이름을 내세우고 있어 무슨 정책인지 무엇을 하는 것인지 알 수 없다. 이런 경우 한글단체에서 알기 쉬운 말로 다듬어 적극적으로 권유해 보지만, 이런저런 이유를 들어 시큰둥하다. 국민이 잘 이해하지 못하는 용어라면 아무리 좋은 정책이라도 공감을 얻기 어려울 것이다.

곳곳에 '내 아파트'가 눈에 띈다. 알고 보니 한글 '내'가 아니라 로마자 고딕체로 쓴 LH이다. 한국토지주택공사를 그렇게 부른단다. 공공기관 이름을 이렇게 쓰는 것이 한둘이 아니지만, 외국인도 알아볼 수 없고 우리 국민도 무슨 뜻인지 모르는 이름을 자꾸 늘려가야만 할 것인가?

행정기관에서 국민들에게 알리는 공문서, 보도자료, 정책 이름에 어려운 표현, 의미가 불분명한 단어, 규범을 망가뜨린 표기가 쓰인다면 그 글을 읽는 일반 국민은 정부 정책을 바르게 이해할 수 없다. 때로는 그 뜻을 잘못 이해하여 피해를 볼 수도 있다. 행정기관이 사용하는 언어는 국민의 권리와 의무에 직접 관계를 맺고 있기 때문에 훨씬 더 쉽고 정확해야 한다. 그래서 지금까지 공문서, 보도자료 등에 어려운 말, 잘못된 말이 쓰였다면 함께 반성해야 한다. 불필요한 외국어를 섞어 쓴 일은 없는지, 지나치게 어려운 한자말을 섞어 쓴 일은 없는지, 공무원 모두는 되돌아보아야 한다. 그리고 제대로 된 행정용어를 사용하여 국민에게 더 가까이 다가가도록 다짐을 새롭게 해야 한다.

전문용어

과거에는 전문용어가 전문가 집단에 갇혀 있었다면 지금은 바깥으로 나와 일상생활에서도 자주 쓰인다. 그러나 대부분이 외국어라서 국민에게는 낯설다. 그런데 과학기술이나 경제와 관련한 낯선 용어를 일반 국민에게 처음 알리는 쪽은 내부분 행정기관이다. 전문지식으로 가득 찬 담당 공무원들은 당연히 이해하고 있는 용어지만 처음 접하는 국민은 아리송하기만 하다. 언론도 이를 그냥 받아 소개하다 보니 더욱 그러하다.

몇 해 동안 우리는 감염병 사태를 맞이하면서 세상 처음 접한 용어가 많았다. 국민은 자신의 안전과 생명과 직결되는 용어를 무차별하게 접하였다. 용어 때문에 겁을 먹기도 하고 정확한 뜻을 몰라 어떻게 대처해야 할지 몰라 당황하기도 하였다. 언어를 의사소통의 도구로써 제 기능을 못 하도록 버려두었다. 정부가 내놓은 '팬데믹, 코호트, 뉴노멀 그리고 그린뉴딜, 스마트팩토리'가 우리를 어지럽게 하였다.

백신 '부스터샷'은 더 심한 경우였다. 부스터샷은 '추가접종'이라고 하면 남녀노소 누구나 이해할 수 있을 것이다. 정책을 다루는 사람들은 조직 내에서 전문용어를 그대로 쓰더라도, 국민 앞에서 용어를 사용할 때는 한 번 더 고민할 필요가 절실하다. 그런데도 아무 고민 없이 얼마 전 정부는 '엔데믹' 전환으로 모든 방역 해제라는 코로나 '로드맵'을 발표하였다.

급격히 변화하는 요즘 분야마다 수많은 전문용어가 일상생활로 들어오는 것은 어쩔 수 없는 현상이다. 더욱이 그러한 용어를 제대로 정확하게 이해하지 못하면 정보 격차가 더욱 심해지는 것이 현실이다. 정보 격차를 줄이기 위해서도 전문용어를 모두가 쉽게 이해하도록 노력해야 한다. 특히 전문가나 공무원에게 익숙한 외국어 용어를 일반 국민과 함께 사용해야 할 상황에서는 당연히 쉽게 이해되는 우리말 용어로 다듬는 것이 절대적으로 필요하다.

그러기 위해서는 우선 해당 분야 전문가나 공무원들은 일반 국민을 배려하는 의식이 필요하다. 지금까지 전문용어 사용을 살펴보면 그러한 배려 없이 정부가 새로운 정책이나 정보를 발표할 때 외국어로 된 용어를 그대로 드러냈다. 국민을 조금이라도 배려하는 마음이 있다면 '아, 내가 쓰는 이 용어를 일반 국민이 쉽고 정확하게 이해할 수 있을까'라고 먼저 생각해 보고 공문서를 작성하고 보도자료에 내야 할 것이다. 나아가서 국어 전문가나 언론기관과 수시로 소통하면서 용어를 다듬는다면 훨씬 더 효과적일 것이다. 이와 같은 국민에 대한 배려의 마음이 없다면, 생활 속에 이해하기 쉬운 전문용어를 뿌리내리기는 어려울 것이다.

국민을 배려하는 의식을 바탕으로 부처마다 두게 되어 있는 전문용어 표준화협의회를 적극적으로 활용해야 할 것이다. 「국어 기본법」에 따르면 국가는 국민이 각 분야의 전문용어를 쉽고 편리하게 사용할 수 있도록 표준화하여 보급하기 위하여 중앙행정기관에 협의회를 두게 되어 있다. 이 협의회를 형식에 그치게 하지 말고 실질적으로 운용하면서 국립국어원과 협력해서 발 빠르게 대처해야 할 것이다. 또한, 전문용어를 다듬을 때는 국민이 바로 수용할 수 있도록 눈높이에 맞추기를 바란다. 쉬운 말로만 해서도 안 되고, 모든 정보를 다 담으려고 해서도 안 된다. 뜻을 정확하게 하려고 원어보다 더 길거나 복잡하게 되면 결코 통용되기 어렵다.

그리고 무엇보다도 이러한 작업이 지속해서 이루어져야 한다. 행정기관이나 언론기관에서 반짝 관심을 가지고 그만둔다면 실패를 되풀이하게 될 것이다. 일상생활에 전문용어를 많이 받아들이면서 살아가는 현대사회에서 이해하기 쉬운 언어생활을 위하여 모두가 관심을 가지고 언어문화 향상에 힘써야 할 것이다.

러닝, 러닝사이언스 그리고 건강온

젊은이는 앞으로 우리 사회와 나라를 이끌어갈 주인공이다. 그들이 제대로 교육받고 효과적으로 사회생활을 준비하도록 하는 것에 정부와 지방자치단체가 앞장서는 것은 매우 바람직하다. 서울시가 학생들에게 공정한 교육 기회를 제공하는 사업을 펼치고 있으니 흐뭇하다. 그런데 그 정책 이름은 'E런 서울런'이다. 이름만 보고는 무슨 사업인지 짐작조차 가지 않는다.

'학습'이란 말을 쓰면 누구나 쉽게 알아들을 텐데 꼭 '런'이란 표현을 써야 공정한 교육 기회를 드러낼 수 있을까 의아하다. 서울시는 학습이나 공부라는 표현은 멋이 없다고 생각한 것일까?

요즘 젊은이들은 영혼을 끌어모아서라도 경제력을 높이려 한다. 이런 마음을 헤아려 서울시는 또 야심 차게 사업을 시작하였다. '청년 재테크를 위한 서울 영테크 토크쇼'가 그것이다. 재테크란 말은 이미 오래전부터 쓰던 말이라 그렇다 치더라도 '영테크'라는 말은 행정기관이 굳이 새로 만들어 써야 할 표현은 아니다. 서울시의 우리말에 대한 인식이 한심하기 짝이 없다. 서울시가 마련한 사업 한 가지만 더 소개하자. '건강관리 프로젝트 온서울 건강온'은 '스마트밴드와 함께하는, 온택트 헬스케어하는' 사업이란다. 외국말 큰잔치 같다. 적어도 앞의 '온'은 모두를 뜻하는 우리말이기를 바란다.

얼마 전 어떤 학교에서 국어교육학과, 수학교육학과 등을 묶어 융합 운영을 통해 학교 교육을 획일성에서 다양성으로 이끌도록 하는 학습과학자를 양성하기 위한 새로운 학과를 신설하였다. 학과 이름은 '러닝사이언스학과'다. 학과 목표는 학습과학자 양성이고, 주요 교과목 이름은 학습과학의 이해였다. 왜 학과 이름에 맞추어 러닝사이언티스트 양성, 언더스탠딩 러닝사이언스라 하지 않았을까? 앞에서 예를 든 서울시처럼 '학습'이란 누구나 다 아는 말을 굳이 '러닝'이라 해야 할 이유가 무엇일까? 국어 교육을 하는 학과가 달리기 학과로 오해받지 않았으면 좋겠다.

이처럼 사회가 급격히 변화하는 요즘 분야마다 수많은 전문용어가 외국어 그대로 우리 생활 속으로 들어올 뿐만 아니라 일상생활 언어에도 외국어가 듬뿍 섞여 있다. 외국어를 제대로 이해하지 못하면 정보 격차가 커질 뿐만 아니라 자신도 모르게 따돌림당하는 것처럼 느낀다. 따라서 정보 격차를 줄이기 위해서도, 차별 없이 함께 사회생활을 해 나가기 위해서도 불필요하게 외국어를 섞어 쓰지 말아야 할 것이다. 누구나 이해하기 쉽고, 그러면서 정확하게 소통할 수 있는 언어생활을 위하여 모두가 관심 가져야 할 것이다.

법률용어

다음은 우리나라 법률의 한 조문이었다. "정보통신망이용촉진및정보보호
등에관한법률 제2조제3호의 규정에 의한 정보 통신 서비스의 제공자는 국
민이 국어를 편리하게 사용하는 데에 필요한 조치를 하여야 한다." 어딘가
어색하지는 않은가? 혹은 읽기에 불편한 점은 없을까? 지금은 그렇지 않지
만, 원래 우리나라 법조문에 법률 이름을 인용하여 표기할 때는 위와 같이
한 글자도 띄지 않고 모두 붙여쓰도록 되어 있었다. 즉, '정보통신망 이용
촉진 및 정보 보호 등에 관한 법률'처럼 띄어쓰면 안 되었다. 그 이유는 법조
문에서 이것이 법률 이름임을 나타내고, 또한 앞뒤 어디까지가 법률 이름인
지 정확하게 구분하여 모두 붙여 한 단위임을 나타내기 위해서라고 한다.
그러나 그동안 법제처는 의욕적으로 '알기 쉬운 법령 만들기' 사업을 추진해
온 결과, 이제는 법률 이름을 낫표 속에 넣어 「정보통신망 이용 촉진 및
정보 보호 등에 관한 법률」처럼 띄어쓰고 있다. 이 얼마나 참신한 일인가?
법제처가 국민의 권리·의무와 직접 관련을 맺고 있는 법령을 누구나 쉽게
이해할 수 있도록 다듬고 있으니 참으로 훌륭하다.

온 국민이 자기의 권리를 제대로 누리고 주어진 의무를 뜻하지 않게 소홀
하지 않도록 하기 위해서 법령은 쉽게, 그리고 정확하게 이해할 수 있어야
한다. 그러기 위해 법령에 쓰이는 언어는 어떠해야 할까? 이에 대해 쉽고
정확한 법령이 갖추어야 할 단어, 문장의 성격에 대해 살펴보도록 하자.

법령은 쉽고 정확한 단어를

법령에서 잘못 써 온 대표적인 단어가 '자문하다'이다. '자문하다'는 '어떤 일을 좀 더 효율적이고 바르게 처리하려고 그 방면의 전문가에게 의견을 묻다'라는 뜻으로 '묻다, 문의하다, 질의하다'와 같은 의미이다. 즉, 전문가에게 자문하고, 전문가는 그 자문에 응하는 것이다. 그런데 '전문가에게 자문을 받았다'와 같이 단어의 뜻을 거꾸로 쓰는 경우가 일상생활에서도 흔히 보이지만 법령에서도 쓰였다. 다음이 그 예인데, 밑줄 친 '지도·자문하는'은 '지도하고 문의하는'이란 뜻이다. 이것은 말이 안 된다. '문의하는'이 아닌 '문의하는 내용에 대해 대답하는'이란 뜻이 되어야 한다. 이러한 뜻으로 '자문'을 정확하게 쓰려면 '지도하고 자문에 응하는'으로 다듬어야 한다. 법제처의 '알기 쉬운 법령 만들기' 사업 이전에는 (가)의 '지도·자문하는'처럼 잘못 사용하였다. 그러나 「건축법」 개정 이후 지금은 (나)와 같이 바로잡았다.

> (가) '설계자'라 함은 자기 책임하에 설계도서를 작성하고 그 설계도서에 의도한 바를 해설하며 <u>지도·자문하는 자</u>를 말한다. (「건축법」 제2조 13)
> → (나) '설계자'라 함은 자기의 책임으로 설계도서를 작성하고 그 설계도서에 의도한 바를 해설하며 <u>지도하고 자문에 응하는 자</u>를 말한다.

법령에 자주 쓰이는 '내지'라는 단어도 생각해 볼 필요가 있다. '내지'의 사전적인 뜻은 다음과 같이 두 가지다. (1) 수량을 나타내는 말들 사이에 쓰여 '얼마에서 얼마까지'의 뜻을 나타내는 말. (2) '또는'의 뜻이다. 즉, '제5조 내지 제7조'라고 표현하면 (1) 제5조, 제6조, 제7조를 의미하기도 하고, (2) 제5조 또는 제7조를 의미하기도 하여 의미의 혼동이 따른다. 따라서 (1)의 의미일 경우의 '내지'는 '~부터 ~까지'로 바꾸고, (2)의 의미일 경우의

'내지'는 '또는'으로 바꾸어 쓰는 것이 간결하면서도 정확한 표현이다.

> (가) 제5조 내지 제7조, 제15조 내지 제20조를 준용한다.
> → (나) 제5조부터 제7조까지, 제15조부터 제20조까지의 규정을 준용
>   한다.

구체적으로 법령에 쓰인 어려운 한자어를 쉬운 말로 다듬기에 대해 살펴
보자. 기본적으로, 어려운 한자어는 토박이말이나 쉬운 한자어로 다듬어야
한다. 다만, 필요한 경우에는 한자를 괄호 안에 병기한다. 「수표법」 제27조
제2항에 '그 方式에 瑕疵가 있는 境遇外에는'이라는 표현이 있었다. 여기서
瑕疵를 단순히 한글로 '하자'라고 표기하는 것에 그칠 것이 아니라 쉬운 한
자어 '결함'이나 토박이말 '흠'으로 다듬는 것이 바람직할 것이다. 이 역시
법제처의 '알기 쉬운 법령 만들기' 사업에 따라 「수표법」 개정으로 다행히
지금은 이를 수정하였다.

같은 법 제29조 제2항의 '支給地의 國과 다른 國에서 發行한 手票는'에서
國도 법 개정으로 '나라'로 수정하였다. 또한 같은 법 제30조의 '標準이 되는
歲曆의 歲曆도 '달력' 정도로 바꾼다면 뜻도 바뀌지 않고 쉽게 이해할 수
있을 것이다. 歲曆은 법 개정에도 불구하고 아직 수정하지 않았다. 그밖에
'해태(懈怠)하다'도 법령에서 자주 나타나는 용어인데 이는 '게을리하다'로 다
듬어 쓸 수 있다.

다음은 「수표법」 제16조 제1항을 한글로 다시 쓴 것이다. 그런데 밑줄
친 '보전'을 그냥 한글로만 썼을 경우, 법률을 공부한 사람이 아니면 거의
알 수 없는 단어이다.

> 배서는 수표 또는 이에 결합한 보전에 기재하고 배서인이 기명날인
> 또는 서명하여야 한다.

이처럼 표기를 한글로만 하였다고 법령이 알기 쉽게 된다는 것은 아니다. 용어 자체가 쉬운 표현이어야 한다. 위의 '보전'의 사전 뜻풀이는 '증권이나 증서에 배서와 보증이 많아 여백이 없는 경우에 덧붙이는 종이', 즉 補箋이다. 이러한 보전을 알기 쉬운 표현으로 다듬으면 어떻게 될까? 「수표법」개정으로 지금은 '보충지[보전]'으로 수정하였다.

한자 '가(假)-'에는 두 가지 의미가 있다. 첫째는 '거짓'이며, 둘째는 '임시'이다. 따라서 두 의미의 혼동을 피하기 위해 '임시'의 의미를 지닌 '가(假)-'는 모두 '임시'로 순화하는 것이 바람직하다. '가건물, 가계약, 가등기, 가도' 등을 '임시건물, 임시계약, 임시등기, 임시도로' 등으로 다듬어야 할 것이다. 왜냐하면 이들 용어를 '가짜건물(좋지 않는 건물), 가짜계약, 가짜등기, 가짜도로' 등의 뜻으로 오해하는 사람들이 뜻밖에 많기 때문이다.

그밖에도 검찰결정문에 자주 쓰던 다음 단어들도 알기 쉽게 고쳐야 할 대상이다. 강취하다 → 강제로 빼앗다, 경료하다 → 마치다, 금원 → 돈, 기망하다 → 속이다, 기화로 → 빌미로, 면탈하다 → 면하다, 소훼하다 → 없애다, 손괴하다 → 망가뜨리다, 편취하다 → 속여 빼앗다 등.

그런데 무엇보다도 중요한 것은 '쉽다'의 기준 설정이다. 왜냐하면 어떤 단어가 쉽다고 하는 것은 명확하게 객관화하기 어렵다. 따라서 그 기준을 객관화할 필요가 있다. 한자어는 모두 어렵다고 할 수 없으며, 토박이말은 모두 쉽다고 할 수 없기 때문이다. '갈음하다'는 토박이말이지만, 일반인들이 언뜻 그 뜻을 이해하기가 어렵다. 그러나 '대신하다'는 누구에게나 쉽게 이해하는 말이다.

일찍이 허웅 교수는 국어 순화와 관련해서 다음과 같은 큰 원칙을 밝힌 바 있다. [참고: 허웅 1977, 국어 순화는 왜 해야 하며 어떻게 해야 하나, 《민족문화연구》 11, 고려대학교 민족문화연구소] "우선 토박이말을 바르게 쓰고, 다음으로는 그 토대 위에 한자말을 되도록 토박이말로 바꾸도록 해야 할 것이다. 그러나 토박이말보다 더 쉽게 이해될 수 있는 한자말은 굳이 그렇게 고칠 필요는 없다. 이러한 제일차적 정리 작업이 끝난 뒤에 그것을 토대로 하여 서양 외래말을 먼저 토박이말로 옮겨 보고 다음으로는 한자말로 옮기는 것이 좋되, 너무 무리하게 옮겨 지나친 저항은 받지 말도록 해야 할 것이다. 그리고 일본말과 일본식 한자말 역시 다른 말로 옮겨야 함은 물론이다."

법령은 쉽고 정확한 문장으로

다음 법령 문장은 역시 「수표법」 제3조의 예이다. 그런데 이 문장에서 '-에 위반하다'는 '-을 위반하다'로 고쳐야 올바른 문장이다. '위반하다'는 격조사 '-을'을 취하는 동사이기 때문이다. 이 부분도 '이 규정을 위반하는'과 같이 법 개정에서 지금은 올바르게 수정하였다.

(가) 그러나 <u>이 規定에 違反하는</u> 境遇에도 手票로서의 效力에
影響을 미치지 아니한다.
→ (나) 그러나 <u>이 규정을 위반하는</u> 경우에도 수표로서의 효력에 영향
을 미치지 아니한다.

다음 예도 역시 격조사를 잘못 쓴 경우이다. 동사 '관계있다'는 '무엇-이 무엇-과 관계있다'로 써야 올바르다.

(가) 직업안정기관의 장은 <u>보험-에 관계있는</u> 자의 청구가 있는 경
우에는 급여원부를 열람시키고, 필요하다고 인정하는 경우에
는 증명서를 발급하여야 한다. (「고용보험법 시행령」 제59조)
→ (나) 직업안정기관의 장은 <u>보험-과 관계있는</u> 자의 청구가 있는 경
우에는

특히 사람일 경우 '-에게'를 써야 하는데, 사물명사 뒤에 쓰는 '-에'를 사람에게 쓰는 경우가 흔히 있다. 다음 예처럼 '상대방-에게, 소유자-에게'로 해야 올바르다.

> (가) 상대방이 있는 의사표시는 그 통지가 상대방-에 도달한 때로부터 그 효력이 생긴다. (「민법」 제111조)
> → (나) 상대방-에게 도달한 때로부터 (「민법」 개정으로 올바르게 수정함)
> (다) 대지와 건물이 동일한 소유자에 속한 경우에 건물에 전세권을 설정한 때에는 그 대지소유권의 특별승계인은 전세권설정자에 대하여 지상권을 설정한 것으로 본다. (「민법」 제305조)
> → (라) 소유자-에게 속한 경우에 (아직 올바르게 수정하지 못함)

법령은 국민 각자의 권리·의무와 직접적인 관련을 맺고 있다. 온 국민이 권리를 누리고 의무에 소홀하지 않도록 하기 위해서 법령은 쉽게 이해되어야 하고 그러면서 정확하게 전달되어야 한다. 법령에 쓰이는 단어는 기본적으로 일반 국민의 권리·의무와 바로 관련되어 있기 때문에 무엇보다도 정확하면서도 이해하기 쉬워야 한다. 따라서 어려운 한자어, 일본식 한자어, 그리고 외래어나 외국어는 알기 쉬운 단어로 순화해야 한다.

헌법은 누구나 알 수 있는 쉬운 말로

정치권에서는 어떤 일이 있을 때마다 헌법을 개정하려는 움직임을 보였다. 가장 최근으로는 2018년에 국회에서 본격적으로 개헌이 논의되었다. 그때 다음과 같은 주장을 펼친 바 있어 그대로 옮겨 본다.

국민의 알 권리를 지키고 민족문화의 가치를 드높이기 위해, 헌법을 누구에게나 알기 쉽고 우리말답게 고칠 것을 제안하고자 합니다.

언어는 사람의 생각과 느낌을 전달하는 수단입니다. 그러나 언어는 단순히 그러한 수단에 그치는 것이 아니라 이를 사용하는 사람들의 정신세계를 형성하는 구실도 합니다. 그래서 한 국가나 민족은 공통된 언어 구조에 이끌려 공통된 정신과 생각을 가지게 되고 고유한 문화를 형성합니다. 그러므로 언어는 이를 사용하는 국가 또는 민족, 그리고 그 문화와 밀접한 관계를 맺습니다. 우리말도 우리의 얼을 기르면서 우리의 문화를 형성하는 데 매우 중요한 구실을 맡아 왔습니다. 그래서 우리는 우리말의 가치를 높이 인식하고 이를 올바르게 가꾸어가야 합니다.

국가의 헌법은 물론 온갖 법령을 비롯하여 국가기관이 사용하는 언어는 국민의 권리와 의무에 직접적인 관계를 맺고 있습니다. 따라서 법령과 행정에 쓰이는 언어는 모든 국민이 이해할 수 있도록 다른 어떤 언어보다도 훨씬 더 쉽고 정확해야 합니다. 지금까지 국가가 제정한 법령과 작성한 행정문서가 어렵고 분명하지 못하였다면 우리 모두 반성해야 할 것입니다. 국가는 제대로 된 법령과 행정 언어를 사용하여 국민들의 올바른 언어생활에 이바지해야 할 것입니다.

우리나라의 법률은 일제강점기부터 사용하던 일본 법률을 그대로 가져온 것이 많아서 법률 문장에는 지금 우리가 쓰지 않는 일본 한자어와 말투, 낯선 한자어가 가득합니다. 2016년에 헌법재판소에서 공문서는 한글만 쓰기가 헌법 정신에 어긋나지 않는다고 판결했음에도 지금의 헌법은 아직도 한글과 한문 섞어쓰기 문체입니다.

이제 정치권에서 헌법을 개정한다 하니, 물론 그 내용도 중요하지만, 위와 같은 생각을 바탕으로, 국민 모두가 알기 쉬운 헌법, 그리고 우리말의 가치를 드높이는 헌법으로 거듭나도록 용어와 문장을 바로잡아 줄 것을 요청합니다. 그렇게 하여 우리 국민 누구나 헌법을 쉽게 읽으면서 국가의 운영 원리, 국민의 권리와 의무를 정확하게 알 수 있어야 할 것입니다. 이에 한글학회는 다음과 같은 세 가지 방향으로 헌법을 고치기를 제안합니다.

첫째, 어려운 용어를 쉬운 말로 바꾸고, 우리말답게 문장을 다듬어야 합니다. 잘 쓰지 않는 한자어는 쉬운 말로 바꾸고, 일본어 말투를 자연스러운 우리말 말투로 고쳐야 합니다. 또한 한 문장으로 된 긴 문장들도 간결하게 정리해야 합니다.

둘째, 한자 능력에 따라 국민의 알 권리를 차별할 위험이 있는 한글과 한문 섞어쓰기 문체를 한글만 쓰기 문체로 바꾸어야 합니다. 2005년 제정된 「국어 기본법」 제14조에서는 공문서의 한글만 쓰기를 규정하였고, 2016년 헌법재판소에서는 공문서 한글만 쓰기 규정이 국민의 알 권리를 보장한다는 면에서 전혀 헌법 정신에 어긋나지 않으며, 한자어를 반드시 한자로 표기해야 할 까닭은 없다고 판시하였습니다. 오늘날 글자 생활에서 한글과 한문 섞어쓰기 문체는 의사소통에 방해가 되므로 반드시 한글만 쓰기로 바꾸어야 합니다.

셋째, 이미 2004년 헌법재판소 판결과 2005년에 제정된 「국어 기본법」에서 밝혔지만, 대한민국의 공용어는 한국어이고 공용문자는 한글이라는 규정을 새 헌법의 총강에 넣어야 합니다. 2004년 헌법재판소에서는 우리말을 한국어로 하고 우리글을 한글로 하는 것이 국가의 정체성에 관한 기본적 헌법 사항이라고 밝혔고, 「국어 기본법」 제3조에서는 한국어가 대한민국의 공용어이며 한글이 국어를 표기하는 우리의 고유 문자임을 규정하였습니다. 민족의 정체성과 언어생활의 민주주의를 지키려면 헌법에 이 조항을 반드시 넣어야 합니다.

지금부터 30여 년 전 허웅 선생은 『한글새소식』 제181호의 '헌법 개정에 즈음하여'라는 글에서 "헌법을 한글로만 적는 것은 민주주의 실천의 첫걸음이며, 새 시대에는 어려운 글자와 알지 못하는 말로 국민을 내려다보는 허세를 그만두어야 하며, 헌법 문장의 짜임새는 논리적으로 잘 다듬어야 한다." 라고 이미 밝힌 바 있습니다. 거듭 헌법을 알기 쉽게 바꾸는 일이야말로 민주주의를 바로 세우고 민족 정체성을 지키는 일이라고 믿습니다.

[출전]

1998 올바른 국어생활을 위해 언론이 앞장서자, 《나라사랑》 96, 6-9, 외솔회.

2006 알기 쉬운 법령과 어휘 다듬기의 실제, 《법제》 586, 5-14, 법제처.

2008 법령을 쉽고 정확하게 다듬기 위하여, 《법제》 610, 30-42, 법제처.

2008 《새로운 검찰결정문에 대한 국문법적 검토》, 서울대학교 산학협력단.

2010 행정용어, 분명하고 품격 있어야, 《문화일보》 2010년 3월 15일, 문화일보사.

2011 방송 드라마 언어의 품격, 《문화일보》 2011년 5월 23일, 문화일보사.

2018 헌법은 누구나 알 수 있는 쉬운 말로 고쳐야 합니다, 《한글새소식》 547, 2-3, 한글학회.

2020 모두가 쉽게 이해하는 전문용어를 위하여, 《동아사이언스》 2020년 12월 16일, 동아사이언스.

2021 러닝, 러닝사이언스 그리고 건강온, 《동아사이언스》 2021년 11월 18일, 동아사이언스.

03

의사소통 능력을 향상하기 위하여

말로써 행복을

표준어는 국민의 올바른 의사소통을 위해 필요한 도구이며, 방언은 우리 삶의 생생한 모습과 정신이 담긴 문화유산이다.

　어문규범은 우리의 의사소통을 가장 효과적으로 하기 위한 약속이다. 따라서 국민들은 관심을 가지고 약속을 지키도록 힘써야 할 것이며, 국가는 국민들이 이 약속을 잘 지킬 수 있는 환경을 마련해야 할 것이다. 그래서 현실과 너무 동떨어진 규정이 있다면, 이를 합리적으로 다듬어 제시해야 할 것이다.

3.1. 말과 글의 규범

　말과 글의 규범, 즉 어문규범이란 우리가 언어생활에서 따르고 지켜야할 국가가 정한 공식적인 기준을 말한다. 말에 대한 규범이 표준어 규정이고, 글자에 대한 규범이 한글 맞춤법이다. 그리고 특별히 외래어를 적은 규범이 외래어 표기법이고, 우리말을 로마자로 어떻게 적을 것인가를 정한 것이 국어의 로마자 표기법이다.

한글 맞춤법의 두 원리

　표준어 규정 제1항을 보면, '표준어는 교양 있는 사람들이 두루 쓰는 현대 서울말로 정함을 원칙으로 한다'고 정하였다. 이 표준어 규정 제1항에는 표준어를 정하는 사회적, 시대적, 지역적 기준이 제시되어 있다. 사회적으로는 교양 있는 사람, 시대적으로는 현대, 지역적으로는 서울을 제시하였다.
　한글 맞춤법은 이러한 표준어를 글자로 적을 때 올바르게 표기하는 방법을 규정한 것이다. 그래서 표준어 규정은 한글 맞춤법의 전제가 되는 규정이다. 흔히들 한글 맞춤법은 어렵다고 한다. 그러나 다른 어떤 언어의 표기법보다 쉬운 것이 한글 맞춤법이다. 예를 들어, 프랑스어나 영어의 표기법을 생각해 보자. 프랑스어나 영어를 올바르게 적기 위해서는 단어 하나하나에 대해 그 철자를 외우지 않으면 안 된다. 그래서 프랑스어나 영어의 맞춤법은 따로 없다. 이처럼 모든 단어마다 올바른 철자가 정해져 있어 그것을 개별적으로 외워야 하니 규칙적인 맞춤법이 있을 수 없다. 그러나 우리말은 그렇지 않다. 한글 맞춤법 규정만 잘 알면 표기가 매우 쉽다.

한글 맞춤법 제1항은 '한글 맞춤법은 표준어를 소리대로 적되, 어법에 맞도록 함을 원칙으로 한다'고 정하였다. 여기에는 두 가지 핵심 원리가 들어 있다. '소리대로'의 원리와 '어법에 맞도록'의 원리이다. 차례로 두 원리를 살펴보자. 첫째, '소리대로'의 원리이다. 한글은 표음문자이므로 소리 나는 대로 적으면 그것이 바로 올바른 우리말 표기가 된다. 예를 들어, '나는 노래를 부르고, 누나는 피아노를 친다'와 같이 소리 나는 대로 표기하면 된다는 원리이다. 이것이 한글 맞춤법의 가장 핵심 원리이기에 우리말 표기가 쉬운 것이다. 즉, 그 철자를 암기하지 않더라도 소리 나는 대로 표기가 가능하기 때문이다.

둘째, '어법에 맞도록'의 원리이다. 이 원리는 '소리대로'의 원리와 더불어 한글 맞춤법의 또 다른 핵심 원리이다. '어법에 맞도록'이란 한 번 정해진 철자는 환경에 따라 다르게 소리 나는 경우가 있더라도 언제나 일정한 형태로 적는다는 원리이다. 예를 들어, '(과일) 갑슨, 감만, 갑또 (비싸다)'라고 적으면 하나의 뜻을 가지고 있는 단어 '값'이 '갑ㅅ, 감, 갑'과 같이 너무 많은 표기가 나타나게 되어, 결과적으로 그 뜻을 쉽게 파악할 수도 없고 독서 능률도 떨어지게 된다. 따라서 이를 '값'이란 동일한 표기로 고정시켜 '갑슨, 감만, 갑또' 대신에, '값은, 값만, 값도'로 표기하자는 것이다. 이것이 어법에 맞도록 표기하는 원리이다.

표준어의 필요성과 방언의 가치

같은 언어를 쓰는 사람들은 공통된 언어 구조에 이끌려 공통된 정신과 생각을 가지게 되고 이를 바탕으로 고유한 문화를 창조한다. 그러므로 언어는 이를 사용해 온 사람들의 오랜 경험과 지혜를 고스란히 담고 있는 문화유산이다. 역사 이래로 우리의 정신을 이어 주고 문화를 이끌어 준 것이 바로 우리말이다. 각 지역마다 사용해 온 방언도 마찬가지다. 방언의 가치는 바로 그 지역의 고유한 역사가 숨 쉬고 얼이 스며 있는 문화유산이라는 데 있다. 우리가 방언의 가치를 높이 받들고 사라지지 않도록 지켜야 하는 까닭이 바로 여기에 있다.

또한 언어는 우리의 생각과 느낌을 전달하는 의사소통의 도구이다. 언어가 의사소통의 효과적인 도구가 되기 위해서는 사회 구성원 모두에게 공통적이어야 한다. 그러나 언어의 말소리와 뜻의 관계는 상황에 따라 얼마든지 바뀔 수 있다. 시간의 흐름에 따라 말소리와 뜻이 맺어진 관계도 바뀔 수 있어 언어는 역사적으로 변화를 계속한다. 또한 지역의 다름에 따라, 사회적 요인에 따라 언어는 다양한 모습을 드러낸다. 그러나 언어가 시간적으로, 지역적으로, 사회적으로 서로 다른 모습을 보인다면, 의사소통의 도구로서 기능은 크게 떨어진다. 그래서 이 세 조건을 각각 어느 한 가지로 공통되게 기준을 정하게 되는데, 이것이 바로 표준어이다. 표준어의 필요성은 국민들이 하나의 공통된 도구로 의사소통을 효과적으로 할 수 있도록 하는 데에 있다.

그런데 우리는 이 둘의 관계를 잘못 이해하는 경우를 흔히 본다. 광복 후 표준어의 폭넓은 보급은 우리의 공통된 의사소통에 크게 이바지하였다. 그러나 표준어의 필요성을 지나치게 앞세워 지역방언의 가치를 폄하한 결과 방언은 버려야 할 것으로 인식되어 사라질 위기에 이르렀다. 이는 방언에 대한 올바른 가치를 모르는 데서 비롯된 것이다.

그러나 반대로 방언의 정서적 가치만 강조한 나머지 표준어의 필요성을 인정하지 않으려는 극단적인 주장도 있다. 마치 표준어는 고유문화와 언어의 평등성을 해치는 없애야 할 존재로 바라본 것이다. 그러나 이러한 두 생각은 모두 옳지 않다. 표준어는 국민의 올바른 의사소통을 위해 필요한 도구이며, 방언은 우리 삶의 생생한 모습과 정신이 담긴 문화유산이다.

최근에 방언을 체계적으로 수집하고 보존하려는 노력이 곳곳에서 나타나 무척 다행한 일이다. 국립국어원에서 지역어 조사를 본격적으로 실시하여 해마다 그 성과를 발표하고 있으며, 남북 공동의 겨레말큰사전 편찬에서는 남북 방방곡곡은 물론 국외 동포들이 쓰는 방언도 캐내고 있다.

언어는 시간의 흐름에 따라 변화한다. 따라서 규범인 표준어도 시대에 따라 조정할 필요가 있다. 이미 우리 사회에서 널리 쓰고 있는데도 표준어를 처음 정할 때 지정되지 못했다고 계속 비표준어로 묶어 둘 수는 없다. 이것은 우리말의 어휘의 폭을 줄이는 결과도 되며, 그 단어를 사용하는 모든 국민을 규범을 어긴 사람이 되게 한다. 따라서 표준어에 대한 합리적인 평가와 연구를 통해, 어느 한 단어만 표준어로 고정해 둘 것이 아니라, 둘 이상을 표준어로 허용하는 복수 표준어를 두는 방안을 고려해야 한다. 당연히 방언에서도 필요한 말을 살려 써야 할 것이다

한편 표준어가 헌법재판소의 심판의 대상이 된 적이 있다. 그와 관련하여 글쓴이가 《조선일보》 2009년 5월 30일자와 《문화일보》 6월 1일자에 특별히 기고한 바 있다. 그 내용을 간추려 다시 적어 둔다.

헌법재판소는 표준어를 '교양 있는 사람들이 두루 쓰는 현대 서울말'로 규정한 '표준어 규정'과 공문서와 교과서에 표준어를 쓰도록 한 「국어 기본법」이 헌법에 위배되지 않는다고 판결하였다. 표준어 규정이 지역방언을 차별대우하여 주민들의 행복추구권, 평등권, 교육권 등을 침해한다며 텟말두레라는 단체에서 2006년에 헌법소원 낸 것에 대한 판결이다. 재판부는 공문서나 교과서에 표준어를 쓰지 않을 경우 국민의 의사소통에 혼란을 가져올 것이라 하였다. 이러한 판결을 보면서 이제 우리는 표준어의 필요성과 지역방언의 가치를 함께 존중하는 언어 태도를 가질 필요가 있다고 생각한다.

따라서 우리는 표준어는 국민의 올바른 의사소통을 위해 필요한 도구이며, 방언은 우리 삶의 생생한 모습과 정신이 담긴 문화유산으로 두 가지 모두 가치 있는 말이라는 것을 올바르게 인식해야 할 것이다. 이러한 인식과 함께 현재 지나치게 경직되어 있는 표준어 규정은 좀 더 실제 생활에 맞게 확장할 필요가 있으며, 그리고 점차 사라져 가는 방언은 빠짐없이 정확하게 수집하여 지켜나가야 할 것이다.

　이미 우리 사회에서 널리 쓰고 있는 말인데도 표준어를 처음 정할 때 지정되지 못했다고 해서 계속 비표준어로 묶어 둔 예가 꽤 많다. 몇 가지 예를 들어 보자. '손주 보는 재미가 쏠쏠하다'라는 할아버지들 말에서 '손주'는 '손자'에 대해 비표준어로 되어 있다. '냄새'와 '내음'도 그 말맛이 분명히 다르지만 '내음'은 비표준어로 되어 있다. 아무래도 '꽃내음'이 '꽃냄새'보다는 더 정겹다. '날개'와 '나래', '속병'과 '속앓이'도 마찬가지로 '나래'와 '속앓이'는 비표준어이다. '북한 위협에 연평도 주민들 속앓이'라는 신문 제목에서 '속앓이'를 '속병'으로 바꾸어쓸 수 있을까? '으스스, 섬뜩, 연방, 뜰'에 대해 '으시시, 섬찟, 연신, 뜨락'도 비표준어이다.

　이것은 우리말의 어휘 폭을 줄이는 결과가 되며, 그 단어를 사용하는 모든 국민을 언어규범을 어긴 사람이 되게 한다. 따라서 표준어에 대한 합리적인 평가와 연구를 통해, 어느 한 단어만 표준어로 고정해 둘 것이 아니라, 둘 이상을 복수 표준어로 허용하는 방안을 신중히 고려해야 할 것이다. 아울러 다양한 지역방언에서 필요한 말을 살려 표준어 테두리 안에 담아야 할 것이다. 지난 몇 해 동안 국립국어원에서 지역방언을 체계적으로 수집하여 생생한 자료를 출판하고, 또한 우리의 일상 삶 속에 녹아 있는 민족생활어를 각 분야별로 찾아내서 보급한 것은 우리의 문화유산을 보존하는 일에도 기여하거니와 우리말 어휘의 폭을 넓히는 데에두 기여할 것이다.

로마자 표기법의 성공적인 정착을 위하여

2000년에 로마자(=라틴문자) 표기법이 오랜 진통 끝에 개정되었다. 새로 만든 로마자 표기법은, 컴퓨터에서 쓰기가 매우 불편한, 2000년 이전까지 로마자 표기법에서 쓰던, 반달표(˘)와 어깻점(')을 모두 없앴다. 예를 들어 그동안 '어'는 ŏ로 표기하였는데, 반달표 사용이 어렵게 되어 u, o, eo 등 숱한 통속적 표기를 유발하였으나 이제는 eo로 표기하기로 하였다. 지금까지 '천'을 chŏn으로 표기하던 것을 cheon으로 고쳤다. 마찬가지로 종전의 '으'는 'ŭ'로 표기하였는데, 역시 반달표를 없애고 eu로 표기하기로 하였다. 지금까지 '한-글'을 han-gŭl로 표기하던 것을 han-geul로 고쳤다.

새 로마자 표기법은 우리말 음운 체계를 존중하였다. 종전의 표기법은 국어의 음운 체계를 완전히 무시하여, 예를 들면 '제주, 도동'을 Cheju, Todong로 표기하여 우리말의 같은 'ㅈ'을 ch와 j로, 같은 'ㄷ'을 t와 d로 즉, 영어처럼 무성음과 유성음으로 구별하였는데 이는 국어 표기에 전혀 필요하지 않은 구별이다. 반면 국어에서는 'ㄷ'과 'ㅌ'의 구별이 중요한데, '달'과 '탈'처럼, 종전 표기법에서는 이를 t와 t'로 구별하였으나 어깻점이 대체로 생략되어 'ㄷ'과 'ㅌ'을 구별하지 않고 '달'과 '탈'을 모두 tal로 표기하였다. 새 표기법은 'ㄷ'은 d로 'ㅌ'은 t로 표기함으로써, 즉 dal, tal로 표기하여, 국어에서 꼭 필요한 구별이 분명해졌다.

이러한 새 로마자 표기법이 성공적으로 정착하기 위해서는 무엇보다도 새 표기법에 담긴 뜻과 개정의 당위성을 이해하고 실천하려는 의지가 중요하다. 그래서 특히 다음과 같은 사항을 잘 이해해야 할 것이다.

첫째, 국어의 말소리(음운) 구조와 로마자 글자 사이에는 피할 수 없는 차이가 있음을 알아야 할 것이다. 모음의 경우, 국어의 단모음은 적어도 '이 에 애 으 어 아 오 우'와 같이 8개 소리인데 로마자에는 a e i o u 다섯 글자뿐이다. 즉, 다섯 글자로 8개 소리를 표기해야 한다. 자음의 경우, 국어는 'ㄱ – ㅋ – ㄲ'처럼 '예사소리-거센소리-된소리' 세 소리가 구분된다. 그러나 로마자에는 그러한 글자가 없고, 오히려 유성음과 무성음의 구별만 있다. 이러한 차이를 해결하기 위해서 여러 방안이 제시될 수 있지만 그 가운데 가장 합리적으로 한글을 로마자에 배당한 것이 새 로마자 표기법이다.

둘째, 로마자와 영어 표기를 혼동하지 말아야 한다. 흔히 로마자 표기를 영문 표기라고 말하는데 이는 크게 잘못된 것이다. 로마자 표기는 영어뿐만 아니라 다른 여러 나라 언어를 표기하기 위한 세계 공통의 글자 체계이다. 따라서 영어식으로 읽었을 때 우리말 발음과 멀어진다는 이유로 로마자 표기가 잘못되었다는 비판은 불합리한 것이다. 로마자를 표기법으로 채택한 언어 가운데 영어 발음을 염두에 두고 표기법을 정한 언어는 하나도 없다.

셋째, 로마자 표기법은 외국인에게만 필요한 것이 아니다. 물론 외국인에게도 로마자 표기법이 중요하지만, 우리 국민들이 이해하기에도 편리해야 한다.

이러한 새 로마자 표기법을 정착시키기 위해서는 적극적으로 교육하고 사용해야 한다. 새 로마자 표기법의 성공적인 정착을 위해서는 먼저 관련 행정기관에서 앞장서서 실천해야 한다. 문화체육관광부에서는 이 일을 주관하여 적극적으로 홍보해야 하고, 교육부에서는 학교 교과과정에 새 로마자 표기법에 대한 내용을 반영해야 한다. 행정안전부에서는 행정 지침을 통해 적극적인 실천을 해야 한다. 예를 들면 정부의 공문서, 행정기관의 표시, 봉투 등에 새 표기법을 사용하도록 하고, 각종 공무원 교육과정에 이를 포함하는 것도 쉬운 실천 방법이 될 것이다. 인명 표기의 경우 외교부의 여권 담당 부서에서 노력해야 한다. 성 표기의 표준안이 마련되면 새로 등록하는 여권에서부터 새 로마자 표기법을 따르도록 해야 할 것이다. 그리고 새로운 상호, 상품 이름 표기에서 새 로마자 표기법이 받아들여지도록 경제 관련 부처에서도 관심을 가지고 실천 의지를 보여야 할 것이다.

각종 단체와 회사에서도 적극적인 수용 자세를 가져야 한다. 그동안 써 온 것을 하루아침에 바꾼다는 것은 쉬운 일이 아니다. 그러나 회사 이름이나 단체 이름의 로마자 표기를 바꾸는 것은 실천의 의지만 있으면 충분히 가능한 일이라고 본다. 언론의 역할도 중요하다. 특히 영어로 나오는 신문의 경우, 어떤 표기법이 더 효율적이고 우리말, 우리 문화 발전에 기여하는 것인지를 깊이 생각해 보아야 할 것이다.

마지막으로 일반 국민들도 새 로마자 표기법의 내용이 어떠한가를 익히고 이를 실천하도록 힘써야 한다. 의사소통의 원활한 수행을 위해 규범을 만든 것인데, 온 국민이 그 내용을 알고 적극적으로 실천하려는 의지가 있을 때 우리의 언어생활은 더욱 편리해질 것이다. 참고로 2000년에 새롭게 개정된 국어의 로마자 표기법을 소개하면 다음과 같다.

[단모음]

ㅏ	ㅓ	ㅗ	ㅜ	ㅡ	ㅣ	ㅐ	ㅔ	ㅚ	ㅟ
a	eo	o	u	eu	i	ae	e	oe	wi

[이중모음]

ㅑ	ㅕ	ㅛ	ㅠ	ㅒ	ㅖ	ㅘ	ㅙ	ㅝ	ㅞ	ㅢ
ya	yeo	yo	yu	yae	ye	wa	wae	wo	we	ui

[자음]

ㄱ	ㄲ	ㅋ	ㄷ	ㄸ	ㅌ	ㅂ	ㅃ	ㅍ
g	kk	k	d	tt	t	b	pp	p

(단, ㄱ ㄷ ㅂ이 받침일 때는 k t p)

ㅈ	ㅉ	ㅊ	ㅅ	ㅆ	ㅎ	ㄴ	ㅁ	ㅇ	ㄹ
j	jj	ch	s	ss	h	n	m	ng	r, l

(단, 'ㄹ'은 모음 앞에서는 'r'로, 자음 앞이나 어말에서는 'l'로 적
는다. 'ㄹㄹ'은 'll'로 적는다.)

몇몇 예를 들어 보자. 경상북도에 있는 '선산'은 위 대응 표에 따르면,
Seonsan이다. 결코 Sunsan이라 적으면 안 될 것이나. '순천'은 Suncheon이다.
Soonchun이 아니다. 즉, 모음과 관련해서는 'ㅓ'는 (u가 아니고) eo이고, 'ㅜ'는
(oo가 아니고) u라는 것만 기억해도 상당 부분 바르게 표기하게 될 것이다.

한 마디 더. 로마자 표기와 관련하여 영어 살짝 아는 분들이 자꾸 미국사
람들이 잘못 읽을까 봐 걱정한다. '김포'를 Gimpo로 표기하면 '짐포'로 읽을
까 걱정한다. 설령 잘못 읽는 미국사람이 있으면 국어의 로마자 표기법을
바르게 가르쳐 주면 될 일이다. 즉, 로마자 g는 한글의 'ㄱ'에 대응한다고
가르쳐 준다. 어느 언어든 로마자 표기는 영어 표기가 결코 아니고, 해당
언어 말소리의 고유한 특성에 따르기 때문이다. 일본어 표기 '긴자' Ginza를
외국사람들이 '진자'로 읽을까 걱정하는 일본사람도 없으며, 영어 단어 give,
gift를 '지브, 지프트'로 읽을 어떤 미국사람도 없다. 다른 예이지만, Yanbian
(옌볜), Chongqing(충칭)을 '얀비안, 총킹'으로 읽을까 걱정하는 중국사람도
없다. 로마자 표기는 해당 언어의 말소리에 어떻게 합리적으로 잘 배당하는
가가 중요하다.

어문규범의 바람직한 방향

우리는 가끔 법규와 현실이 서로 맞지 않은 경우를 경험하면서 살고 있
다. 지하철 노조가 파업할 때 보면 흔히 준법투쟁을 하여 교통이 혼잡해진

다. 규정된 속도와 방법을 지키면 오히려 승객들에게 불편을 끼친다는 것이다. 이러한 경우, 법규를 따르는 것과 교통 현실을 따르는 것, 어느 쪽이 더 바람직할까? 아니면 현실에 맞게 법규를 다듬는 것이 바람직할까?

어문규범에서도 비슷한 문제가 있다. '상상의 나래를 펼쳐 보자'의 '나래'와, '이 자리를 빌어 한 말씀드리자면'의 '빌어'는 각각 '날개'와 '빌려'의 비표준어로 되어 있다. 어문규범을 지키기 위해 이를 '상상의 날개를 펼쳐 보자'로 바꾸면 말맛이 있을까? '이 자리를 빌려 한 말씀드리자면'으로 말하면 낯설지는 않을까?

요즘 우리 주위에서는 이러한 예 때문에 어문규범의 필요성을 부인하는 사람들을 볼 수 있다. 어문규범을 고집하는 것은 우리말과 우리글의 발전을 가로막고 있는 원인이 된다고 주장한다. 그러나 몇몇 현상 때문에 지난 세기 동안 이루어 낸 국어의 질서를 다시 흩트릴 수는 없다. 언어는 본질상 시간과 공간에 따라 얼마든지 다양한 체계로 존재한다. 그러나 사회구성원들이 동일한 언어체계를 가져야 원만한 의사소통이 가능하다. 그래서 언어마다 어문규범이 필요하며, 국가는 이를 보급하는 것이다.

우리나라도 어문규범을 제정하여 널리 보급하여 언어생활에 불편함이 없도록 노력해 왔지만, 앞에서 예를 든 것처럼 규범과 언어 현실 사이에는 얼마간의 차이가 있다. 한글맞춤법의 예를 살펴보자 '학굣길'이 바른 표기인 것처럼 '만둣국, 북엇국'이 바른 표기이다. 그러나 어느 음식점에 가 보아도 차림표에 '만두국, 북어국'이다. 띄어쓰기도 마찬가지이다. '프랑스 어, 게르만 족'이 바른 표기지만 현실에서는 '프랑스어, 게르만족'으로 붙여쓴다. 규정과 현실의 괴리를 보여 주는 예다. 규범이란 쉽게 바꿀 수 있는 것이 아니지만, 만약 이러한 괴리가 규범이 합리적이지 못한 데서 온 것이라면 규범을 다듬어 보는 것이 필요하다. 이는 어문규범의 신뢰를 높이기 위해서라도 필요하다.

외래어 표기법의 예도 살펴보자. 기본적으로 외래어는 원어 발음에 충실하되, 국어의 말소리와 글자 체계에 맞게 표기하는 것을 원칙으로 한다. 그래서 영어의 [f]나 [v] 발음을 [ㅍ]나 [ㅂ]로 적고 있다. 왜냐하면 우리말 자음 체계에는 이러한 말소리가 없기 때문에 표기할 한글 글자가 없다. 그런데 영어 살짝 아는 분들이 '커피'를 영어 발음에 가깝게 옛 순경음 글자를 만들어 '커ᄛᅵ'라 적자고 주장한다. 이렇게 하는 것이 글자 생활에서 어떤 도움이 될까? 온 커피점의 차림표를 다시 써야 하고, 또한 컴퓨터나 휴대전화로 문서를 작성할 때 불편함을 어떻게 감당해 낼까? 무엇보다도 '커피'라고 쓰더라도 의미 혼동이 전혀 없다. 영어 발음을 정확하게 표기해야 한다면, 영어의 zoo, pleasure, judge의 [zu], [pleʒə(r)], [dʒʌdʒ]의 밑줄 친 부분을 한글로 적을 때 모두 다른 'ㅈ' 글자를 만들어 표기해야 할까? 영어의 river, liver, milk, water의 [rɪvə(r)], [lɪvə(r)], [mɪłk], [wɔɾə(r)]의 밑줄 친 부분도 서로 다른 'ㄹ' 글자를 만들어 표기해야 할까?

외국어에서 된소리로 들리는 소리를 외래어 표기법에서는 된소리 대신 거센소리로 적고 있다. 프랑스의 수도가 [빠리]에 가깝게 발음되고 우리 글자 [ㅃ]이 있음에도 불구하고 [ㅍ]인 [파리]로 적도록 규정하고 있다. 규정을 정할 당시에는 인쇄할 활자 사정을 비롯하여 그럴 만한 충분한 이유가 있었을 것이다. 그러나 지금은 인쇄 여건이 훨씬 좋아져서 [ㅃ]과 같은 된소리를 피할 까닭이 없다. 그렇지만 몇십 년 동안 우리 눈에 익숙해 온 표기법을 크게 고친다는 것은 독서 습관에 오히려 혼란을 일으킬 것이다. 다만, 국어처럼 파열음이 예사소리, 된소리, 거센소리의 세 체계(ㅂ-ㅃ-ㅍ, ㄷ-ㄸ-ㅌ, ㄱ-ㄲ-ㅋ 등)를 가진 언어인 베트남어, 태국어 등에서는 당연히 된소리 표기도 허용해야 할 것이다.

전문분야 용어에는 외래어가 많다. 외국어를 토박이말로 고쳐 받아들이도록 노력해야 하겠지만, 모든 전문용어를 다 고쳐 받아들일 수는 없어 외래어가 존재할 수밖에 없다. 그러나 전문용어 가운데는 생활용어가 되어 우리에게 너무 익숙해져서 정확한 원어 표기로 되돌리기 어려운 용어가 많다. 예를 들어 화학에 쓰이는 '바이닐, 프로페인, 뷰테인'과 같은 표기는 전문용어로서 인정할 수 있지만, 이것을 생활용어에까지 확대해서 '비닐봉투, 프로판가스, 부탄가스'를 '바이닐봉투, 프로페인가스, 뷰테인가스'로 바꾸어 쓰자고는 할 수 없다. 그렇다고 반대로 전문 분야에서 '비닐, 프로판, 부탄'으로 쓰라고 강요할 수도 없을 것이다.

어문규범은 우리의 의사소통을 가장 효과적으로 하기 위한 약속이다. 따라서 국민들은 관심을 가지고 약속을 지키도록 힘써야 할 것이며, 국가는 국민들이 이 약속을 잘 지킬 수 있는 환경을 마련해야 할 것이다. 현실과 너무 동떨어진 규정이 있다면, 이를 합리적으로 다듬어 제시해야 할 것이다.

[출전]

2000 설득, 이해, 실천의 의지, - 새 로마자 표기법의 성공적인 정착을 위하여
 -, 《새국어생활》 10-4, 51-61, 국립국어연구원.
2004 언어규범, 현실과 조화를, 2004 《한글새소식》 377, 15-16, 한글학회.
2009 표준어의 필요성과 방언의 가치, 《경향신문》 2009년 4월 25일, 경향신문사.
2009 표준어·방언 모두 소중해, 《조선일보》 2009년 5월 30일, 조선일보사.
2009 표준어 합헌 결정과 방언, 《문화일보》 2009년 6월 1일, 문화일보사.

3.2. 규범과 현실 사이에서

자장면과 짜장면

다음은 글쓴이가 국립국어원에 근무할 당시인 2011년 국립국어원 개원 20주년을 맞이하여 국민일보와 인터뷰한 내용이다. 좀 길지만 그대로 옮겨 본다. [《국민일보》 2011년 1월 25일자]

"규범이 언어생활을 옥죄어서는 안 됩니다. 온 국민이 다 '짜장면'이라고 하고 있는데 규범은 '자장면'이에요. 표준어를 비판하는 사람들이 거의 모두 '짜장면'을 예로 들고 있어요. 자장면을 쓰지 말자는 게 아니라, 둘 다 복수 표준어로 인정하면 사람들은 마음 놓고 말을 할 수 있고 (단어들은) 경쟁을 통해 어느 하나가 저절로 없어질 수도 있습니다."

국립국어원이 지난 21일로 개원 20주년을 맞았다. 이날 권재일(57·서울대 언어학과 교수) 원장을 서울 방화동 국립국어원에서 만났다. 그는 '내음(냄새)·손주(손자) 등 자주 쓰이지만 비표준어인 단어들을 복수 표준어로 만드는 방안을 추진 중이다'라며 '앞으로도 자주 쓰이는 비표준어 단어들에 대해 복수 표준어화 작업을 추진해 나갈 것'이라고 말하였다.

복수 표준어화 작업은 이미 상당 부분 진척된 상태다. 문화체육관광부 직속 국어심의회 전문소위원회는 권 원장이 언급한 단어 외에도 '나래'(날개), '뜨락'(뜰), '떨구다'(떨어뜨리다) 등 흔히 쓰이는 35개 비표준어 단어들을 복수 표준어로 삼기로 결정하였다. 이 안이 확정되려면 국어심의회 본회의에서의 결정을 기다려야 하지만, 사실상 확정이나 마찬가지다. 35개 단어 외에 '짜장면'을 '자장면'과 함께 복수 표준어화하는 안도 논의됐으나 보류 됐다.

"예전에도 '멍게'를 복수 표준어로 인정한 적이 있지요. 온 국민과 포장마차가 다 '멍게'라고 하는데 표준어는 '우렁쉥이' 하나였습니다. 그러다가 1988년에 '멍게'가 표준으로 인정됐지요. '쇠고기'와 '소고기'도 복수 표준어입니다. 표준어 규범이 형법은 아니지만, 그전까지 '멍게'라고 말하는 국민들은 모두 규범을 어기고 있었던 셈입니다."

언어학자로서 '규범이 언어생활을 지배할 수는 없다'는 권 원장의 생각은 확고하였다. 복수 표준화 작업 외에도 국립국어원이 야심 차게 준비하는 사업 중 하나가 전문용어의 국어화다. 권 원장은 지난 19일 기자간담회를 통해 '34만 개의 각계 전문용어를 2012년까지 우리말로 고칠 것'이라고 밝힌 바 있다. 이에 대해 자세히 물었다. "각 학계의 전문용어를 쉬운 한자말이나 토박이말로 바꾸는 게 첫 번째 일입니다. 또 여러 용어가 있을 경우 한 가지로 통일하는 작업도 중요합니다. 용어를 다듬은 후 그대로 두는 게 아니라 사전에 올려 표준어화하는 문제도 있습니다. 다듬은 용어가 정착해야 하는데, 아무리 잘 다듬어도 국민이 사용하지 않으면 실패하기 마련이니까요."

이를 위해 국립국어원은 2012년까지 17억여 원의 예산을 들여 의학·건축·물리학 등 17개 분야의 전문용어를 국어화한다는 계획이다. 지난 10년간 꾸준히 국어 순화 운동을 벌이며 연구 작업을 진행해 왔기 때문에 결코 불가능한 일이 아니라는 게 권 원장의 설명. 그는 '전문용어를 국어화하는 작업을 하지 않으면 우리말은 소멸되지는 않더라도 필리핀의 타갈로그어처럼 생활언어로만 쓰이게 될 것'이라고 지적하였다. 국어화된 전문용어는 2013년부터 개방형 사전에 등재된다. 그 후 순화된 전문용어가 살아남을지는 전적으로 언중들의 언어생활에 달린 일이다.

이외에도 국립국어원은 방언 보존과 한국어 사용 인구 확대를 위해 애쓰고 있다. '1억 명 정도가 한국어를 사용하면 한국어의 기반이 탄탄해지리라 본다'는 권 원장은 '이를 위해서는 2400만 명 정도의 한국어를 할 줄 아는 외국인이 필요해 한국어 교사 양성 등에 힘쓰고 있다'고 말하였다. 그러나 이는 한국의 경제·문화 위상과 직결된 일이기 때문에 쉽지만은 않다고.

그리고 다시 그해 여름, 2011년 8월 31일, 대한민국에서 드디어 '짜장면'이 표준어의 지위를 얻게 되었다. '짜장면'은 틀렸다고 규정했던 1986년 외래어 표기법 고시 이후 25년 만에 내린 국립국어원의 전향적 결정이었다. 당시 국립국어원은 39개의 단어를 새롭게 표준어로 인정했는데 단연 주목을 받은 것은 '짜장면'이었다.

애초 중국어 '炸醬(zhajiang)에서 유래를 찾았던 것이라 정부는 '표준 중국어 표기법'에 따라 자장면만을 표준어로 인정해 왔다. 비슷한 '짬뽕'은 표준어로 인정하면서 '짜장면'에서만큼은 물러서지 않았던 당시 국어연구소(국립국어원의 전신)와 기존의 언어 습관을 한순간에 부정당한 언중은 이 문제를 놓고 치열하게 대립하였다.

짜장면을 표준어로 인정할지를 놓고 지난 2010년 2월에서야 국어심의회에 안건이 회부되었다. 이후 어문규범분과 전문소위원회가 구성되었고 각각의 항목에 대해 모두 3회에 걸친 심층적인 논의를 진행하는데 1년 6개월이 더 소요되었다. 비표준어지만 국어를 쓰는 사람들이 표준어보다 더 자주 쓰는 단어에 대해서 복수 표준어로 삼겠다는 방침을 제시한 것이다.

2011년 8월 31일, 드디어 짜장면과 함께 '먹거리(먹을거리), 간지럽히다'(간질이다), '맨날'(만날), '복숭아뼈'(복사뼈), '못자리'(묏자리) 등이 복수 표준어로 인정받았다. 그동안 '자장면'으로만 표기되었던 '짜장면'이 표준어로 인정받은 것이다. 국립국어원은 실생활에서 자주 사용되지만 표준어 대접을 받지 못했던 단어를 표준어로 인정하고 이를 인터넷 《표준국어대사전》에 올린 것이다.

그리고 십 년 가까이 지나서 글쓴이는 《조선일보》(2020년 5월 6일자)에 다음과 같이 회고하는 글을 실었다. 그대로 옮겨 본다.

꽃내음

삼십 년 전쯤이다. 초등학교 4학년 《말하기·듣기》 교과서를 집필하면서 단원 이름을 '생각의 나래를 펴 보자'라 했더니 편수관이 바로 '생각의 날개를 펴 보자'로 고쳐 왔다. 기러기는 날개를, 생각은 나래를 펼쳐야 말맛이 난다 했더니 어문규범에 나래는 표준어가 아니란다.

낱말에는 다양성과 섬세함이 담겨 있다. 비록 개념의미는 같다 하더라도 상황에 어울리게 낱말 하나하나는 정서의미를 품고 있다. 비록 날개와 나래는 개념의미가 같다 하더라도 정서의미는 분명히 다른 느낌으로 다가온다. '앞뜨락에 꽃내음이 싱그럽다'에서 뜨락과 꽃내음도 그때는 비표준어였다. '꽃냄새가 싱그럽다'가 바른 규범이지만 영 말맛이 나지 않는다.

내가 국립국어원장으로 일하면서 펼친 일 가운데 한 가지. 언어 현실과 규범에 차이가 있을 경우, 모든 사람들이 편하게 받아들여 쓰는 낱말은 규범으로 받아들여 우리말을 풍부하게 섬세하게 표현하도록 하는 것이 국민의 언어생활에도 도움이 되고, 또한 규범의 가치를 높이는 일이 된다고 생각하였다. 일상생활에 버젓이 잘 쓰고 있는 말을 규범이 아니라고 통제한다면 국민들이 규범을 우습게 볼 것이다.

자료 수집을 통해 의견을 모으고 또 학자들의 검토를 거쳐 2011년 8월 국어심의회에서 드디어 큰 결정을 내렸다. 지금까지 표준어가 아니었던 '내음, 뜨락, 나래, 손주'가 '냄새, 뜰, 날개, 손자, 손녀'와 함께 당당히 표준어가 되었다. 아울러 그날 '짜장면, 먹거리'도 '자장면, 먹을거리'와 함께 복수 표준어로 인정되었다. '사랑이 뭐기에'로만 쓰라고 했던 규범은 '사랑이 뭐길래'도 허용하였다.

나는 이런 몇몇 단어들의 생명력을 불어넣은 것이 참으로 뿌듯하였다. 그렇다. 말은 생명력을 지닌다. 그래서 쓰이던 말이 사라지기도 하고, 또 새로운 말이 생겨 널리 퍼지기도 한다. 이러한 생명력을 거쳐 우리말은 발전한다. 우리 삶이 여러 일로 어려운 이즈음, 봄꽃 가득 피어날 뜨락에서 꽃내음을 즐기며 생각의 나래를 마음껏 펼쳐 보는 것은 어떨까.

[출전]

2011 온 국민이 '짜장면'이라고 쓰면 복수 표준어로 인정해야죠, 《국민일보》 2011년 1월 25일, 국민일보사.
2011 '짜장면 표준어 수용하듯 언어 현실 적극 반영하겠다', 《조선일보》 2011년 9월 16일, 조선일보사.
2020 꽃내음, 《조선일보》 2020년 5월 6일, 조선일보사.

3.3. 국어 능력 향상을 위하여

국어 능력이란 무엇인가

우리는 표현 활동으로 말하기와 쓰기, 이해 활동으로 듣기와 읽기와 같은 언어활동을 통하여 의사소통을 수행한다. 나의 생각과 느낌을 상대방에게 전달하고 아울러 상대방의 생각과 느낌을 전달받으면서 우리는 사회생활을 이끌어 왔으며 나아가서 이를 통해 우리의 역사와 문화를 형성해 왔다. 따라서 우리가 효과적으로 사회생활을 이끌어 가고 바람직한 역사와 문화를 형성하기 위해서는 언어활동을 원활하게 해야 할 것이며, 그러기 위해서 국어 능력을 최대한 키워야 할 것이다.

국어 능력을 키우는 것은 위에서 말한 대로 표현 활동으로서 말하기와 쓰기 능력, 이해 활동으로서 듣기와 읽기 능력을 함께 키우는 것이다. 이제 이러한 국어 능력을 어떻게 키울 것인가에 대해 생각해 보고자 한다. 국민 각자가 관심을 가져야 할 일과 정부가 제도적으로 추진해야 할 일로 나누어 살펴보겠다. 이에 앞서 먼저 왜 지금 시점에 국어 능력이 문제로 떠오르게 되었는가부터 살펴보기로 하자.

국어 능력이 왜 문제인가

우리는 태어나면서 우리말을 습득한 결과 조금도 불편함이 없이 언어활동을 하고 있다. 실제 우리 머릿속에 우리말에 대한 언어능력이 자리 잡고 있어 저절로 문법성을 판단할 줄 알고 표현의 적합성도 판단할 줄 안다. 그러나 실제 언어활동을 하다 보면 말이 꼬이거나 적합한 단어가 이어지지 못해 표현을 제대로 하지 못하여 망설인 경험은 누구에게나 있다. 그리고 똑같은 내용의 말을 듣거나 글을 읽었는데도 내가 듣고 읽어 이해한 내용과 다른 사람이 듣고 읽어 이해한 내용이 서로 달라 의견이 엇갈린 경험도 흔히 있다. 아마도 이런 것이 바로 언어능력의 차이에서 온 것이 아닐까? 그렇다면 왜 이러한 문제가 생겨났을까?

우선 최근에 우리가 겪는 국어 환경의 변화에서 그 요인을 찾아볼 수 있다. 먼저 외국어, 외래어의 유입에서 한 원인을 찾아볼 수 있다. 옛적에는 한자와 한문이 들어와 우리의 언어생활에 자리 잡게 되면서 이를 배워 잘 아는 계층과 그렇지 못한 계층 사이에서 의사소통의 문제가 발생하였다. 이러한 현상은 20세기 들어 일본어의 유입, 그리고 이어서 영어의 유입에서도 그대로 나타났다. 외국어 유입은 국어의 어휘 자원을 풍부하게 하여 언어생활을 윤택하게 하는 측면도 있다. 그러나 문제는 외국어의 남용과 오용이라는 데에 있다. 불필요하게 우리말 가운데 외국어를 섞어 쓰는 일, 외국어의 뜻과 용법을 잘못 알고 쓰는 일, 이런 것이 바로 정상적인 국어생활을 어지럽게 하여 의사소통을 어렵게 한다.

국어 환경 변화에서 다음으로 지적할 것은 언론과 인터넷 통신 언어에서 일상적인 표현과 문법에 벗어난 언어를 사용하고, 줄임말이 퍼져나가고, 일시적인 유희 언어를 지나치게 사용하고 있다는 점이다. 현대사회에서 언론, 특히 인터넷과 방송이 우리 생활에 끼치는 영향은 아주 크다. 더욱이 인터넷이나 방송의 언어는 시청자에게 직접 전달되는 특성을 가졌기 때문에 신문의 글자 언어와는 달리 국어생활에 미치는 영향은 절대적이다.

이와는 조금 성격을 달리하지만 다음 두 가지 문제도 국어 능력과 관련해 생각해 볼 문제이다. 정상적인 외국어 교육에서 벗어나 지나친 외국어 교육 열풍도 적지 않게 국어 능력을 떨어뜨리는 한 원인이 되었다. 어린아이 때부터 영어 교육에 몰두하고, 더 나아가서 어려서 외국에 유학 가는 것과 같은 열풍은 보이게 보이지 않게 국어 능력을 키우는 데 방해가 되어 왔다. 이는 국어에 대한 상대적인 무관심을 불러왔고 이 때문에 국민의 정상적인 국어 사용 능력을 저하시켰다.

사실 그동안 사회적으로 영어 능력을 끌어올리는 데 들인 노력에 비해 상대적으로 국어 능력 향상에는 관심을 덜 가졌다. 그래서 국어를 제대로 사용해야겠다는 인식이 극도로 약화되었다. 각 지방자체단체가 영어 교육에 쏟아붓는 예산과 국어 능력 향상을 위해 쓰는 예산은 비교 자체가 불가능하다. 또한 영상 시대를 맞아 독서량이 크게 줄어든 것도 국어 사용 능력의 약화를 불러왔다. 이제 이러한 문제를 해결하기 위해 개인이나 정부의 노력이 절실히 요구되는 시점에 우리가 와 있다.

한편, 북한 이탈 주민, 결혼에 따른 이주 여성, 외국인 근로자가 급격히 늘어나는 추세도 국어 능력 문제와 관련하여 새롭게 떠오른 과제이다. 이들이 우리말 속에서 생활하는 한 이들이 겪게 되는 국어 능력의 문제는 이제 중요한 우리 사회의 현안이 되었다. 이들은 국어 능력을 향상하여 우리 사회에서 언어 때문에 불이익을 겪지 말아야 하기 때문이다.

귀담아 듣고, 생각하여 말하자

국어 능력을 키우는 것과 관련하여, 여기서 지금까지의 우리들의 언어활동에 대한 태도를 잠시 생각해 보자. 생각해 보아 문제가 있었다면, 이를 극복하는 것이 국어 능력을 키우는 한 방안이 될 것이다. 이에 대해 두 가지 문제를 생각해 보고자 한다. 언어활동의 이해와 관련한 문제, 표현과 관련한 문제이다.

우리의 언어생활을 돌이켜 보면 지금까지 주로 자기 생각을 표현하는 말하기에 큰 비중을 두고, 남의 생각을 이해하는 듣기에는 너무 소홀히 해 온 것 같다. 앞에서 밝혔듯이 의사소통은 생각과 느낌을 상대방과 더불어 주고받는 것이다. 표현과 이해의 되풀이 활동이다. 그렇기 때문에 표현이나 이해 어느 한쪽에 치우쳐서는 올바른 의사소통이 이루어질 수 없다.

다시 말하면, 지금까지 우리의 언어생활에서 남의 말을 귀담아 들으려는 자세가 부족하였다. 자기의 생각과 느낌을 표현하는 데에 너무 치우쳤다. 그러나 우리가 지향하는 사회가, 나의 생각이 존중되는 것과 마찬가지로 남의 생각도 존중하는 민주 사회라고 한다면, 언어활동에 있어서도, 자기 생각을 표현하는 것이 소중한 만큼 남의 생각을 이해하는 것도 소홀히 해서는 안 될 것이다. 상대방의 표현을 정확하게 이해하고 그 생각을 존중하고 이를 자신의 생각과 견주어 정확하게 판단하는 자세, 곧 남의 말을 귀담아 듣는 자세는 우리가 지향해야 할 가장 바람직한 언어활동일 것이다.

우리가 체험하는 여러 경험에서 보면 거기에는 하나의 절대 가치만 존재하는 것이 아니라 늘 다양한 가치가 함께 존재한다. 그래서 우리는 다양한 가치의 존재를 이해하고 자기와 다른 의견에 대해서도 귀담아 듣고 존중하는 태도를 가져야 한다. 사회는 함께 살아가는 생활과 문화의 터전이기 때문이다. 다른 사람의 말을 귀담아 듣는, 아주 평범한 진리를 터득할 때 우리의 국어 능력도 덩달아 키워지는 것이라 믿는다.

다음에는 표현의 측면에 대해 살펴보자. 언어활동의 기능에는 정보 전달의 기능도 있고 친교 활동의 기능도 있다. 그러나 그 기능이 무엇이든 표현에 담긴 알맹이가 중요하다. 그럼에도 불구하고 우리는 흔히 알맹이가 없거나 또는 알맹이가 있더라도 말의 조리가 없어 알맹이를 찾기 어려운 대화를 경험한다. 이러한 말하기 현상은 말하는 사람이 생각 없이 말하기 때문이다.

따라서 상대방이 나의 말을 잘 알아들을 수 있도록 말을 조리 있게 표현해야 할 것이다. 그러기 위해서는 생각하여 말하는 태도가 중요하다. 논리적으로 생각하고 이를 종합할 수 있는 사고 활동을 바탕으로 하고, 여기에 생각이나 느낌을 정확하게 표현할 수 있는 풍부하고 적절한 단어 구사 능력과 생각과 느낌을 체계화할 수 있는 문장 구성 능력을 갖추게 된다면, 효과적인 말하기 활동이 될 것이며, 결과적으로 국어 능력이 높아질 것이다.

국어 정책의 효과적인 실천: 「국어 기본법」

정부가 펼치는 국어 정책의 궁극 목표는 국민들이 알기 쉽게, 정확하게, 품격 있게 의사소통하도록 하는 것이다. 이를 위한 정부의 국어 정책은 국어에 관한 법령에 따라 정부가 적극적으로 노력하는 것이다. 그 법령은 바로 「국어 기본법」이다.

국어에 대한 법령은 그동안 「한글 전용에 관한 법률」을 비롯한 여러 법령에 흩어져 있어, 의사소통 능력을 향상시키는 데에 필요한 적극적인 법령이되지 못하였다. 그래서 새로이 2005년 「국어 기본법」을 제정하여 몇 차례 개정을 거듭하여 오늘에 이르렀다. 이 법은 국가와 국민의 책무로서 국어를 올바로 사용할 의무, 국어의 보전과 발전을 위해 노력할 의무 등을 규정하고, 이를 실천하기 위하여 지식 정보 전달의 효율화, 민족 언어의 통일, 미래 세대에 국어의 보전 등을 제시하고 있다. 이제 이 법이 담고 있는, 국어 능력 향상을 위한 제도적 장치를 [1] 국어 정책 수행을 위한 제도, [2] 올바른 국어 사용을 위한 제도, [3] 국어 진흥과 보급을 위한 제도로 나누어 살펴보기로 한다.

국어 정책 수행을 위한 제도

국어의 발전과 진흥을 위한 정책을 수행하기 위해서는 다양한 제도가 필요하다. 「국어 기본법」에서 제시하고 있는 주요 제도로는 국어 발전 기본 계획 수립, 국어 실태 조사, 국어책임관 임명, 어문규범 영향 평가 등이 있다.

이 법에서는 국가가 국어의 발전과 진흥을 위하여 국어 발전 기본 계획을 수립해서 국회에 보고하는 제도를 마련하였다. 국어 발전 기본 계획 가운데 국민의 국어 능력 증진과 국어 사용 환경의 개선에 관한 정책을 비중 있게 수행해야 할 것이다.

다음으로, 이 법에서는 국가가 주기적으로 국어 정책의 수립에 필요한 국민의 국어 능력, 국어 의식, 국어 사용 환경 등에 관한 자료를 수집하거나 실태를 조사할 수 있게 하였다. 국어생활은 시대의 흐름에 따라 변화하는데, 최근의 가장 큰 변화는 국어 사용 환경의 변화이다. 이를 정확하게 파악하기 위해서는 국어 사용 실태에 관한 체계적인 조사가 필요하다. 예를 들어, 최근 말하기, 듣기, 쓰기, 읽기 등의 환경이 크게 바뀌었다. 컴퓨터가 일상생활화되면서 종이에 쓰던 것을 컴퓨터에 직접 쓰고, 종이 책을 읽던 것을 화면상에서 읽거나 보게 되어 국어 사용 환경이 엄청나게 변화하였다. 이러한 변화 속에서 새로운 국어 정책을 마련하기 위해서는 국어 전반에 관한 실태를 조사하고 그 결과를 정기적으로 발표하여 국민들에게 국어에 대한 새로운 인식을 가지도록 할 정책이 절실히 필요하다.

또한, 이 법에서는 국가가 중앙 부처 및 지방자치단체에 국어책임관을 임명하여 국어생활을 향상시키도록 하는 제도를 마련하였는데, 각 기관은 국어책임관을 임명하여 국어 능력을 향상하도록 적극적으로 활용하여야 할 것이다. 그리고 정부는 어문규범이 국민의 국어 사용에 미치는 영향은 어떠한지, 어문규범은 현실성이 있는지, 합리성이 있는지 등을 평가하여 국민의 국어 능력 향상에 힘써야 할 것이다.

올바른 국어 사용을 위한 제도

「국어 기본법」에는 올바른 국어 사용을 위해서 공공기관과 국민이 지녀야 할 기본 책무를 제시하였다. 이를 제도화한 것이 공문서의 한글 전용, 그리고 국어 사용에 관한 일반적 책무 등이다.

먼저 공문서의 한글 전용에 대한 것이다. 공용문서, 법규 문서, 그리고 공공기관의 서류를 작성할 때 한글 전용에 대한 규정은 제14조이다. 이 조항의 시행령과 함께 보이면 다음과 같다. 이러한 공문서 작성 규정이 잘 지켜지도록 정부는 적극적으로 계몽하고 홍보해야 할 것이다. 특히 정부부처의 공문서, 보도자료부터 실천해야 할 것이다.

> 제14조(공문서의 작성) ①공공기관등은 공문서등을 일반 국민이 알기 쉬운 용어와 문장으로 써야 하며, 어문규범에 맞추어 한글로 작성하여야 한다. 다만, 대통령령으로 정하는 경우에는 괄호 안에 한자 또는 다른 외국 글자를 쓸 수 있다.
> <시행령> 제11조(공문서등의 작성과 한글 사용) 법 제14조제1항 단서의 규정에 의하여 공공기관의 공문서를 작성하는 때에 괄호 안에 한자나 외국 문자를 쓸 수 있는 경우는 다음 각 호와 같다.
> 1. 뜻을 정확하게 전달하기 위하여 필요한 경우
> 2. 어렵거나 낯선 전문어 또는 신조어(新造語)를 사용하는 경우

다음은 국어 사용에 관한 일반적 책무이다. 국어 사용에 관한 국가와 지방자치단체의 책무를 제도화하였다. 국가와 지방자치단체는 변화하는 언어 사용 환경에 능동적으로 대응하고, 국민의 국어 능력의 향상과 지역어의

보전 등 국어의 발전과 보전을 위하여 노력하도록 한 것이다. 이에 따라서 국가와 지방자치단체는 국민의 국어 능력 향상에 필요한 정책을 수립하여 시행해야 할 것이다. 특히 지방자치단체는 해당 지역에 있는 관련 연구기관, 교육기관, 그리고 언론기관과 협력하여 실천 가능한 사업부터 실천해야 할 것이다.

국어 진흥과 보급을 위한 제도

「국어 기본법」에는 국어 진흥과 보급을 효율적으로 수행하기 위해, 국어 정보화 추진, 전문용어 표준화, 국어 능력 검정시험 시행, 국어 상담기관 설치 등의 제도가 있다.

첫째, 국어 정보화와 전문용어의 표준화이다. 국어 진흥·보급과 관련하여 최근 과제로 떠오른 것은 국어 정보화와 국어 세계화이다. 국어 정보화는 국민의 국어생활을 편리하게 할 뿐만 아니라 국어 자료의 효과적인 처리를 통해 국어를 발전시키기 위해서도 중요하다. 아울러 각 분야의 전문용어를 표준화하기 위한 노력도 중요하다. 「국어 기본법」 제17조에는 '국가는 국민이 각 분야의 전문용어를 쉽고 편리하게 사용할 수 있도록 표준화하고 체계화하여 보급하여야 한다'고 규정하였다. 따라서 전문용어의 표준화, 체계화를 위하여 각 중앙행정기관에 설치한 전문용어 표준화협의회를 적극적으로 활용해야 할 것이다. 특히 학술단체 및 사회단체 등 민간 부문에서 심의 요청한 관련 분야의 전문용어 표준안에 대하여 국어심의회의 심의를 거쳐 확정하여 보급해야 할 것이다.

둘째, 국어 능력 검정시험 시행이다. 국어 능력 검정과 관련한 「국어 기본법」 제23조를 보면, 국민의 국어 능력의 향상과 창조적인 언어생활의 정착을 위하여 국어 능력을 검정할 수 있다고 하였으며, 시행령 제18조에서는 국어 능력의 검정은 1. 듣기, 2. 말하기, 3. 읽기, 4. 쓰기, 5. 그 밖에 국어 사용에 필요한 사항에 대하여 시험을 실시하는 것으로 규정하였다. 국어의 중요성에 비해 일반 국민들의 국어에 대한 자각과 인식은 그다지 높지 않은 편이다. 그러나 국어의 잘못된 사용은 의사소통을 방해하고 정보 전달에 커다란 악영향을 끼친다. 이를 극복하기 위한 방법의 하나로 국민들의 국어 사용 능력을 측정하여 소정의 자격을 갖춘 사람을 우대하는 정책을 펼친다면, 국민들의 국어에 대한 인식에 변화를 가져올 것이다. 이것은 취업이나 승진에서 영어나 한자 능력을 갖춘 사람을 우대하는 것과 같은 취지라 하겠다. 그리고 시험을 통해 국민들의 종합적인 국어 사용 능력을 측정하여 실태를 정확하게 파악하여 올바른 국어생활의 향상과 창조적인 국어 문화 창조를 위한 기초 자료를 확보할 수도 있다.

셋째, 국어 상담을 위한 국어문화원 설치이다. 국어상담은 국민의 국어 사용 능력을 높이기 위하여 일상생활에서 부딪히는 국어 문제를 전문적으로 상담해 주는 것으로 현재 각 지역의 국어문화원이 이 일을 하고 있다.

오늘날 많은 국민들이 어문규범에 어긋나게 언어생활을 하거나 정확하지 않은 어휘와 국어의 문장 구조에 맞지 않은 문장을 사용함으로써 의사소통에 어려움을 겪고 있다. 국가나 공공단체에서 사용하는 문서에도 역시 마찬가지 현상을 볼 수 있는데, 이를 그냥 두면 국어의 오용을 방치하는 결과가 된다. 국가나 공공단체는 국민들의 언어생활에 나타나는 문제점을 풀어줄 장치가 필요한데, 그 실천을 위한 제도가 바로 국어 상담이다. 국어 상담의 성공적인 운영을 위해 다음과 같은 제도를 마련해야 할 것이다. 먼저, 국어 상담사 제도에 관한 것이다. 자격을 갖춘 국어상담사를 국립국어원에서 양성하거나 위탁받은 각 대학의 국어문화원, 또는 전문대학원, 사회교육원 등에서 양성하고, 양성 과정을 마친 경우에는 일정한 자격을 부여하는 것이다. 이렇게 함으로써 전문적인 지식과 식견을 가진 국어상담사가 상담을 맡아서 국어생활을 더욱더 효과적으로 지도하여, 결과적으로 국어 능력을 향상시킬 것이다. 다음으로는 국어 상담기관 간의 자료와 정보를 교환하고, 상담 내용을 표준화할 뿐만 아니라, 적극적 상담 방법에도 관심을 가져야 할 것이다. 찾아오는 사람을 대상으로 상담하는 것을 소극적 상담이라면, 찾아가서 직접 상담하는 것을 적극적 상담이라 하겠다. 국민들의 올바른 국어생활을 확산하기 위하여, 지역 상담기관이 그 지역의 공공기관, 단체를 직접 방문하여 개별 상담과 집단 상담을 펼치는 것이다. 이와 같은 적극적 상담은 실질적으로 국민들의 국어 능력을 향상시킬 것이다.

[출전]

2007 국어 능력, 어떻게 키울 것인가?, 《새국어생활》 17-2, 55-66, 국립국어원.
2010 국민의 국어 능력 향상을 위하여, 《아나운서저널》 7, 96-97, 한국아나운서연합회.
2023 의사소통 능력의 향상 방안, 《2023년 봄철 학술대회 발표 자료》, 한국텍스트언어학회.

3.4. 한글만 쓰기, 더는 논란거리가 아니다

이야기 몇 가지

'선생(先生)님과 제자(弟子)들이 함께 기뻐하였다'

2017년 상형초등학교 4학년 5반 교실. 국어 시간이다. 위 문장과 같이 교과서 본문에 병기된 한자를 배우고 있다. 교사가 말한다.

> "자, 낱말 옆에 한자로 써 두면 뜻을 쉽게 알 수 있어 좋아요. 그럼 위의 문장을 살펴볼까요? 선생님의 '선생'은 한자말인데, 아, '님' 은 한자말이 아니에요. 한자 뜻을 보면 '먼저 선', '태어날 생'이에 요. 그러니 선생님은 먼저 태어난 사람이지요. 내가 여러분보다 먼 저 태어났지요?"

학생이 속으로 '우리 아버지도 나보다 먼저 태어났는데, 우리 누나도. 그 럼 다 선생님이신가?'

> "음, 다음에 '제자'도 한자말인데, 한자 뜻을 보면 '아우 제', '아들 자'이에요. 그러면 아우의 아들, 음, 뭐가 좀 이상하다. 그냥 그렇 게 써요."

교육부가 한자를 함께 쓰면 국어의 어휘력이 향상된다고 하여 초등학교 국어 교과서에 한자를 쓰려다가 논란거리만 만들고 덮었다. 만약 그렇게 교육과정이 바뀌었더라면 위와 같은 상황이 실제 교실에서 일어났을 것이다. 우리가 한자를 그 옆에 쓰지 않더라도 초등학교 학생이면 '학교, 선생님, 제자'가 무슨 뜻인지 너무나 잘 알고 있다. 그리고 '학'에는 '배우다'라는 뜻이 들어 있다는 것을 한자의 글자 모양을 빌리지 않고서도 저절로 이해하고 있다. 그래서 '학교, 학생, 학문, 학년'에 '학'이 서로 관련되어 있음을 잘 알고 있다. 반드시 '學'이란 중국 글자 모양을 통해서만 알게 되는 것이 아니다.

'敗者의 서러움을 딛고 일어서다!'
'霸者의 영광을 거머쥔 축구부'

위의 두 '패자'를 한글로 쓰면 이겼는지, 졌는지 모르지 않는가? 그래서 동음이의어의 의미 혼동을 막기 위해서는 한자로 쓰거나 병기해야 한다고 주장한다. 그러나 그런 의미 혼동이 있다면, '霸者'를 훨씬 더 뜻이 분명한 말 '승자'라 바꾸어 쓰면 아무 문제 없다. 설령 글쓰기에서는 의미 구별을 위해 한자를 쓴다고 하지만, '승자'로 바꾸지 않고서는 말하기에서는 구별할 수가 없다. 위 문장을 방송에서 아나운서가 말한다고 해 보자. 문맥으로 의미를 파악할 뿐이다. 그래서 의미 혼동을 막기 위해서 한자를 쓸 것이 아니라 낱말을 다듬어 써야 할 것이다.

어느 국어국문학과 교수는 늘 푸념한다. 요즘 국어국문학과 학생들은 한자를 몰라 전공 강의하기 어렵다고. 그러나 그것은 그 교수나 그 교수가 속한 학과의 큰 잘못이다. 적어도 국어학, 고전문학을 공부할 학생들에게는 1학년 때 미리 집중적으로 한자, 한문을 제대로 가르쳐야 하였다. 전공 공부를 하는 데 필요한 것을 입학 전에 알아 오기를 바라는 것은 지나친 기대이다. 스페인문학을 공부하려고 스페인어문학과에 입학한 학생을 두고 요즘 신입생들은 스페인어를 몰라 강의하기가 어렵다고 하는 것과 다를 바 없다.

스페인문학을 공부하기 위해서는 1학년 때 먼저 스페인어를 열심히 학습해야 하듯이, 국어학이나 고전문학, 또는 국사학을 공부하기 위해서는 입학이후 한자, 한문을 열심히 학습해야 할 것이다. 따라서 모든 대학생이 한자를 다 잘 알 필요는 없고, 그 대신 한문 해독이 반드시 필요한 전공 분야에서는 더욱 철저히 한자, 한문을 학습하게 해야 할 것이다.

한글만 쓰기에 대한 생각

한글만 쓰기에 대한 글쓴이의 생각은 다음과 같다. 전문 분야, 예를 들면 앞서 말한 국어학, 고전문학, 국사학 같은 학술 분야가 아닌, 우리 일상의 글자 생활에서는 한글만을 쓰자는 생각이다. 이것은 이미 우리 사회에 익숙한 글자 생활이다. 신문이 그러하고, 서점과 도서관을 가득 채운 온갖 책이 그러하다. 따라서 삼사십 년 전과는 달리, 한글만 쓰기냐 한자 섞어쓰기냐의 논쟁은 더 이상 의미 없다. 그럼에도 일상의 글자 생활에서 한글만 쓰기의 당위성에 대한 몇 가지 생각을 말하고자 한다.

첫째는 평등한 글자 생활을 위해서 한글만 쓰는 것의 가치가 있다. 만약 일상의 글자 생활에서 한자 섞어쓰기를 한다면, 글자 생활에 양극화 현상을 불러일으킬 것이다. 한자를 섞어쓰면, 한자를 아는 사람과 한자를 모르는 사람 사이에 정보량의 큰 차이를 가져와, 글자 생활로 인해 국민의 삶의 평등이 깨어진다. 이제는 그렇게 될 리가 없겠지만, 만약 신문, 잡지나 정부의 공문서가 한자를 섞어쓴다면, 국민 상당수는 일상생활과 행정의 수많은 정보에 눈 감을 수밖에 없다. 정보가 생명인 현대사회에서 시대를 역행하는 결과가 된다. 현재 한자 해독률이 낮은 상황에서 일간신문이 다시 한자를 섞어쓴다면, 독자가 몇 명이나 될까? 인터넷포털의 기사와 거기 딸린 광고에 한자를 섞어쓴다고 생각해 보자. 바로 문을 닫게 될 것이다. 한자 교육을 초등학교 때부터 실시하자는 주장, 일상 글자 생활에서 다시 한자를 섞어쓰자는 주장은 어이없는 일이다.

유식하다고 생각하는 사회 지도층 가운데는 아직도 한자 섞어쓰기를 좋아한다. 그래야 뜻이 통한다고 생각한다. 그러나 그분들이 설령 한자를 섞어쓰지 않아 읽기에 불편하더라도, 일반 국민들을 위해서는, 생각을 바꾸었으면 한다. 생각을 못 바꾼다면 아마도 한자 모르는 사람들과 차원이 다르다는 비평등 의식을 드러내는 것이라 하겠다. 그런데 이런 분들이 선거에 출마라도 하면 홍보물에 온통 한글만 쓴다. 한글만 쓰면 의미가 안 통해서 불편하다던 사람이 자기를 가장 잘 알려야 할 때는 꼭 한글만 쓴다. 지금 국회의원 가운데 한자로 이름표를 붙이고 있는 분들의 내년 선거 홍보물을 유심히 살펴보시라.

둘째는 글자 생활의 과학화와 정보화를 위해서 한글만 쓰는 것의 가치가 있다. 현대사회에서 큰 몫을 차지하는 컴퓨터 문서작성이나 휴대전화 문자 전송에 한자를 섞어쓴다면, 그 느린 속도의 불편함으로 문명 생활에서 뒤떨어질 것이다. 따라서 글자 생활의 과학화와 정보화를 위해서 한글만 쓰기는 피할 수 없는 일이다. 최근 수십 년간 한국어 정보화가 국민들의 언어생활을 윤택하게 하였다. 여기에 한글이 얼마나 크게 기여했는가, 그리고 한자 섞어쓰기가 얼마나 방해가 되었는가는 누구나 아는 일이다. 한자 섞어쓰기를 주장하는 일은 현대 정보화 사회를 전혀 이해하지 못하는, 역사를 거꾸로 가는 일이다.

한자 섞어쓰기 주장에 대한 생각

일상생활에서 대부분이 한글만으로 글자 생활을 잘 하고 있는데도 불구하고 아직도 이에 반대하는 분들이 종종 있다. 최근 초등학교 한자 병기

논란을 일으켰던 그들의 해묵은 주장을 들어 보자.

첫째, 중국, 일본과 같은 동북아시아 국가들과의 교류를 위해 한자 교육과 한자 섞어쓰기가 꼭 필요하다고 주장한다. 한자를 알아야 그들과 교류할 수 있다고 주장한다. 한자가 한자어의 뜻을 어느 정도 반영하고 있는지 잘 모르고 하는 주장이다. '學校'의 경우는, '배울 학, 집 교'이니 그 뜻을 잘 반영하고 있다. 물론 '학교'는 굳이 한자를 통하지 않고서도 초등학교 1학년이면 누구나 그 뜻을 정확하게 안다. 그러나 다음 예를 보자.

'불평불만분자를 빨리 찾아내라고 했다'에서 분자의 뜻을 알려고 한자를 찾았다. '分子'를 보고서 그 뜻을 알 수 있을까? '분자는 원자로 구성되어 있다'와 '삼분의 일에서 분자는 일, 분모는 삼이다'에서의 분자 역시 한자로 쓰면 分子이다. 같은 한자로 써도 뜻은 전혀 다른 세 가지이다. '분자'라 쓰고 뜻이 셋 있다고 가르치는 것과 '分子'라 쓰고 뜻이 셋 있다고 가르치는 것이 무엇이 다를까?

'곤충'의 뜻을 알기 위해서 우리는 어떻게 해야 할까? 사전이나 과학책을 찾아 그 뜻을 이해한다. 한자로 된 글자 모습 '昆蟲'을 몰라도 전혀 문제 없다. 오히려 '맏 곤, 벌레 충'의 한자의 훈을 가지고 '맏벌레'라고 뜻을 추측한다면 오히려 부정확한 지식이 되고 만다. 우리 생활에서 '구연산'을 많이 쓴다. '枸櫞酸'이란 한자를 안다고 그 뜻을 아는 것은 전혀 아니다.

한국, 중국, 일본이 같은 글자로 써 두더라도, 발음이 다른 것은 말할 것도 없고, 의미가 서로 다른 낱말도 수두룩하다. 또한 같은 한자로 쓰더라도 뜻이 다른 예도 많다. 어디 그뿐인가? 글자 모양도 각기 다르다. 우리는 옛 한자를 그대로 쓰지만, 일본에서는 획수를 줄여서 만든 약자를 쓴다. 중국은 훨씬 더 획수를 간추린 간체자를 쓴다. 중국은 언어의 특성상 한자를 쓸 수밖에 없다. 중국어는 의사소통이 어려울 정도로 방언 차이가 크다. 그래서 표의문자인 한자를 사용하는 것이 필수적이기에 어쩔 수 없이 획수를 크게 간추린 간체자를 만들어 쓰는 것이다. 한자 섞어쓰자고 주장하는 분들이 쓰는 한자인 번체자는 대학에서 고전문학이나 역사 전공자 아닌 중국 일반 국민, 학생들은 대부분 읽을 수가 없는 옛 글자이다. 일본 역시 언어의 특성상 한자-가나를 섞어쓸 수밖에 없다. 만약 일본이 가나만을 쓴다면, 모든 책의 두께가 두 배로 늘어난다. 지명 '下關'을 한자로 쓰면 활자 두 칸을 차지하지만, 가나로 쓰면 무려 다섯 칸을 차지한다. 이런 일본은 어떤 상황에서도 가나 전용은 불가능하여 싫든 좋든 한자를 섞어쓸 수밖에 없다. 그래서 한자의 획을 간추린 약자를 쓴다.

얼마 전 중국 정부의 문자정책가를 초청하여 강연을 듣는 공식 자리에서 어느 저명한 언어학자가 그에게 중국과 한국이 필담으로 의사소통할 수 있도록 중국이 간체자를 버리고 한국처럼 번체자를 쓰라고 제안하여 웃을 수도 없었다.

둘째, 우리의 전통문화를 계승하기 위해 초등학교 때부터 한자 사용과 한문 교육은 꼭 필요하다고 주장한다. 그러나 초등학교부터 한자를 배운다고 해서 우리의 전통문화를 담은 옛 한문 서적을 읽을 수 없다. 중학교, 고등학교에서 한문을 공부한 학생이라도 한문소설, 삼국사기, 조선왕조실록 한 쪽 해석도 어렵다. 그처럼 한문 문장 해독은 매우 어렵다. 따라서 초등학교에서 한자 몇 자 배워 안다고 해서 우리의 고전 문헌을 읽어 전통문화를 계승할 수 있는 것은 아니다. 오히려 중학교, 고등학교 교육에서 한문 교육을 철저히 하고, 그리고 대학의 한문학과에서 한문 전문가를 양성하여 우리의 옛 한문 서적을 번역해야 한다. 더 늦기 전에 우리가 해야 할 일은 한문 전문가를 제대로 양성하여 한문 서적을 현대 우리말로 정확하게 번역하게 하여 일반 국민들은 이를 한글로 읽고서 전통문화를 계승해야 할 것이다. 특별히 한국고전번역원과 세종대왕기념사업회의 고전국역사업부가 이 사업에 앞장서야 할 것이다.

셋째, 한자어가 우리말에 70% 이상이니 어휘 교육을 위해 한자 섞어쓰기가 꼭 필요하다고 주장한다. 정확한 통계에 따르면 70% 이상도 아니지만, 설령 그렇다 하더라도 한자어를 꼭 한자로 표기해야 할 필요가 없음은 앞에서도 말한 바 있다. 한자어라도 글자로 쓰지 않고 우리가 말을 주고받을 때, 방송을 들을 때를 생각해 보면 의미 혼란이나 의사소통의 어려움은 없다. 또한 국어사전에 한자어가 더 많다 하더라도 그것은 별 의미가 없다. 어휘 통계에서 중요한 것은 사용 빈도이다. 지금 여러분이 읽고 있는 어떤 책이든 어느 한두 쪽을 택해 빈도수를 분석해 보면 고유어가 월등히 많음을 알 수 있다. 또 국어사전 어느 한 쪽을 펴 놓고 한자어를 모두 가려내어 자신이 지금까지 한 번이라도 써 본 낱말이 몇 개나 되는지 확인해 본다면, 한자어 70%라는 허상을 확인할 수 있을 것이다.

이제 우리가 해야 할 일

그러하니 이제 한글만 쓰기는 더 이상 논란거리가 아니다. 모두가 논란을 접자. 그 대신 우리의 글자 생활을 위해 우리가 관심 가져야 할 일이 무엇인가를 찾아 함께 힘쓰자.

첫째, 중국, 일본과 교류하기 위해서라면 중국어, 일본어 교육에 힘쓰자. 한자 교육, 한자 사용 논의에서 항상 문제가 제기되어 온 것은 바로 한자로 글자 생활을 하는 중국과 일본과의 교류 문제이다. 역사적으로 보나 지리적으로 보나 이들과 교류하는 일은 매우 중요하다. 그러기 위해서는 서로 의사소통하는 것이 필요하다. 그런데 의사소통은 상대 나라의 언어를 이해할 때 가능한 것이다. 따라서 일본과 교류하기 위해서는 일본어, 그리고 한자의 약자를 공부해야 할 것이고, 중국과 교류하기 위해서는 중국어, 그리고 한자의 간체자를 공부해야 한다. 중국과 교류하기 위해 번체자인 옛 한자를 공부해야 한다는 주장은 더 이상 하지 말아야 할 것이다.

둘째, 전통문화의 계승을 위하여 한문 서적을 정확하게 번역하여 보급하자. 초등학교 때부터 한자 천몇 자를 가르친다고 전통문화가 계승되는 것은 아니다. 한문을 제대로 공부하지 않고서는 옛 한문 서적, 옛 한문소설을 해독할 수 없다. 따라서 한문으로 된 우리의 옛 서적을 이해하기 위해서는 전문적인 한문 번역전문가를 양성하여 그들이 정확하게 번역하여 국민들에게 보급하도록 해야 할 것이다. 지금처럼 열악한 환경에서는 유능한 한문 번역전문가를 양성할 수 없다. 정부나 한국고전번역원 같은 전문기관에서 예산을 확보하여 이들을 경제적으로 사회적으로 크게 대우해 주어서, 우리 옛 문헌을 번역하여 보급하는 일에 최선을 다하도록 하는 것이 우리의 전통문화를 계승하는 일이다.

셋째, 우리말 다듬기에 힘쓰자. 한자 사용과 한문 교육이 문제 될 때마다 제기되는 것이 의미 구별 문제이다. 앞서 몇몇 예를 들어 본 바와 같이 '敗者/霸者'도 '패자/승자'로 말을 고쳐 다듬어 쓰면 아무런 문제가 없다. 따라서 이처럼 한자어 때문에 발생한 동음이의어를 가려내어 다듬는 일을 국어정책기관에서 연구하여 교육기관과 언론기관이 보급하도록 힘써야 할 것이다.

끝으로 최근 이야기 한 가지 덧붙인다. '經濟學原論' 이야기이다. 혹시 한자를 모르는 분을 위해 말씀드린다. 위 한자어는 '경제학원론'이다. 대학 경제학과에서 배우는 기본 교과목이다.

서울대학교 경제학과 교수 한 분이 경제학과 4학년 어떤 학생에게 연구실에 있는 책 목록 작성을 부탁하였다. 잘 아시겠지만, 서울대학교 경제학과 학생들은 대단히 우수한 학생들로서, 졸업생들은 우리나라 경제 부처와 산업 현장을 이끌어 가는 학과이다. 책 목록 작성을 하다가 조금 지나 그 학생이 책 한 권을 들고 와서 교수님께 이 책 제목을 무엇이라고 읽느냐고 물었다. 책 제목은 바로 *經濟學原論*.

그 교수는 한탄한다. 한글 전용 정책이 이 지경을 만들어 놓았다고 한탄한다. 명색이 서울대학교 경제학과 4학년이 한자 *經濟學*을 읽지 못하다니! 우리말 어휘 대부분이 한자어인데, 이를 무시하고 한글 전용 정책을 편 결과이니, 큰일이로구나. 지금이라도 한자 교육을 강화해야 할 것이다.

옆에서 듣고 있던 국어 선생이 말한다. 그런데 말입니다. 그 우수한 학생이 *經濟學*이란 한자를 읽지 못하더라도 지난 4년 동안 경제학 강의를 잘 들어 공부했고, 이제는 그의 경제학이 상당한 수준에 이르렀겠지요. 그러니 그 학생을 믿고 책 목록 정리를 부탁하셨겠지요. 경제학을 한자로 어떻게 쓰는지, 어떻게 읽는지를 전혀 몰라도 경제학 공부 지금까지 잘 했잖아요. 그 학생한테 한자 몰라 경제학 공부 못했다는 말을 들어 보셨습니까? 결과적으로 한자를 몰라도, 한자 *經濟學*을 읽지 못해도, (아마도 그 학생은 生産, 消費, 金融, 貨幣, 巨視, 微視 등도 못 읽었을 것이다) 그 어려운 경제학 이론을 충분히 공부할 수 있다는 것을 오히려 그 학생이 직접 명쾌하게 입증해 준 것이 아닐까요?

[출전]

2015 한글만 쓰기, 더는 논란거리가 아니다, 《말과 글》 145, 10-15, 한국어문기자협회.
2016 국한문혼용을 위한 헌법소원 심판청구의 부당성, 헌법재판소 참고인 의견서.

04

언어 다양성

말로써 행복을

생물 현상의 다양성처럼 인간의 언어도 다양하다. 말소리도 다양하고 단어도 다양하고 문법도 다양하다. 그런데 이러한 다양성을 지닌 언어가 점차 사라져 가고 있다. 어떤 언어가 사라진다는 것은 단순히 언어 하나가 없어진다는 데에 그치지 않고 그 언어가 품고 있는 문화, 역사, 생활방식, 자연환경에 대한 다양한 정보가 다 사라진다는 데에 심각한 문제가 있다. 현대사회가 생물 다양성을 보존하는 데 관심을 가지는 것처럼 우리는 언어 다양성을 보존하는 데 관심을 가져야 할 것이다.

4.1. 언어 다양성이란 무엇인가

  이 세상에는 참으로 생물의 종류가 많다. 동물도 그렇고 식물도 그 수를 헤아릴 수 없을 만큼 많다. 생물의 종류뿐만 아니라 유전자, 분자, 생태계의 세계도 다양하다. 이러한 생물 현상을 생물 다양성이라 말한다. 그런데 인간의 의사소통의 도구인 언어도 생물처럼 다양하다.

  언어에 관한 다양한 통계를 제시하는 에스놀로그(Ethnologue, 2023년)에 따르면 전 세계에는 7,168개 언어가 있는데, 이들 언어마다 말소리가 다르고, 어휘가 다르고, 또한 문법이 달라서 저마다 서로 다른 특징을 드러낸다. 이렇게 언어마다 고유한 특징을 지니고 있는 현상을 우리는 언어 다양성이라 한다.

  우선 다양한 언어 현상의 몇몇 예를 들어 보자. 먼저 어휘의 예로, '눈'을 살펴보자. 한국어에서는 '함박눈, 싸락눈, 진눈깨비, 그리고 낭만의 첫눈' 등 다양한 눈이지만, 모두 '눈'이라 한다. 구별하기 위해서는 앞에 수식어를 붙일 뿐이다. 그러나 북극 지방의 이누이트어에는 눈 이름이 스무 가지 이상으로 분화되어 있다. 이는 자연환경과 어휘의 관계를 잘 보여 준다.

aniu	먹는 눈
aput	쌓인 눈
briktla	잘 뭉쳐진 눈
kriplyana	이른 아침 푸른 빛을 띤 눈
sotla	햇빛과 함께 반짝이는 눈
trinkyi	그해 첫눈

다음으로는 문법 현상의 다양성을 살펴보자. 과거시제를 살펴보면, 한국어나 영어의 경우는 모든 과거를 하나의 문법형태로 실현한다. 한국어의 '-었-', 영어의 -ed가 그러하다. 그러나 아프리카 잠비아에서 사용하는 벰바어(Bemba)의 경우는 다음과 같이 네 가지로 분화되어 있다. 이를 볼 때, 언어를 통해 생각하는 방식과 문화의 다양성을 확인할 수 있다.

(가) 그저께 이전
　　ba-à-li-boomba
　　3인칭복수-먼과거-work
　　'그들은 (그저께 이전에) 일하였다.'

(나) 어제
　　ba-á-léé-boomba
　　3인칭복수-어제과거-work
　　'그들은 (어제) 일하였다.'

(다) 오늘 일찍
　　ba-à-cí-boomba
　　3인칭복수-가까운과거-work
　　'그들은 (오늘 아침에) 일하였다.'

(라) 서너 시간 전
　　ba-á-boomba
　　3인칭복수-과거-work
　　'그들은 (잠시 전에) 일하였다.'

그런데 언어 다양성과 관련하여 우리가 주목해야 할 매우 중요한 문제가 있다. 그 많은 언어 가운데 상당수는 사용자가 적어서 사라져 가고 있다는 사실이다. 2주일에 한 언어씩 사라져 가고 있다고 한다. 어떤 언어가 사라진다는 것은 단순히 7천여 언어 가운데 하나가 없어진다는 데에 그치지 않고 그 언어가 품고 있는 문화, 역사, 생활방식, 자연환경 등에 대한 정보가 다 사라진다는 데에 심각한 문제가 있다. 언어 다양성이 사라지는 것은 인류 문화의 큰 손실이라 아니할 수 없다. 현대사회가 생물 다양성을 보존하는 데 관심을 가지는 것처럼 우리는 언어 다양성을 보존하는 데에도 관심을 가져야 할 것이다.

이제 이러한 언어 다양성(말소리, 어휘, 문법), 언어 다양성의 가치에 대해 구체적으로 살펴보기로 하자.

[출전]

2013 《세계 언어의 이모저모》, 도서출판 박이정.
2022 《언어 다양성》, 서울대학교 지식교양 강연 – 생각의 열쇠.
　　　https://m.tv.naver.com/v/25334668

4.2. 말소리의 다양성

언어의 말소리가 세계 여러 언어에서 어떤 특징을 가지고 나타나는지 살펴보자. 말소리는 자음과 모음으로 나뉜다. 말소리는 공기가 폐에서 발음기관을 거쳐 나오면서 만들어진다. 발음기관이란 말소리를 만드는 데 작용하는 기관으로, 입안, 코안, 입술 등을 말한다. 입안에는 아랫니, 윗니, 혀, 입천장 등이 있어 이들이 말소리를 만드는 데에 관여한다. 그런데 공기가 폐에서 이들 발음기관을 거쳐 밖으로 나올 때, 발음기관의 방해를 받아서 만들어지는 소리가 있는가 하면, 그렇지 않고 공기가 입안에서 방해를 받지 않고 입술이나 혀의 움직임으로 공기가 나오는 통로 모양만 바꾸어서 내는 소리가 있는데, 앞의 경우의 소리를 자음이라 하고, 뒤의 경우의 소리를 모음이라 한다. 예를 들어 공기가 나올 때 혀끝을 잇몸에 갖다 대어 공기를 막았다가 다시 떼면 /ㄷ/이라는 자음이 만들어진다. 우리 토박이말로 자음을 닿소리라 하는데, 닿아서 내는 소리라는 뜻이며, 토박이말로 모음을 홀소리라 하는 것은 홀로 난다는 뜻이다. 이제 이러한 자음과 모음이 세계 여러 언어에서 어떤 다양성을 지니고 나타나는지 살펴보도록 하자.

모음의 구조

모음은 언어마다 체계가 서로 다르다. 영어와 한국어 사이에 모음 체계가 서로 달라, 한국인이 영어를 배울 때 힘이 들기도 한다. 심지어는 같은 언어의 방언 사이에서도 모음 체계가 다르다. 우리말의 경우 /ㅓ/와 /ㅡ/ 모음이 변별되지 못하고 하나의 같은 모음으로 인식되는 방언도 있어, 다른 방언보다 모음 하나가 적은 셈이다. 이 방언 사용자들은 같은 학급의 '성호'와 '승호'를 글자로만 구별하고, 발음으로는 구별하지 못하여 말할 때 '성호A, 성호B'로 구별하기도 한다.

언어학자 로만 야콥슨은 어린이가 말을 배울 때 가장 먼저 습득하는 모음은 /a/라고 한다. 그다음에 습득하는 모음은 /i/와 /u/라고 한다. 그런데 실어증환자가 말을 잃어가는 단계에서 맨 마지막에 잃어버리는 것이 /i/, /u/, /a/라고 한다. 이를 통해 보면, 가장 기본이 되는 모음은 바로 /i/, /u/, /a/라 할 수 있다.

필리핀은 영어를 공용어로 쓰지만, 그들의 토박이말은 타갈로그어이다. 이 언어에는 모음이 세 개만 있다. 바로 /i/, /u/, /a/이다. /i/는 전설모음-고모음이고, /u/는 후설모음-고모음이고, /a/는 중설모음-저모음이다. 이렇게 세 모음 체계를 가진 언어에는 아랍어가 있다. 그 밖에도 모음 세 개를 가진 언어는 여럿이 있는데, 남아메리카 볼리비아 지역의 토박이말 아이마라어 역시 세 모음 체계이다.

그런데 모음의 수가 적다고 해서 결코 온전하지 못한 말이라고는 할 수 없다. 왜냐하면 모음 대신에 다른 요소가 분화되어 이를 보완해 주기 때문이다.

i   u

a

모음이 다섯 개 있는 말에는 우리 이웃에 있는 일본어를 비롯하여 스페인어, 러시아어, 아프리카의 스와힐리어 등이 있다. /i/, /u/, /a/ 셋에다가 전설모음 /e/와 후설모음 /o/가 더 있다. 일반적으로 다섯 모음을 가질 경우

전설모음은 (입술이 평평한 모습의) 평순모음이고(/i/, /e/), 후설모음은 (입술이 둥근 모습의) 원순모음(/u/, /o/)이다. 그리고 전설모음과 후설모음이 대칭적으로 나타난다.

```
        i               u
        e               o
              a
```

위의 다섯 모음 체계를 바탕으로 여기에 몇 개씩 더해 가면 언어에 따라 모음 체계가 다양해진다. 이탈리아어, 독일어에는 일곱 개의 모음이 있다. 다음은 이탈리아어의 모음 체계이다.

```
        i               u
        e               o
        ɛ       a       ɔ
```

힌디어와 튀르키예어는 여덟 개의 모음이 있으며, 프랑스어 모음은 열한 개나 된다. 다음은 각각 힌디어ㄴ와 튀르키예어의 모음 체계이다.

```
힌디어       i               u
            e       ə       o
            ɛ       a       ɔ


튀르키예어    a       ɨ       o       u
            e       i       ö       ü
```

그럼 우리말에는 모음이 몇 개나 될까? 표준어 규정에서 정한 표준발음법에는 열 개를 들고 있다. 그런데 지역과 나이에 따라 머릿속에 갈무리되어 있는 모음의 수는 각각 다르다. 나이에 따라 /에/와 /애/를 구별하지 못하기도 한다. 글쓴이는 이름이 '권재일'인데 실제 '권제일'로 발음하고 있다. 그리고 지역에 따라 /어/와 /으/를 구별하지 못하고 하나의 같은 소리로 인식한다. 또한 /위/와 /외/를 겹모음으로 발음하기도 한다.

자음의 구조

한국에 사는 미국사람이 팔이 아파 급히 병원을 찾았다. 우리말로 팔이 아프다고 말하지만, 의사는 발이 어떻게 아프냐고 묻는다. 그 사람은 발이 아니고 팔이 아프다고 하지만, 한국 의사는 어리둥절하기만 하다. 영어를 쓰는 사람은 머릿속에 한국어의 '발'과 '팔'이 구별되어 저장되어 있지 않아 이 두 발음을 구별하려 하지만 꽤 어렵다. 그러나 한국어를 쓰는 사람은 머릿속에 이 두 소리가 너무나도 자연스럽게 구별되어 저장되어 있을 뿐만 아니라 '빨'과도 구분하여 알고 있다. 따라서 비슷한 /ㅂ ㅍ ㅃ/ 세 소리를 정확하게 구별할 줄 안다. 그래서 '불, 풀, 뿔'이라는 세 단어를 아무런 혼동 없이 구별한다. 이들뿐만 아니라, /ㄱ ㅋ ㄲ/도 그러하고, /ㄷ ㅌ ㄸ/, /ㅈ ㅊ ㅉ/ 역시 아무런 혼동 없이 구별한다. 이렇게 우리말은 자음에 세 짝을 이루어 구별하고 있다.

그러나 영어에서는 이러한 세 짝의 구별이 없고, 단지 유성음과 무성음이라는 두 짝을 구별한다. 우리말 '바보'의 두 /ㅂ/을 우리는 구별하지 못하지만, 미국사람들은 앞의 /ㅂ/은 무성음으로 뒤의 /ㅂ/은 유성음으로 전혀 다른 소리로 구별하여 인식하고 있다. 마치 우리가 예사소리 /ㅂ/의 '발'과 거센소리 /ㅍ/의 '팔'을 잘 구별하듯이 말이다. 영어뿐만 아니라 서양언어 대부분이 유성음과 무성음을 구별하고, 일본어, 중국어도 모두 그러하다. 이처럼 언어마다 자음의 구조는 각각 다르다.

우리말처럼 자음이 세 짝을 이루는 말에는 동남아시아의 타이어, 베트남어, 그리고 인도의 힌디어 등이 있다. 그렇다고 한국어와 베트남어, 타이어, 힌디어가 같은 계통의 언어라는 뜻은 아니다. 자음 구조의 특성이 비슷할 뿐이다. 베트남어의 몇 예를 살펴보자.

/ㄱ/: ga(정거장)	go(끌어당기다)	guc(머리숙이다)
/ㄲ/: ca(노래하다)	co(줄어들다)	cuc(조각, 사무소)
/ㅋ/: kha(상당히)	kho(창고, 보관소)	khuc(들국화)
/ㄷ/: đa(많이)	đi(걷다, 가다)	đuc(끌)
/ㄸ/: ta(나, 우리)	ti(실, 현악기)	tuc(발)
/ㅌ/: tha(용서하다)	thi(시험하다)	thuc(삼촌)
/ㅂ/: ba(아버지)	be(병)	bong(떨어지다)
/ㅍ/: pha(라이트)	phe(갈래, 편)	phong(꾸러미)

다음은 힌디어 자음의 몇몇 예이다.

/ㅂ/: bal(척)	/ㄷ/: daal(콩)	/ㄱ/: gul(꽃)
/ㅃ/: pal(순간)	/ㄸ/: taal(늪)	/ㄲ/: kul(모든)
/ㅍ/: phal(과일)	/ㅌ/: thaal(접시)	/ㅋ/: khul(열린)

말소리의 세기, 높이, 길이

소리는 진동체의 진동으로 발생하게 되는데, 진동체의 진동되는 폭을 진폭이라 한다. 진폭은 소리에 따라서, 넓은 것도 있고 좁은 것도 있는데, 넓은 진폭의 소리는 강하게 들리게 되고, 좁은 진폭의 소리는 약하게 들리게 된다. 말소리에도 이러한 강약이 있다. 영어에서 강약이 단어의 뜻을 나타내는 데에 중요한 구실을 한다. 예를 들어 compact는 첫음절에 강세를 두면 명사가 되는데, 둘째 음절에 강세를 두면 형용사가 된다. 영어 단어는 강세가 놓이는 위치가 일정하여 이것이 말의 뜻을 분화하는 데 이용된다.

우리말의 낮과 대립하는 /밤/과 과일의 /밤ː/, 신체기관으로서 /눈/과 겨울에 내리는 /눈ː/은 각각 그 모음의 길이만으로 뜻이 분화된 단어들이다. 이러한 장단의 차이는 의식적이며, 변별적 기능을 수행하는데 이런 언어는 상당히 많다. 이탈리아어의 장단에 따른 의미 차이를 보면, papa(교황)-papːa(죽), nono(아홉째)-nonːo(할아버지), fato(운명)-fatːo(사실) 등. 또한 영어의 /ʃiːp/(sheep)과 /ʃip/(ship)도 마찬가지이다.

소리의 높이는 진동의 속도에 의해서 결정된다. 즉, 일정한 시간 동안 진동수가 많으면 높은 소리가 되며, 진동수가 적으면 낮은 소리가 된다. 소리의 높낮이는 소리의 세기보다 더 명료하게 우리의 감각에 인지되는데, 모든 언어의 문장은 반드시 대체로 일정한 형식의 높낮이로 발음된다. 이러한 문장의 높낮이를 억양이라 한다. 문장의 억양과는 달리, 한 단어마다 일정한 높낮이가 결정되어 있는 언어들도 있다.

아프리카 가나의 트위어에는 높은 소리와 낮은 소리가 구별되어 쓰인다. papa라는 말을 살펴보자. 앞의 /pa/를 높게 발음하면 '훌륭한'이라는 뜻이 된다. 뒤의 /pa/를 높게 발음하면 '아버지'라는 뜻이 된다. 그런데 두 소리 모두 낮게 발음하면 '종려나뭇잎부채'를 뜻한다. 이와 같이 말소리의 높낮이에 따라 서로 다른 단어가 된다. 몇 예를 더 들면 다음과 같다. kuru라는 말은 앞의 /ku/를 높게 발음하면 '통증'이라는 뜻이 되고 뒤의 /ru/를 높게 발음하면 '이엉을 이다'라는 뜻이 된다. sisi라는 말은 앞의 /si/를 높게 발음하면 '곰', 뒤의 /si/를 높게 발음하면 '속이다'라는 뜻이 된다.

이번에는 높은 소리, 낮은 소리에다가 가운뎃소리까지 구별되어 세 단계로 쓰이는 말을 살펴보자. 아프리카 나이지리아의 요루바어에서 kan을 높은 소리로 발음하면 '깨뜨리다', 가운뎃소리로 발음하면 '맛이 시다', 낮은 소리로 발음하면 '도착하다'라는 뜻이 된다. wa를 높은 소리로 발음하면 '왔다', 가운뎃소리로 발음하면 '떨었다', 낮은 소리로 발음하면 '있다'라는 뜻이 된다. ɔkɔ의 두 음절을 가운데-낮은 소리로 발음하면 '교통기관인 배', 가운데-높은 소리로 발음하면 '호미', 가운데-가운뎃소리로 발음하면 '남편', 낮은-낮은 소리로 발음하면 '창'이라는 뜻이 된다.

이처럼 높낮이가 단어의 뜻을 구별해 주는 대표적인 말이 중국어이다. 중국어에는 무려 네 가지의 높낮이가 구별되어 있다. 따라서 중국어로 대화할 때는 높낮이 발음을 정확하게 하지 않으면 전혀 뜻이 통하지 않을 것이다.

중국어의 높낮이 체계

1성	높은	mā (어머니)
2성	올라가는	má (삼배, 마비)
3성	내려오다가 올라가는	mǎ (말)
4성	내려오는	mà (질책)

타이어도 중국어와 같이 높낮이 언어이다. 타이어는 5개의 높낮이로 구별되어 있어, 각 음절은 5개의 높낮이 중 어느 하나로 발음된다. 예를 들어 la는 높낮이에 따라 '짧은, 토씨, 동굴, 떠나가다, 초'와 같이 다섯 가지의 서로 다른 의미로 쓰인다. 따라서 소리의 높낮이는 타이어의 음절 구성에 있어서 꼭 있어야 하는 말소리 단위이다.

우리말은 어떨까? 우리 옛말에는 이러한 높낮이가 있었지만, 지금은 일부 방언을 제외하고는 사라졌다. 15세기 말로 '꽃'은 낮은 소리였고, '풀'은 높은 소리였고, '별'은 (처음이) 낮다가 (나중에) 높아가는 소리였다. 그러나 지금은 '꽃, 풀'은 짧은 소리로 바뀌었고, '별'과 같이 낮다가 높아가는 소리는 긴 소리로 바뀌었다.

평성	뭇ᄂᆞ갸ᄫᆞᆯ 소리	곳 (꽃)
거성	뭇노ᄑᆞᆫ 소리	플 (풀)
상성	처서미 ᄂᆞ갑고 乃終이 노ᄑᆞᆫ 소리	별 (별)

음절 구조

이상에서 살핀 여러 말소리, 즉 자음과 모음 같은 음소든, 소리의 길이, 높이, 세기와 같은 운소든, 음운은 하나씩 쓰이는 일은 거의 드물고, 대개는 몇이 모여서 말을 이루게 된다. 음운이 모여서 된 결합체로서의 가장 작은 단위를 음절이라 한다.

네를 들어 /ㄱ/이라는 자음과 /ㅏ/라는 모음이 결합하여 /가/라는 음절을 이룬다. 대체로 자음과 모음이 결합하여 하나의 음절을 이룬다. 물론 그렇지 않은 경우도 있다. 영어의 bottle /bɔtl/의 /l/처럼 자음만이 음절을 이룰 수도 있다. 반면, 영어의 pay /pej/, fowl /fawl/에는 각각 모음이 둘 있으나 그중의 한 모음, /j/, /w/는 따로 음절을 구성하지 못하고 앞이나 뒤 모음과 함께 음절을 구성한다. 그래서 /j/, /w/와 같은 소리를 반모음이라 한다. 반모음이 연결된 /ej/, /aw/와 같은 소리를 이중모음이라 한다. 우리말의 /ㅑ ㅕ ㅛ ㅠ/(ja jə jo ju)도 이중모음이다.

세계 여러 언어들을 보면 음절을 구성하는 방식이 서로 다르다. 먼저 한국어의 예를 들어 보자. 모음을 V로 표시하고, 자음을 C로 표시해 보면 한국어는 다음과 같이 네 가지의 음절 유형이 나타난다.

V	아
CV	가
VC	악
CVC	각

영어의 경우를 보면, 한국어보다는 좀 더 복잡하다. 위의 네 가지 유형이 다 실현되는 것은 한국어와 같으나, 모음 앞이나 뒤에 놓이는 자음의 수가 하나에서 최대 셋까지 허용된다. 예를 들어 skate /skejt/는 sk 두 개의 자음이 이어져 나오고, spring /spriŋ/, strike /strajk/는 spr, str처럼 자음 셋이

이어져 나온다. 그러나 한국어에서는 자음 하나만 허용된다. 그래서 위와 같은 한 음절의 영어 단어를 /스케이트, 스프링, 스트라이크/ 등과 같이 여러 음절로 인식하고 있다. 이와 같이 모음 없이 여러 자음만 연속해 나는 자음 숫자는 언어마다 다르다.

남아메리카 볼리비아 지역의 토박이말인 아이마라어도 여러 자음이 연속해 날 수 있는 언어로 유명하다. 예를 들어 /kawki/는 '어디'라는 단어인데 /kawki/에 여러 개의 접사가 결합하면 /kawkinakatasa/와 같은 모습을 한다. 그런데 이 언어에서는 모음을 생략할 수 있어 /kawkinktsa/로 되어 -nkts-와 같이 자음이 네 개가 연속한다. 어떤 경우에 자음이 7개까지 연속해서 날 수 있다고 한다.

[출전]

2013 《세계 언어의 이모저모》, 도서출판 박이정.
2015 《아이마라어 연구》, 한국알타이학회출판부 [공저].
2022 《언어 다양성》, 서울대학교 지식교양 강연 – 생각의 열쇠.
　　　https://m.tv.naver.com/v/25334668

4.3. 어휘의 다양성

　인류 역사의 발전은 곧 문화의 발전이다. 이러한 문화를 지탱해 주는 가장 중요한 요소는 언어이다. 앞에서 살펴본 바와 같이, 인류는 의사소통의 기능을 하는 언어를 통해 동시적, 계기적으로 협동한다. 협동을 통해 경험과 지혜를 쌓아 문화를 형성한다. 따라서 언어는 그 자체가 문화일 뿐만 아니라, 인류의 모든 문화를 형성하고 발전시켜 온 원동력이다. 언어의 여러 요소 가운데 이러한 문화 특성을 가장 잘 반영하는 것이 어휘이다. 이제 언어마다 어휘의 다양한 모습에 대해 살펴보기로 하자.

솔론어의 순록 이름

　솔론어는 알타이어족의 만주퉁구스어파에 속하는 언어로 중국에서는 어윙키어라고도 한다. 중국 네이멍구자치구 후룬베이얼시 부근에서 사용되는 언어로 모어 사용자는 약 1만9천 명 정도이다. 길들인 사슴이라는 뜻인 순록은 툰드라 지역을 포함한 북방 지역에 사는 동물이다. 순록 목축민은 순록을 키워 젖, 고기, 가죽, 의류, 신발 등 일상생활에 필요한 거의 모든 것을 얻을 수 있으므로 이들에게는 가장 소중한 재산이다.
　그래서 솔론어에는 순록을 암수, 털의 색과 무늬, 나이 등에 따라 매우 정교하게 나누어져 있다. 순록의 총칭은 '오롱'(ɔrɔŋ)이지만 각각의 이름은 적어도 30가지나 된다고 한다.

몽골어의 가축 이름

구분		총칭	암순록	숫순록
총칭		ɔrɔŋ		
털색/무늬	흰색	tʃalxa		
	검은색		xɔmnɔmte	xarakatʃiŋ
	갈색		saxakaŋ	saxa
	회색		xulkəŋ	pɔlɔŋtʃɔŋ
	순백색		tʃiʃkir	xɔtʃal
	알록달록		alakaŋ	ala
	검은-흰색		pɔkɔtitʃan	pokoti
나이	한 살	ɔʃankanaxaŋ	sʊjɔxan ankanaxaŋ	nəjəmɔxan ankanaxaŋ
	두 살	dʒinɔxɔ	sadʒʊʊli	jeewʊxan
	세 살	wənnone	unɔnʊne	itəəŋ
	네 살	nowalakana		
	네 살 이후	nemaxar		
	다섯 살	nɔwalxana		
	여섯 살	mɔtɔŋ		
	일곱 살	xəttur		
	열덟 살	xirttəxər		
그밖에	씨 사슴			ʃeru
	새끼 밴		sɔlɔxe	

몽골은 유목민의 나라이다. 늘 가축과 함께 생활한다. 그래서 가축과 관련한 어휘가 정말로 다양하다. 위에서 살펴본 이누이트어의 눈이나 솔론어의 순록처럼. 몽골의 주요 가축에는 양, 염소, 소, 말, 낙타가 있다. 몽골어로 양은 '호니'(honi), 염소는 '야마'(yamaa), 소는 '욱헤르'(üher), 말은 '아도'(aduu), 낙타는 '테메'(temee)이다. 그런데 재미있는 것은 이런 가축들이 한 살 때와 두 살 때 부르는 이름이 서로 다르다. 예를 들어, 한 살짜리 소는 '토갈'(tugal)이라 부르고 두 살짜리 소는 '뱌로'(byaruu)라 부른다. 또한 가축

의 똥을 부르는 말도 서로 다르다. 양, 염소, 낙타의 똥은 모두 '호르골'(hor-gol)이라 하지만 소똥은 '아르갈'(argal), 말똥은 '호몰'(homool)이라 한다. 이를 정리해 보면 다음 표와 같다. 이처럼, 몽골어 속에 유목과 관련된 어휘는 풍부하여 우리가 상상할 수 있는 범위보다 더 넓다. 우리말 어휘에 벼를 가리키는 어휘가 모, 벼, 쌀, 밥 등과 같이 여러 가지가 있다는 것이 농경 문화의 특징이라면, 몽골어 어휘의 이러한 다양성은 유목 문화의 특징이라 하겠다.

분류	양	염소	소	말	낙타
총칭	honi	yamaa	üher	aduu	temee
씨짐승	huc	uhna	buh	azarga	buur
거세한 수컷	ireg	er yamaa	shar	mori	at
암컷	em honi	em yamaa	unee	guu	ingge
1살	hurga	ishig	tugal	unaga	botgo
2살			byaruu	daaga	torom
울다	maylah	maylah	mööröh	yancgaah	buylah
똥	horgol	horgol	argal	homool	horgol

쇼나어의 동사 '걷다'

쇼나어는 아프리카의 니제르콩고어족에 속하는 언어로 짐바브웨와 남부 잠비아에서 사용된다. 짐바브웨에 약 1천만 명의 쇼나어를 쓰는 사람이 살고 있다. 이 언어에 한 특징은 '걷다'라는 의미를 가진 단어가 무려 200여 개로 나누어져 있다는 것이다. 그 몇 가지 예를 들어 보면 다음과 같다.

chakwair 진흙땅을 지나 찍찍 소리를 내며 걷다
donzv 막대를 가지고 걷다
duduk 뒤로 걷다

mbey	한 지역 주위를 걷다
panh	먼 길을 걷다
pfumbur	먼지를 피우며 걷다
rauk	큰 발걸음으로 걷다
shwitair	옷을 벗고 걷다
tabvuk	메뚜기처럼 걷다
vefuk	무거운 짐을 지고 몸을 구부리고 걷다

형제자매의 명칭

친족을 일컫는 말은 그 말을 쓰는 사회를 반영하고 있을 뿐만 아니라 사람들이 그들의 친족들을 어떻게 인식하고 갈래짓는가를 잘 말해 준다. 친족을 나타내는 명칭에 대해서 먼저 형제자매를 일컫는 명칭을 몇 가지 갈래로 나누어 살펴보기로 하자. 말레이어에서는 자기보다 나이가 많든 적든, 남자든 여자든 형제자매를 일컫는 말은 sudarā 하나뿐이다. 그러나 영어에서는 남자냐 여자냐에 따라 brother와 sister로 나뉘어 있다. 나이는 상관없다. 물론 나이의 아래위를 표현할 때에는 앞에 elder나 younger와 같은 수식어를 붙인다. 그런데 헝가리어는 영어처럼 남녀라는 성별도 기준이 되고 여기에다 자기보다 손위인지 손아래인지가 또 하나의 기준이 된다. 따라서 헝가리어는 손위 남자, 손아래 남자, 손위 여자, 손아래 여자 넷으로 나뉘어 있어, 각각 bāya(형), öcs(제), nené(자), hug(매)라 한다.

우리말은 어떤가? 헝가리어보다 한 가지 기준이 더 추가된다. 부르는 자기가 남자인가 여자인가라는 기준이 더 있다. 따라서 헝가리어에서 손위 남자를 가리키는 bāya를 우리말에서는 자기가 남자면 형이라 하고, 자기가 여자면 오빠라 한다. 마찬가지로 헝가리어에서 손위 여자를 가리키는 nené를 우리말에서는 자기가 남자면 누나라 하고, 자기가 여자면 언니라 한다.

다만, 우리말에서는 손아랫사람은 묶어서 동생이라 하고 수식어를 붙여 남동생, 여동생(또는 누이동생)으로 표현하는데, 헝가리어에서는 동생도 남녀를 구분하여 남동생을 öcs, 여동생을 hug라 한다.

이런 의미에서 한 나라의 어휘 체계는 바로 그 나라의 문화라고 해도 틀린 말이 아닐 것이다. 개념을 나누는 방식은 세계 어느 사회, 어느 민족이든 공통적이지만, 이것을 언어에 반영하여 단어를 나누는 방식은 언어마다 다르다. 예를 들어, 형-제-자-매와 같은 개념은 세계 어느 사회, 어느 민족이든 다 같은 방식으로 나눈다. 그러나 그것을 언어에 반영하여 단어를 나누는 방식은 언어마다 각각 다르다. 이것은 언어가 이를 사용하는 사회의 문화와 밀접한 관계를 맺고 있음을 보여 준다.

말레이어	영어	헝가리어	한국어
sudarā	brother	bāya	형 오빠
		öcs hug	동생
	sister	nené	누나 언니

사촌의 명칭

우리말에서 아버지와 어머니 형제자매의 자녀를 일컫는 말은 촌수로 표현하여 사촌이라 한다. 사촌은 누구의 자녀인가에 따라 (친)사촌, 외사촌, 고종사촌, 이종사촌으로 갈래짓고 거기에 형, 오빠, 누나, 언니, 동생 등을 붙여 말한다. 사촌누나, 외사촌오빠 등이 그러하다. 영어에서는 이를 모두 cousin이라 하여 따로 구분하지 않지만, 자기의 형제자매는 brother와 sister로 남녀를 구분한다.

형제	brother
자매	sister
남자사촌	cousin
여자사촌	cousin

모건이라는 인류학자는 친족을 나타내는 명칭을 여러 가지 유형으로 나누어 제시한 바 있는데, 이를 바탕으로 좀 더 구체적으로 살펴보자. 하와이어는 친형제나 친자매를 가리키는 말과 사촌 형제나 자매를 가리키는 말이 모두 같다. 즉, 나의 친형제와 남자인 친사촌, 외사촌, 고종사촌, 이종사촌을 모두 kaikuoaana라 하고, 나의 친자매와 여자인 친사촌, 외사촌, 고종사촌, 이종사촌을 모두 kaikuohine라 한다.

형제, 남자사촌	kaikuoaana
자매, 여자사촌	kaikuohine

베네수엘라와 브라질 국경 지역의 토박이말 야노마모어에서는 나의 친형제와 남자인 친사촌, 이종사촌을 묶어 eiwa라 하고, 나의 친자매와 여자인 친사촌, 이종사촌을 묶어 amiwa라 한다. 그러나 외사촌과 고종사촌은 묶어 같은 단어로 일컫는데 남자는 soriwa, 여자는 suaboya라 한다.

형제, 남자-친사촌/이종사촌	eiwa
자매, 여자-친사촌/이종사촌	amiwa
남자-외사촌/고종사촌	soriwa
여자-외사촌/고종사촌	suaboya

튀르키예어는 형제, 자매, 친사촌, 외사촌, 고종사촌, 이종사촌을 가리키는 어휘는 모두 따로따로이어서 사촌을 표현하는 방법이 가장 복잡하고 다양한 편이다.

형제	kardesh
자매	kis kardesh
친사촌	emme usaki
외사촌	dayi usaki
고종사촌	amme usaki
이종사촌	hala usaki

삼촌의 명칭

1860년대 함경도에서 러시아 연해주 지방으로 이주해 가서 살다가 1937년 소련의 스탈린에 의해 중앙아시아 지역으로 강제 이주하여 사는 우리 동포를 고려사람이라 한다. 이들이 쓰고 있는 말을 고려말이라 한다. 19세기 함경도말을 고스란히 간직하고 있다. 고모, 이모를 고려말에서는 '아재'라 한다. 흔히 아재라 함은 남자숙항 즉, 아저씨를 가리키는 사투리인데 고려말에서 여자숙항을 가리키는 것이 특징적이다. 현재 동해안의 강릉말에서도 아재는 역시 고모, 이모, 숙모를 가리킨다.

영어에서 남자숙항은 친삼촌이든 외삼촌이든 모두 uncle이라 하고 여자숙항은 고모든 이모든 aunt라 한다. 이에 대해 튀르키예어는 각각 다르게 친삼촌은 emme, 외삼촌은 dayi, 고모는 amme, 이모는 hala라 부른다.

	영어	튀르키예어
친삼촌	uncle	emme
외삼촌	uncle	dayi
고모	aunt	amme
이모	aunt	hala

어버지, 어머니를 가리키는 말과 숙항을 가리키는 말이 같은 언어도 있

다. 하와이어에서는 아버지, 친삼촌, 외삼촌이 모두 makuakane이고, 어머니, 고모, 이모는 모두 makuahine이다. 야노마모어에서는 아버지와 친삼촌은 haya로 같으나 외삼촌은 soaya로 다르다. 또한 어머니와 이모는 naya로 같으나, 고모는 yesiya로 다르다.

	하와이어	야노마모어
아버지	makuakane	haya
친삼촌	makuakane	haya
외삼촌	makuakane	soaya
어머니	makuahine	naya
이모	makuahine	naya
고모	makuahine	yesiya

파푸아섬의 다니어 역시 아버지와 친삼촌은 opaije로 같고, 어머니와 이모는 akoja로 같다. 그런데 이 말에서는 나의 외사촌자매를 가리키는 말이 어머니, 이모와 같아 akoja라 부른다. 한편 외사촌형제는 외삼촌과 같은 ami이다.

아버지=친삼촌	opaije
어머니=이모=외사촌자매	akoja
외삼촌=외사촌형제	ami

아프리카 니제르콩고어족의 아칸어도 아버지와 친삼촌을 가리키는 말은 같아 agya이고 어머니와 이모를 가리키는 말은 같아 ena이다. 그뿐만 아니라 나의 고종사촌형제를 가리키는 말은 높여서 아버지, 친삼촌과 같아 agya라 부른다. 아울러 외사촌은 낮추어 자녀, 조카와 같이 ba이다.

아버지=친삼촌=고종사촌형제	agya
외사촌=조카=자녀	ba

색깔 이름 나누기

독일의 언어철학자 빌헬름 폰 훔볼트는 "모든 언어는 하나의 세계관이다. 누구나 모국어라는 자신의 안경을 통해 일정한 색조 속에서 세계를 바라본다."라고 하였다. 이처럼 색깔을 바라보는 것 역시 언어에 따라 다른 것이다.

먼저 영어와 켈트어에 속하는 웨일스어를 살펴보자. 영어 green은 웨일스어 gwyrdd 일부에, 영어 blue는 웨일스어 gwyrdd 또는 glas이며, 또 영어 gray는 웨일스어 llwyd 또는 glas, 영어 brown은 웨일스어 llwyd 일부에 대응한다. 이 예는 색깔 이름이 언어에 따라서 각기 다른 체계를 이루고 있는 것을 보여 주고 있으며, 어휘가 표현하는 색의 영역 또한 명확한 1:1 대응을 이루지 않는다는 점을 보여 준다.

영어	green	blue	gray	brown
웨일스어	gwyrdd		glas	llwyd

다음은 영어와 앞에서 소개한 쇼나어, 바사어를 살펴보자. 영어의 여섯 가지 색깔 이름에 대해서 쇼나어에서는 세 가지, 바사어에서는 두 가지 색깔 이름이 구별된다. 영어의 purple, orange, red에 대해서 쇼나어에서는 이들을 구별하지 않고 cipswuka라는 한 색깔 이름만이 사용되며 또 바사어에서는 영어의 purle, blue, green을 모두 합해서 hui라는 한 색깔 이름만으로 표현한다. 영어의 yellow, orange, red에 대해서는 ziza만이 대응한다.

영 어	purple	blue	green	yellow	orange	red
쇼나어	cipswuka		citema	cicena		cipswuka
바사어	hui			ziza		

어떤 색깔 이름이 어떤 문화 속에서 존재하지 않을 경우에 이것은 그 문화 속의 사람들이 그 색깔을 구별하지 못하기 때문이 아니다. 즉, 해당 색깔에 관한 구체적인 이름이 없다는 사실이 해당 색깔을 인식할 수 없다는 의미는 아니다. 대부분의 한국 사람들은 초록과 파랑의 차이를 너무나도 뚜렷하게 인식하고 있지만 '푸르다'라는 색깔 이름으로 '푸른 산, 푸른 하늘'로 표현한다.

[출전]

2013 《세계 언어의 이모저모》, 도서출판 박이정.
2022 《언어 다양성》, 서울대학교 지식교양 강연 – 생각의 열쇠.
    https://m.tv.naver.com/v/25334668

4.4. 문법의 다양성

어순

다음 두 문장을 비교해 보자. 주어인 '광수'가 놓인 위치가 서로 다르다. 그러나 사랑하는 사람은 한결같이 '광수'이고 사랑받는 사람은 '영희'이다. 이처럼 우리말에서는 주어의 위치가 문장 맨 앞에 놓일 수도 있고 그렇지 않을 수도 있는데, 놓이는 위치와는 관계없이 그 기본 의미는 같다.

(가) 광수가 영희를 사랑한다.
(나) 영희를 광수가 사랑한다.

그러나 영어의 경우는 한국어와 다르다. 다음 두 문장을 비교해 보면, John이 문장에서 놓인 위치에 따라 주어가 되기도 하고 목적어가 되기도 한다. 즉, 문장 맨 앞에 놓였을 때는 사랑하는 사람이 되고, 서술어 뒤에 놓였을 때는 사랑받는 사람이 된다.

(다) John loves Mary.
(라) Mary loves John.

이처럼 문장 안에서 문장성분이 놓이는 위치에 따라 문장의 의미가 달라지기도 하고, 그렇지 않기도 한다. 영어와 같은 언어는 문장의 기본 의미가 달라지는 언어이고 한국어와 같은 언어는 기본 의미가 유지되는 언어이다.

그러나 기본 의미가 유지된다고 해서 일정한 순서 없이 문장성분의 자리를 아무렇게나 옮겨도 되는 것은 아니다. 대체로 한국어에서 문장 (나)보다는 (가)가 더 일반적이고 자연스러운 순서이다. 이와 같이 문장 안에서 각 문장성분이 놓이는 위치, 곧 문장성분의 배열 순서를 어순이라고 한다.

기본 어순

한국어는 문장성분들이 비교적 자유로운 어순을 가지며, 언어유형론적으로 기본 어순이 '주어＋목적어＋서술어' 언어로 분류된다. 그린버그라는 언어학자는 세계 여러 언어의 어순을 설명하면서, 대표적인 문장성분인 주어(S), 서술어(V), 목적어(O) 세 요소를 배열할 수 있는 이론적 가능성에 따라 다음과 같이 어순의 유형을 제시하였다. '광수가 영희를 사랑하였다'라는 문장을 예로 들어 보면 다음과 같다.

1. SOV   광수(가) 영희(를) 사랑하였다.
2. SVO   광수(가) 사랑하였다 영희를.
3. VSO   사랑하였다 광수(가) 영희(를).
4. VOS   사랑하였다 영희(를) 광수(가).
5. OVS   영희(를) 사랑하였다 광수(가).
6. OSV   영희(를) 광수(가) 사랑하였다.

이렇게 배열한 문장성분의 순서를 각각 해당 언어의 기본 어순이라 한다. 따라서 모든 언어에는 이러한 기본 어순이 있다. 세계 언어의 대부분은 이 가운데 제1, 제2, 제3 유형에 속한다. 그 가운데서도 제1유형과 제2유형에 각각 44.78%, 41.79%의 언어가 속한다. 이것은 주어보다 목적어가 앞에 나오는 VOS, OVS, OSV 언어는 아주 드물다는 것을 뜻한다. 제4유형(VOS)

은 아프리카 동쪽 섬나라 마다가스카르의 언어인 말라가시어, 남태평양의 피지어가 속하는데, 이 유형의 언어는 전체의 약 2% 정도이다. 제5유형 (OVS)은 브라질 북부에서 사용되는 힉스카리아나어를 비롯한 몇몇 언어에서 겨우 보일 정도로 전체의 1%이다. 그리고 제6유형(OSV)은 브라질과 베네수엘라의 사용 인구가 아주 적은 아푸리나어와 몇몇 언어가 있다. 이러한 기본 어순 유형에 따라 실제 문장의 예를 들어 보면 다음과 같다.

SOV

여섯 가지 어순 유형 중 약 44.78%로 가장 많이 나타나는 유형이다. 한국어를 비롯하여 일본어, 튀르키예어, 몽골어, 힌디어, 페르시아어, 산스크리트어, 미얀마어 등이 있다.

튀르키예어
Hasan   öküz-ü   aldi.
Hasan   ox-대격   bought
'하산이 소를 샀다.'

SVO

여섯 가지 어순 유형 중 약 41.79%로 두 번째로 많이 나타나는 유형이다. 중국어, 영어, 러시아어, 이탈리아어, 프랑스어, 그리스어, 스와힐리어, 베트남어 등이 이에 속한다.

베트남어
Tôi   thích   táo.

I   like   apple
'내가 사과를 좋아한다.'

VSO

고전 아랍어, 고전 히브리어, 아일랜드어, 웨일스어, 멕시코의 토박이말 자포테크어 등이 여기에 속한다. 세계 인구 전체의 9.2%이다.

웨일스어
Lladdodd   y   ddraig   y   dyn.
killed   the   dragon   the   man
'용이 사람을 죽였다.'

VOS

태평양의 피지어, 마다가스카르의 말라가시어, 수마트라의 바타크어, 니아스어, 고대 자바어 등이 있다. 전체의 2.99%이다.

말라가시어
Mamaky   boky   ny   mpianatra.
read   book   the   student
'학생이 책을 읽는다.'

OVS

OVS의 구조를 가진 언어로는 힉스카리아나어가 있다. 남아메리카의 토박이말로서 브라질의 아마존 열대림에서 약 350여 명이 사용한다. 그 밖에 브라질 북부의 몇몇 토박이말, 그리고 인도 남부의 타밀어 등이 있다. 전체의 1.24%이다.

힉스카리아나어
Toto   yahosɨye   kamara.
man   it-grabbed-him   jaguar
'표범이 사람을 잡아챘다.'

OSV

여섯 가지 어순 유형 가운데 가장 비율이 낮은 유형이다. 과거에는 이론 상으로만 존재하는 어순으로 여겨져 왔으나 최근에 몇 개 언어가 발견된 아주 드문 어순 유형이다. 이 유형에 드는 언어에는 남아메리카 베네수엘라 서북쪽의 와라오어, 브라질의 아푸리나어, 나뎁어 등이 있다.

아푸리나어
anana   nota   apa.
pineapple   I   fetch
'내가 파인애플을 가져온다'

기본 어순과 문법 특징

기본 어순은 그 언어의 문법 특징을 결정짓는다. 예를 들어 SVO 언어는 '보조동사＋주동사' 어순이고(영이 예: can go), SOV 인어는 '주동사＋보조동사' 어순이다(한국어 예: 가고 싶다). 또 SVO 언어에서는 전치사가 발달해 있고

SOV 언어에서는 후치사가 발달해 있다는 것이다.

이러한 문법 특징의 몇몇 예를 들어 보자. 어떤 언어가 SOV의 어순을 가지면 반드시 후치사를 가지고 SVO의 어순을 가지면 반드시 전치사를 가진다. 한국어와 영어의 예를 들어 보자. SOV 유형의 언어인 한국어에서는 문장 (가)와 같이 후치사, 즉 부사격조사가 나타나는데, SVO 유형의 언어인 영어에서는 문장 (나)와 같이 전치사가 나타난다.

(가) 책이 책상 위<u>에</u> 있다.
(나) The book is <u>on</u> the table.

또 다른 예를 하나 들어 보자. 어떤 언어가 SOV의 어순을 가지면 보조동사가 본동사 뒤에 놓이고 SVO의 어순을 가지면 보조동사가 본동사 앞에 놓인다. 역시 한국어와 영어의 예를 들어 보자. SOV 유형의 언어인 한국어는 문장 (가)와 같이 보조동사 '싶다'가 본동사 '가다' 뒤에 놓여 있다. SVO 유형의 언어인 영어는 문장 (나)와 같이 보조동사 can이 본동사 go 앞에 놓인다.

(가) 나는 바닷가에 가고 <u>싶다</u>.
(나) You <u>can</u> go to the school.

그 밖에도 명사와 수식절이 놓이는 순서라든가 비교급과 기준어가 놓이는 순서도 두 유형에 따라 서로 다르게 나타나는 문법 특성이 있다. SOV 유형인 한국어는 관형절이 앞에 놓이고, SVO 유형인 영어는 관형절이 뒤에 놓인다.

(가) 나는 <u>서울에 사는</u> 친구를 만난다.
(나) I meet a friend <u>who lives in Seoul</u>.

시간 표현

　모든 문장은 동작이나 상태를 나타내며, 이는 시간 표시의 대상이 된다. 언어 내용이 전달되는 시점을 발화시라 하고, 동작이나 상태가 일어나는 시점을 사건시라고 한다.

　발화시에 대한 사건시의 시간적인 위치를 나타내는 것을 시제라 한다. 발화시를 기준으로 해서 사건시가 앞서 있는 경우, 사건시와 발화시가 같은 경우, 사건시가 뒤서는 경우 등이 있는데, 이를 각각 과거, 현재, 미래라고 한다. 그럼 이제 과거 시제, 미래 시제를 표현하는 방식에 대해 살펴보자.

　대부분 언어에서는 현재나 미래보다는 과거 시제를 표시하는 문법 방법이 뚜렷하다. 한국어에서 '나는 책을 읽었다'와 같이 어미 '-었-'을 써서 과거를 표시하고, 영어에서 어미 -ed를 통해 과거를 나타낸다.

　한국어나 영어의 경우, 과거 시제를 표현하는 것이 한 단계밖에 없다. 즉, 모든 과거는 '-었-'이나 -ed로 표현한다. 그러나 과거 시제를 여러 단계로 나누어 표현하는 말이 있어 흥미롭다. 인도 동북부 아삼주에서 사용하는 티베트어의 하나인 미슈미어에는 현재로부터 가까운 과거는 -so로 표현하고, 한참 지난 과거는 -liya로 표현한다. hã tapē thá-so라 하면 조금 전에 내가 밥을 먹었다는 뜻이고, hã tapē thá-liyà라 하면 한참 전에 내가 밥을 먹었다는 뜻이다. 앞에서 살펴본 바 있는, 아프리카 잠비아에서 사용하는 반투어의 하나인 뱀바어의 경우는 더 다양하다. 이렇게 다양하게 과거를 구분하는 것은 어떠한 의미가 있을까? 우리는 언어를 통해 생각하는 방식과 문화의 다양성을 확인할 수 있다.

미슈미어 과거시제의 원근
(가) 가까운 과거
　　hã tapẽ thá-so
　　I　rice　eat-가까운과거
　　'나는 (조금 전에) 밥을 먹었다.'
(나) 먼 과거
　　hã tapẽ thá-liyà
　　I　rice　eat-먼과거
　　'나는 (한참 전에) 밥을 먹었다.'

　어느 나라 말이든 과거 시제를 표현하는 방법은 분명하지만, 미래 시제를 표현하는 방법은 일정하지 않다. 한국어의 경우, 대체로 '-겠-'으로 미래를 표현하지만, '-겠-'은 미래뿐만 아니라 주로 의지나 추측을 나타낸다. '어제 굉장히 재미있었겠구나'에 쓰인 '-겠-'은 지나간 일에 대해 추측하는 것이지 결코 미래가 아니다.

　영어에서도 과거는 어미 -ed로 표현하지만, 미래를 표현하는 어미는 따로 없다. 그래서 보조동사 will이나 shall을 써서 미래를 나타내는데, 역시 의지나 추측도 나타낸다.

　지금 시간에서 멀고 가까운 정도에 따라 다양한 어미가 발달해 있는 미슈미어나 벰바어의 미래 역시 여러 등급으로 나뉘어 있다. 미슈미어에서 hã tapẽ thá-de라 하면 내가 금방 밥을 먹을 것이라는 뜻이고, hã tapẽ thá-ne라 하면 한참 뒤에 내가 밥을 먹을 예정이라는 뜻이다. 벰바어 역시 과거 시제처럼 미래도 네 등급으로 나뉘어 있다. ba-áláá-boomba라 하면 한 서너 시간 지나서 일할 것이라는 뜻이며, ba-léé-boomba라 하면 오늘 늦게 일할 것이라는 뜻이고, ba-kà-boomba라 하면 내일 일할 것이라는 뜻이고,

ba-ká-boomba라 하면 모레 이후에 일할 것을 나타낸다.

미슈미어 미래 시제의 원근
(가) 가까운 미래
    hã tapẽ thá-de
    I   rice eat-가까운미래
    '나는 (잠시 후) 밥을 먹을 것이다.'
(나) 먼 미래
    hã tapẽ thá-ne
    I   rice eat-먼미래
    '나는 (한참 후) 밥을 먹을 것이다.'

벰바어 미래 시제의 원근
(가) 서너 시간 후
    ba-áláá-boomba
    3인칭복수-미래-work
    '그들은 (잠시 후에) 일할 것이다.'
(나) 오늘 늦게
    ba-léé-boomba
    3인칭복수-가까운미래-work
    '그들은 (오늘 중으로) 일할 것이다.'
(다) 내일
    ba-kà-boomba
    3인칭복수-내일미래-work
    '그들은 (내일) 일할 것이다.'
(라) 모레 이후
    ba-ká-boomba
    3인칭복수-먼미래-work
    '그들은 (모레 이후에) 일할 것이다.'

문법 관념의 실현 방법

문법 관념을 실현하는 방법도 언어에 따라서 조금씩 다르다. 한국어와 영어의 예를 들어 생각해 보자.

(가) 광수가 영희를 좋아하였다.
(나) 광수가 영희를 좋아하였느냐?
(다) John loved Mary.
(라) Did John love Mary?

위의 문장을 살펴보면, 한국어에서는 종결어미 '-다'에 의해 서술문을, '-느냐'에 의해 의문문을 나타내는 반면, 영어에서는 문장성분이 문장에 놓이는 위치에 따라 서술문과 의문문을 나타낸다. 다시 말하자면 한국어는 문장종결법이 문법형태에 의해 실현되는 언어이고, 영어는 문장종결법이 통사적(=문장 구성 방식인) 위치에 의해 실현되는 언어라 하겠다.

문장성분을 나타내는 경우도 살펴보자. 어순을 다룰 때 이미 말했듯이 한국어에서는 조사 '가'에 의해 주어를, '를'에 의해 목적어를 나타내는 반면, 영어에서는 서술어 앞에 위치하면 주어, 서술어 뒤에 위치하면 목적어가 된다. 다시 말하자면 한국어는 문장성분이 문법형태에 의해 실현되는 언어이고, 영어는 문장성분이 통사적 위치에 의해 실현되는 언어라 하겠다.

위의 두 예에서 보는 바와 같이, 대체로 한국어는 어미와 조사와 같은 문법형태에 의해 문법 관념을 나타내는 언어이며, 영어는 각 문장성분의 문장에서 놓이는 통사적 위치에 따라 문법 관념을 나타내는 언어이다.

주로 문법형태에 의해 문법 관념을 실현하는 언어를 형태적 특성의 비중이 높은 언어라 한다면, 통사적 위치에 따라 문법 관념을 나타내는 언어를 통사적 특성의 비중이 높은 언어라 하겠다. 한국어를 비롯하여 몽골어, 튀르키예어, 서양의 독일어, 러시아어 등은 형태적 특성의 비중이 높은 언어이고, 중국어를 비롯하여 영어와 같은 언어는 통사적 특성의 비중이 높은 언어이다. 아래와 같은 줄 위에 형태적 특성과 통사적 특성의 비중에 따라 세계 모든 언어를 표시해 본다면, A에 놓이는 언어는 전적으로 통사적 특성의 언어이고, E에 놓이는 언어는 전적으로 형태적 특성의 언어이다. 따라서 한국어와 같은 언어는 형태적 특성의 비중이 높은 D 언저리에 놓이고 영어와 같은 언어는 통사적 특성의 비중이 높은 B 언저리에 놓인다.

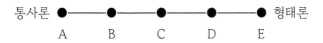

일인칭대명사 '우리'

대화 상황에는 반드시 사람이 등장한다. 말하는 사람도 있고 말듣는 사람도 있고, 또한 이야기에 언급되는 사람도 있다. 이들을 문법에서 인칭이라 한다. 말하는 사람이 1인칭, 듣는 사람이 2인칭, 이야기에 언급되는 사람이 3인칭이다. 인칭이 대명사로 실현되면 인칭대명사이다. 예를 들면, 우리말의 1인칭 대명사는 '나'와 '우리'가 있는데, 이를 각각 단수 1인칭과 복수 1인칭이다. 그런데 같은 1인칭을 쓰더라도 상대방을 대접해서 말할 때는 이 말 대신 각각 '저'와 '저희'라는 말을 쓴다.

1인칭 복수 '우리'라는 말은 다시 따져 보면 두 가지 서로 다른 의미로 쓰인다. "우리는 전철 타고 갈 테니, 너희들은 버스로 가거라."라는 문장의 '우리'에는 말을 듣는 상대방인 '너희'는 제외되어 있다. 그러나 "그러지 말고 우리 함께 전철 타고 가자."의 '우리'에는 말을 듣는 상대방도 함께 포함되어 있다. 다시 말하면 '우리'라는 대명사는 첫째, 말을 하는 사람 쪽만 가리키기도 하고, 둘째, 말하는 사람과 말을 듣는 상대편 모두를 포함하여 가리키기도 한다.

좀 더 구체적으로 따져 보면, 인칭과 관련하여 두 요소인 화자와 청자를 고려하면 다음과 같은 네 가지 유형이 생겨난다. 이를 바탕으로 하면 아래의 [+화자 +청자]는 청자를 포함한 1인칭을 가리키고, [−화자 −청자]는 3인칭을 의미한다.

[+화자 +청자]: 1인칭(청자 포함)
[+화자 −청자]: 1인칭(청자 제외)
[−화자 +청자]: 2인칭
[−화자 −청자]: 3인칭

그런데 언어에 따라서는 1인칭을 청자 포함하는 형태와 청자를 제외하는 형태를 구분하여 각기 다른 형태로 나타나기도 한다. 알타이언어 가운데 그러한 언어가 흔히 있다. 만주어를 보면 1인칭 복수 대명사에 be와 muse 둘 있다. 주격 be와 소유격 meni는 말하는 사람 쪽만 가리키고, 주격 muse 와 소유격 musei는 말 듣는 상대편까지를 포함하여 가리킨다. meni gurun 은 상대편 나라에 대하여 '우리나라'라는 뜻이고, muse (juwe) gurun은 '우리 두 나라 함께'라는 뜻이다. 몽골 옛말에도 1인칭 복수 대명사 ba와 bida 의 구분이 있다. 이렇게 '우리'를 두 가지로 나누어 표현하는 것은 여러 알타이언어에서 나타나는 주요한 특징인데, 우리말에는 없다. 일반적으로 같은 계통에 속하는 언어들 사이는 대명사 체계가 비슷한데도.

남아메리카 볼리비아와 그 주변에 널리 쓰이는 토박이말 아이마라어는 교착어의 특성이 매우 강한 언어로 알려져 있다. 그런데 이 언어에서도 1인칭이, 청자를 포함하지 않는 것과 청자를 포함하는 것, 두 가지 형태로 나타난다. 그래서 그들은 문법책에서 청자를 포함하는 1인칭을 별도로 4 인칭이라 기술하기도 한다. 아이마라어의 인칭대명사를 표로 나타내면 다음과 같다. nanaka는 청자를 포함하지 않은 다수의 '우리'를 표시하고, ji-wasanaka는 청자를 포함하여 다수의 '우리'를 표시한다.

	단 수	복 수
1인칭	naya	nanaka
2인칭	juma	jumanaka
3인칭	jupa	jupanaka
4인칭	jiwasa	jiwasanaka

[출전]

2013 《세계 언어의 이모저모》, 도서출판 박이정.
2015 《아이마라어 연구》, 한국알타이학회출판부 [공저].
2022 《언어 다양성》, 서울대학교 지식교양 강연 – 생각의 열쇠.
     https://m.tv.naver.com/v/25334668

[덧붙임] 언어 다양성의 한 예: 안동 방언의 몇몇 단어

"그단에 첨절은 안 계셨니껴?"
"배차적이나 꾸우 먹시더."

안동 지역 방언('안동 방언'이라 줄임)에서, 옛 어른들이 서로 만나면 나누는 인사말이다. 다른 지역에서는 좀처럼 듣기 어려운 말이다. 여기서 '첨절'은 '좋지 않은 일'을 뜻한다. 위의 인사말을 글자대로 옮기면, "그동안 별고는 없으셨습니까?"이다. 지금 시절로 말하자면, "코로나에 첨절은 안 계셨니껴?"이다. 그리고 문장종결어미도, '습니까'는 '니껴'로, '읍시다'는 '시더'로 쓰이는 것을 볼 수 있다.

'배차적'은 표준어로 '배추전'이다. '배차'의 표준어는 '배추'이다. '무꾸'가 표준어의 '무'인 것처럼. 그리고 '전'이라 하지 않고 '적'이라 한다. '적'이니까 굽는다, 그것도 '꿉는다'라 한다. 경상북도 남부방언은 [꾸베] 먹지만, 북부방언인 안동 방언은 [꾸위] 먹는다. 이런 것들이 바로 안동 방언의 독특한 예이다. "가아는 지금도 맹 똑같애."에서 안동 방언의 '맹'은 표준어로 '역시, 마찬가지로'와 비슷한 뜻이나 똑같지는 않다. '맹'처럼 안동 사람 아니면 그 뜻을 쉽게 알 수 없는 어휘 몇몇 보기를 들면 다음과 같다.

각제에: '갑자기'라는 뜻이다. '불각간에'를 쓰기도 한다.
갈구체다: 거치적거리다
개궂다: 아니꼽다

매구장단: 제멋대로 하는 행동

매깔스럽다: 밉상스럽다

매나끈: 지금까지 줄곧. "매나끈 잘하다가 인제 와서 왜 그노?"

매란당: 형편없는 행동. "꼬라지가 매란다~이래."

속닥하다: 오붓하다, 분위가가 조용하고 단출하다. "오늘 밤에 속
　　닥하게 술이나 한잔하세."

어옛든동: '어찌되었든 간에'라는 뜻으로, 여러 어려운 일이 있더라
　　도 해야 할 일을 당부할 때 주로 쓴다.

옹골지다: '평소 마음에 들지 않았던 사람의 잘못을 보고 고소해
　　할 때' 쓰는 말이다. "까불락그디만 고고 옹골지다."

자부랍다: 졸리다

장과지다: 까무러치다. 얼마 동안 정신을 잃고 죽은 사람처럼 되다.

질레: '말을 안 듣고 고집 피우며 계속해서'라는 뜻이다.

한글량: 한결같이

소잡다: 비좁다

개잡다: 가깝다

　　(예) 소잡은따나 잘 지내시소. 그래도 변소는 개잡은 데 있으이
　　께네 걱정 마이소. (소 잡고, 개 잡는다는 뜻이 아니니 혼동하
　　지 말길)

　'정구지, 부루, 추자'도 안동 방언의 고유한 단어이다. '부추'를 '정구지'라
하지만, 다른 지역에서는 '솔, 졸'이라고도 한다. '추자'는 '호두'이다. 과일이
나 옥수수를 먹고 남은 속심은 '숭태기'라 한다. 채소와 과일 이름 나왔으니
'위'(오이)에 대해 살펴보겠다. 얼마 전까지만 해도 표준어의 '참외'를 안동
방언에서는 '위'(←외)라 하였다. 표준어의 '오이(←외)'는 '물위'라 하였다.

안동방언	위(← 외 ← 오이)	물위(← 물외)
표 준 어	참외	오이

표준어와 안동 방언의 이러한 비슷한 관계식은 몇몇 더 있다. 표준어 '부엌'을 안동 방언에서는 '정지'라 한다. 그런데 표준어 '아궁이'를 안동 방언에서는 '벅(←부엌)'이라 한다. 이를 관계식으로 표시하면 다음과 같다.

안동방언   정지   벅(← 부엌)
표 준 어   부엌   아궁이

이와 같이 표준어와 같은 어휘를 쓰더라도 의미 영역이 서로 다름을 알 수 있다. 이런 관계를 한 예만 더 들면 다음과 같다.

안동방언   짠지   김치/짐치 (참고: 김치국물, 짐치국물)
표 준 어   김치   물김치

안동 방언 안에서도 집안에 따라 '조부'와 '백부'를 다르게 가리키는 친족 명칭이 있다. 이 역시 관계식으로 표시하면 다음과 같다.

표 준 어   조부   백부
[가]집안   할아부지/할배   큰아부지/큰아배
[나]집안   큰아부지/클아배   맏아부지/맏아배

위와 같은 경우는 '조모'와 '백모'에게도 그대로 나타난다. '할매-큰어매'와 '큰어매-맏어매'가 그러하다. 친족 명칭 가운데 '아재'가 좀 독특하다. '아저씨'의 방언인 '아재'는 '남성인 숙항'을 '조카'가 부르는 명칭이다. 그런데 안동 방언에서는 '고모부, 이모부, 형부'를 '새아재'라 한다. 특히 '형부', 그러니까 '같은 항렬의 남성'인데도 '새아재'라 한다. 처제와 형부는 같은 항렬인데 '아재'라는 숙항 명칭을 사용하는 것이 독특하다. '같은 항렬의 여성'인 '형수'를 '아지매'(표준어의 숙모에 해당)라 부르는 것도 마찬가지이다.

한편, 표준어인데, 오히려 서울 사람들은 그 뜻은 물론 존재 자체를 잘

모르는데, 안동 방언에서 널리 쓰이는 단어도 있다. '왕청스럽다'가 한 예이다. 표준어에서 이 말의 뜻은 '차이가 엄청난 듯하다'이다. 그러나 안동 방언에서는 그러한 뜻보다는 표준어의 '생뚱맞다' 또는 '(지금 진행되는 행동이나 화제와) 상관성이 없다'는 뜻으로 주로 쓰인다. "왕청스럽게 여기서 친정 이야기는 왜 꺼내노?"처럼 쓰인다. 한 예를 더 들면, '생광스럽다'라는 표준어가 있다. '영광스러워 체면이 서는 듯하다' 또는 '아쉬울 때 요긴하게 쓰게 되어 보람이 있다'라는 뜻으로 쓴다. 그러나 서울 사람들은 거의 모르는 단어이다. 그러나 안동 방언에서는 "그때 빌려주신 거, 참 생광스럽게 잘 썼니더."처럼 '아쉬울 때 요긴하게'라는 뜻으로 쓴다.

표준어의 '운김'이라는 단어가 있다. 사전에는 '남은 기운, 여럿이 한창 함께 일할 때 우러나오는 힘, 사람들이 있는 곳의 따뜻한 기운, 집안의 분위기나 기운' 등으로 풀이되어 있으나, 안동 방언에서는 '운짐'이라는 소리로 바뀌어 '마음이 급하여 뜨겁게 달아오르는 기운'이란 뜻으로, "얼매나 급한 동 운짐이 달아서 어옐 줄 몰랐니더."처럼 쓴다.

[출전]

1972 경북안동하위방언권에 있어서 용언의 종결어미, 《향연》 5, 52-68, 서울대학교 교양과정부.
2022 안동문화의 상징 안동방언, 《안동문화》 30, 10-29, 안동문화원.

05

사라져 가는 언어를 지키자

말로써 행복을

만주어라는 큰 풍선이 있었습니다. 묶었던 끈이 풀리자 바람이 스르르 빠져나왔습니다. 이제는 공기가 거의 남지 않은, 완전히 쭈그러진 풍선이 되고 말았습니다. 다시 바람을 넣어 주면 그 풍선이 둥글둥글 커질 텐데. 그러나 아무도 바람을 불지 않습니다. 제 혼자라도 힘겹게 바람을 불겠습니다. 그러다 보면 언젠가는 다시 커지겠지요. 저는 그렇게 믿습니다.

- 만주족 청년 스진광

5.1. 사라져 가는 언어란

그 언어의 마지막 사용자

사라져 가는 언어란 일반적으로 어떤 언어가 제한된 사회에서만 사용되어 가족이나 친구 사이의 일상 대화에서만 통용되는 언어를 말한다. 특히 정치적, 경제적 압력으로 그 지역이 소속된 국가의 공용어 사용하기를 선호하고 자녀들에게 자신들의 언어를 전수하기를 그만두게 되는 상황을 말한다. 예를 들어, 중국의 정치적, 경제적 압력으로 만주족 마을의 주민들이 국가 공용어인 중국어 사용하기를 선호하고 자녀들에게 그들의 고유어 만주어를 전수하기를 그만두게 되어 결과적으로 만주어는 사라질 위기에 놓이게 된 것이다.

지난 20세기는 인류에게 전례 없던 언어와 문화의 말살을 경험한 시기였다. 소수민족들이 정치적으로 큰 나라에 편입되어 동화되면서 그들 고유의 언어가 사라져 갔다. 언어가 사라지면서 그들의 문화와 정신, 그리고 전통 역시 사라졌다. 언어와 더불어 인류 문화의 일부가 사라진다는 것은 매우 안타까운 일이다. 오늘날 언어학자들은 이 문제에 대해서 적극적으로 관심을 가져야 할 처지에 놓이게 되었다.

이와 같은 생각을 바탕으로, 사라져 가는 언어, 즉 절멸 위기 언어에 대해 살펴보고, 또한 한국 학계가 사라져 가는 언어를 현지 조사하여 연구해 온 내용을 소개하고자 한다. 소개하려는 자료는, 한국학술진흥재단(지금의 한국

연구재단)이 재정 지원하여, 한국알타이학회와 서울대학교 인문학연구원이 공동 수행한 '한국어 계통 연구를 위한 알타이제어 현지 조사 연구 및 음성 영상 DB 구축' 연구단이 이룬 성과물이다.

먼저 최근에 사망한 토박이말의 마지막 사용자에 대한 이야기를 소개한 다. 2022년 2월 16일 칠레의 토박이말 야간어(Yagan)를 쓰던 마지막 남은 화자인 크리스티나 칼데론 할머니가 93세로 사망하였다. 야간족은 남미 최 남단인 칠레와 아르헨티나의 섬 티에라델푸에고에 거주하는 토착인이다. 야간족 젊은이들은 토착인이라는 이유로 차별받을까 봐 야간어 배우는 것 을 꺼리고, 국가 공용어인 스페인어를 제1언어로 삼았다. 야간어를 제1언어 로 쓰던 사람들이 하나둘 세상을 떠나면서 칼데론은 지금까지 야간어를 모 어로 간직한 마지막 화자였다. 말년에 칼데론은 야간족 언어와 문화를 후손 들에게 알리는 일에 관심을 두어 손녀와 함께 야간어 사전을 편찬하기도 하였다.

2010년 2월 4일 영국 BBC 인터넷 뉴스에 Last speaker of ancient lan- guage of Bo dies in India라는 제목의 기사가 실렸다. 85세의 보아 할머니 가 2010년 1월 26일에 죽음으로써 30년 동안 혼자서만 간직해 오던 인도 안다만섬에서 사용되던 언어인 아카-보어가 마침내 이 세상에서 사라졌으 며, 이로써 '인류 사회의 독특한 한 부분이 기억으로만 남게 되었다'고 방송 은 전하였다.

단 두 사람만이 쓰는 멕시코 남부의 아야파네코어도 사라질 위기에 있다 는 뉴스가 있었다. 말을 아는 사람 두 사람은 500미터쯤 떨어져 살지만 사이 가 나빠져서 서로 만나 말할 기회가 없어 아야파네코어는 사실상 사용되지 않게 되었다고 한다. 이렇듯 그 언어의 마지막 사용자들이 세상을 뜨면 사 라질 언어들이 이 세상에는 많다. 참으로 안타까운 일이다. 우리 눈앞에서 언어가 사라지는 것이다.

사라져 가는 언어란

유네스코는 지금과 같은 상황이라면 21세기 말에 이르러 그 절반이, 아니 최악의 경우 90%의 언어가 사라질 것이라 예측한다. 언어가 새로 생겨나는 경우도 있지만, 이처럼 언어는 사라지기도 한다. 언어 관련 통계에 따르면, 현재 약 42% 언어가 사라질 위기에 놓여 있으며, 2주일마다 언어가 하나씩 사라진다고 한다.

그런데 한 언어가 사라진다는 것은 그 자체에 그치는 것이 아니고, 그 언어에 반영된 문화와 역사, 생활 방식, 자연환경의 정보까지 사라져 그 가치를 따질 수 없는, 인류의 소중한 문화유산이 영원히 없어지는 것이다. 우리가 사라져 가는 언어에 관심을 쏟고 있는 것은 바로 인류의 소중한 문화유산을 지키기 위한 것이다.

인류에게 지난 세기는 획일성의 시대, 다양성 말살의 시대였다. 세계 최대 다민족국가인 미국에 이어 강대국인 소련과 중국이 세워지면서 그들의 국민으로 편입된 소수민족의 언어와 문화는 빠른 속도로 지배언어인 러시아어와 중국어에 동화되어 갔다. 이들 강대국의 언어문화에 관한 정책은 겉으로는 소수민족 언어를 유지 보호하는 것으로 되어 있었다. 그러나 사실에서는 거역할 수 없는 사회적 압력에 의해서 자신들의 고유한 언어를 자연스럽게 잃어갔다.

몇 해 전 춥디추운 겨울날에 러시아연방의 시베리아에 있는 사하공화국 (야쿠티아공화국)에서 지냈다. 그곳에서 만났던 소수민족언어연구소의 로벡 소장의 다음 말은 되새겨볼 만하다.

"국가가, 사냥하며 고유한 말을 쓰며 살아가는 우리를 이곳 도회지로 데려와 교육시키고 문화생활을 할 수 있게 하고, 더 나아가서 나에게는 우리 민족의 언어와 문화를 연구할 수 있게 배려해 주었습니다. 그러나 이렇게 우리를 도회지로 데려옴으로써 결과적으로는 우리 민족과 문화, 언어는 이제 곧 사라지게 되었습니다."

그렇다면, 인류 문화의 값진 유산인 언어는 왜 사라져 가고 있을까? 연구 기관들은 언어가 사라지는 원인을 여러 가지로 제시하였다. 원인 몇 가지를 살펴보도록 하자.

[1] 외적인 상황에 의해 사용자가 감소하여 사라지는 경우이다. 전쟁, 대학살, 질병, 자연재해 등에 의해 사용자들이 사망하여 결국 최후 사용자의 죽음에 의해 언어가 사라진다. 앞머리에서 예를 들었던 야간어, 아카-보어처럼 이 세상에서 사라지는 것이다. 그러나 사용자의 숫자가 언어가 사라지는 절대적인 이유가 되는 것은 아니다. 인도 중부지방의 쿠룩스어(Kurux)는 수백만 명이 사용함에도 불구하고 현재 사라질 위기에 놓여 있다.

[2] 산업화는 언어 사회의 전통적인 생활 방식, 문화를 변화시킨다. 문화의 변화가 언어를 변화하게 하고 언어를 사라지게 한다. 산업화에 따른 도시화는 이를 더 부추긴다. 사회적 지위를 높이기 위해 사람들은 자신들의 고유한 모습, 문화, 그리고 언어 정체성을 부인하게 된다. 이 경우, 교육 제도의 변화도 한몫한다.

[3] 문화 상황이 언어를 사라지게 한다. 다양한 통신 매체가 발달하여 문화 전달을 담당하는 지배언어 쪽으로 언어 사용이 편향된다. 예를 들어 지배언어로만 방송 프로그램을 지속해서 시청하는 것은 언어를 사라지게 하는 한 원인이 된다. 1960년대 통신위성, 20세기 말 컴퓨터의 등장은 지배언어, 특히 영어를 전 세계로 확산시키는 계기가 되었다. 이것은 21세기에 더욱더 가속화되고 있다.

[4] 표기할 글자가 없어 기록하지 못하는 경우 언어가 사라질 수 있다. 반면에 문자가 있는 언어는 언어가 사라지더라도 복원할 수 있는데, 20세기에 이스라엘 건국으로 히브리어가 되살아난 것이 그 예이다.

사라져 가는 언어를 지켜야 하는 까닭

사라져 가는 언어를 보존한다는 것은 이들 언어를 되살려 직접 쓰도록 하거나, 아니면 적어도 문서나 음성, 영상으로 기록하여 영원히 남기는 것이다. 그러면 이들 사라져 가는 언어를 우리가 보존해야 하는 까닭은 어디에 있을까?

먼저 문화인류학적 이유이다. 말 속에는 이를 사용하는 민족이 수 세기 동안 환경과 접촉하면서 쌓은 자연과 사회 환경에 대한 풍부한 정보가 담겨 있다. 따라서 다양한 언어의 보존은 곧 인류의 문화유산을 보존하는 것과 같다. 북극의 이누이트족은 최악의 기후에서 살아가는 방법을 터득하면서 이를 그들의 언어에 반영하여 얼음과 눈에 대한 다양한 이름을 발달시켰다. 북아메리카 토박이말인 미크맥어는 가을에 부는 바람 소리에 따라 나무에 다양한 이름을 붙인다고 한다. 어떤 나무가 70년 전과 다른 이름이 지금 붙여져 있다면, 이 나무 이름의 변화를 통해 그 기간 동안 나타난 자연 변화를 짐작할 수 있다.

다음은 언어학적 이유이다. 개별언어가 지닌 다양한 어휘와 문법을 보존할 수 있다. 북아메리카 토박이말인 체로키어에는 씻는 행위에 대해 무려 14가지 이름이 있으며, 오스트레일리아의 토박이말 디르발어에는 뱀장어를 가리키는 수십 가지 이름이 있으며, 만주퉁구스어파의 솔론어에는 순록을 나타내는 이름이 암수, 털의 색과 무늬, 나이 등에 따라 이름이 매우 정교하게 분화되어 있다.

문법의 다양성도 그렇다. 태평양 한가운데 있는 나라 미크로네시아의 토박이말 폰페이어는 '한 개, 두 마리, 세 포기'의 '개, 마리, 포기'와 같은 세는 단위가 매우 다양하게 분화되어 있다. 그뿐만 아니라 보통 음식과 잔치 때 자기 몫으로 받은 음식을 세는 단위가 다를 정도로 문법이 분화되어 있다. 또한 아프리카 잠비아에서 사용하는 뱀바어는 과거시제를 네 단계로 나눈다. 만약 이들 언어가 사라진다면 결국 이러한 어휘와 문법의 다양성과 섬세함을 동시에 잃고 만다.

한반도와 그리 멀지 않은, 러시아연방 하바롭스크주는 소수민족이 많기로 널리 알려져 있다. 고아시아어족의 니브흐족, 알타이어족 퉁구스어파의 나나이족, 오로치족, 어윙키족, 어원족, 울치족, 우디허족, 네기달족이 그들이다. 이들 언어 가운데 사라질 위기에 놓인 언어들이 여럿 있다. 그 가운데 매우 심각한 언어는 울치어, 오로치어, 우디허어, 네기달어이다. 이들 언어를 인류의 문화유산으로 인식하고 보존하는 사업에 열중하고 있는 그곳 극동인문대학교 안토니나 킬레 교수는 십여 년 전에 서울을 방문한 자리에서 사라져 가는 언어를 지켜야 하는 까닭을 다음과 같이 분명하게 밝혔다.

> "지구에 사는 모든 민족의 언어문화 유산은 인류 공통의 문화이자 세계 문화를 이룹니다. 그리고 각 민족의 문화 내용이 다양하면 다양할수록, 고유의 문화가 깊이를 더하면 더할수록, 세계 문화는 더 풍부해지고 의미 있는 것이 됩니다."

사라져 가는 언어에는 어떤 것이 있는가

유네스코 자료에 따르면, 7천여 언어 가운데 1천 명 이하 사람들이 사용하는 언어가 23%에 해당한다고 한다. 이러한 언어들이 사라져 가는 언어라고 볼 수 있다. 사라져 가는 언어는 지구상의 어느 한 지역에 국한되지 않고 전 세계에 분포하고 있다. 이를 지역별로 살펴보기로 하자.

먼저 아메리카 대륙을 살펴보면, 북아메리카 대륙에는 165개의 토박이말이 사용된다고 한다. 이 가운데 45%인 74개 언어는 몇몇 노인만 사용하는 거의 사라져 가는 상태에 있으며, 35%에 해당하는 58개 언어는 1천 명 미만이 사용하고 있다고 한다. 중앙아메리카와 남아메리카의 경우는 4백여 언어의 27%인 110개 언어가 사라져 가는 상태에 놓여 있다고 한다. 코아이아어는 한 가정만 사용하고 있으며, 멕시코 베라크루즈의 올루테코어는 10여 명의 노인만 사용한다고 한다. 남아메리카에서 토박이말을 국어로 사용하는 나라는 파라과이뿐이다. 파라과이는 스페인어와 그들의 토박이말 과라니어를 공용어로 쓰고, 나머지 모든 나라는 스페인어(브라질만 포르투갈어)를 공용어로 쓰는 실정이다.

유럽의 아일랜드어, 스코틀랜드어, 게일어, 브르타뉴어도 이제는 이 세상에서 사라져 가는 상태에 놓여 있다. 아일랜드어는 학교에서 적극적으로 교육하여 지키려고 노력하지만, 이제는 젊은이들이 더 이상 배우기를 원하지 않아 가정에서도 쓰이지 않는다.

태평양 지역, 즉 타이완, 필리핀, 말레이시아의 섬 지역, 인도네시아, 파푸아 뉴기니, 솔로몬, 바누아투, 뉴칼레도니아, 피지, 미크로네시아, 폴리네시아, 오스트레일리아를 아우르는 지역, 그리고 아프리카에서도 수백, 수천 개의 언어가 사라져 가는 상태에 놓여 있다. 오스트레일리아는 1년에 한 언어씩 사라진다고 한다.

아시아 지역에서 사라져 가는 상태에 놓인 언어는 대부분 알타이어족의 만주퉁구스어파에 속하는 여러 언어들이다. 그 가운데 만주어가 대표적이다. 그리고 일본의 홋카이도와 쿠릴열도, 사할린섬에 걸쳐 사는 소수민족이 사용하는 아이누어도 1천 명 미만이 사용한다.

[출전]

2008 세계 언어 6000여 개 중 90%가 사라질 위기, 《중앙일보》 2008년 11월 18일, 중앙일보사.

2008 《사라져 가는 알타이언어를 찾아서》, 태학사 [공저].
2021 중국, 러시아, 몽골, 중앙아시아 지역 절멸 위기의 알타이언어 조사, 《제1회 유네스코-겨레말큰사전 국제학술포럼 발표 자료》, 겨레말큰사전사업회.
2022 토착어의 지속가능한 발전과 토착어 사전의 힘, 《제3회 유네스코-겨레말큰사전 국제학술포럼: 토착어의 지속가능한 발전 발표 자료》, 겨레말큰사전사업회-유네스코한국위원회-주유네스코대한민국대표부.

5.2. 사라져 가는 언어를 지키려는 노력

　인류 문화의 값진 유산인 언어가 사려져 가는 것을 우리는 보고만 있을 수 없다. 그렇다면 이들 사라져 가는 언어를 보존하는 방법은 무엇일까? 사라져 가는 언어를 보존하는 방법은 크게 두 가지가 있다. 첫째는 이들 언어를 되살려 직접 사용하도록 하는 것이다. 둘째는, 되살려 사용할 상황이 되지 못한다면, 문서나 음성, 영상으로 기록하여 영원히 남기는 것이다. 전자를 적극적인 방법이라 한다면, 후자는 소극적인 방법이라 하겠다.

　적극적인 방법이란 사라져 가는 토박이말을 되살려 토착인들이 직접 사용하도록 하는 방법이다. 이는 1960년대에 거의 사라져 가는 상태에 이르렀던 뉴질랜드의 토박이말인 마오리어 사용을 회복시키려는 노력에서 가장 잘 나타났다. 뉴질랜드는 마오리어를 살리기 위하여 세 가지 프로그램을 수행하였다. 첫째는 마오리족 어린이들을 마오리어를 구사하는 할아버지 세대와 결연해 주는 프로그램이다. 둘째는 부모 세대에게 마오리어를 직접 가르치는 프로그램이다. 셋째는 마오리어 몰입학교 설립이다. 이러한 활동을 지원하기 위해 뉴질랜드는 1987년 마오리언어위원회를 설립하였다.

　2012년 가을에 한국을 방문한 마오리언어위원회 글레이스 필립바버라 대표는 언어의 재생이라는 개념을 제시하면서 마오리어를 지키려는 강한 의지를 표명하였다. 토박이말을 쓰고 싶어 하는 사람들에게 언어의 생명력을 회복시키는 섯이 마오리어 지키기이며, 언어의 생명력이란 그 사람들의 언어를 유지하는 것이라 하였다.

소극적인 방법이란 사라져 가는 토박이말을 현지 언어 조사하여 그 기록을 영원히 보존하는 방법이다. 현지 언어 조사는 잘 다듬어진 조사질문지를 통해 어휘, 문법, 대화를 음성과 영상 자료로 확보하는 활동이다. 이렇게 자료가 확보되면, 이를 분석하여 그 언어의 사전을 편찬하고 문법을 기술한다.

사라져 가는 언어를 지키기 위한 노력

사라져 가는 언어를 지키기 위한 대표적인 노력으로는 국제기구인 유네스코의 노력을 들 수 있다. 유네스코는 언어 다양성을 지키려고 여러 활동을 펼쳐오고 있다. 유네스코뿐만 아니라 각국 정부에서도 정책적 노력을 펼쳐오고 있으며, 여러 민간기구에서도 노력하고 있다.

정부의 정책적 노력의 대표적인 예는 바로 앞에서 살펴본 뉴질랜드의 마오리어 살리기 정책이다. 그리고 인구의 4% 미만이 사용하는 언어들을 공용어로 인정하는 정책의 예도 있다. 영국의 웨일스어, 미국의 하와이어 등이 그 예다. 그러나 이러한 정책적 노력이 반드시 언어의 생존을 보장하는 것은 아니다. 하와이어의 경우 1896년에 사용이 금지되어 1978년에 와서야 하와이주 안에서 영어와 함께 공용어로 인정되었지만, 현재 사용자 수가 천 명도 되지 않아 언어를 보존하는 데에 위태로운 상황이다. 정책적 지원을 가장 많이 받고 있다는 아일랜드어 역시 현재 사용자 수가 매우 적어 다음 세대로 더 이상 전수하기 어려운 상황에 놓여 있다.

언어를 보존하려는 민간 차원의 노력은 크게 다음 세 가지로 나뉜다. 첫째, 대학 또는 연구소가 특정 재단의 지원을 받으며 세계 곳곳에 분포하는 사라질 위기에 놓인 언어들을 조사하고 보존하려는 연구를 수행하고 있다. 전 세계에 십여 기관이 참여하고 있어 매우 고무적이라 하겠다. 둘째, 학술

재단이 개별 연구자들을 지원하여 사라질 위기에 놓인 언어들을 조사하고 보존하는 연구를 수행하고 있다. 셋째, 국제기구들이 사라질 위기에 놓인 언어들을 조사하고 보존하는 연구를 수행하고 있다.

이 가운데 대표적인 연구 조직이라 할 만한 DoBeS를 잠깐 소개한다. DoBeS란 한두 세대 안에 사라질지 모르는 언어들을 기록하여 남길 필요가 있다고 판단하여, 네덜란드 네이메헨시에 있는 막스플랑크 심리언어학연구소가 폭스바겐재단의 지원을 받아 '사라질 위기에 놓인 언어들을 문서화하기 위한 국제적인 연구'를 수행하는 연구 조직이다. 현재 세계 각지에 분포하는 25개 언어를 대상으로 20개 연구단이 조사 연구를 수행하고 있다.

이 연구 조직은 언어 자료의 녹음, 녹화를 포함한 디지털 아카이브를 구축한다. 이는 개별언어들에 대한 문서화의 결과물을 축적할 뿐만 아니라, 수집한 언어 자료를 디지털화, 변환, 다른 미디어로의 저장 등 여러 방법으로 분석하고, 분석한 자료를 조직적으로 관리한다. 아울러 언어문화 자료를 연구, 처리, 보관하는데 필요한 새로운 방법을 수립하는 데에도 기여한다.

한국에서 수행한 사라져 가는 언어에 대해 연구

한국에서 수행한 사라져 가는 언어에 대한 조사·연구는 앞서 소개한 '한국어 계통 연구를 위한 알타이제어 현지 조사 연구 및 음성 영상 DB 구축' 연구단에서 수행되었다. 사라질 위기에 놓인 알타이언어를 현지 조사하여, 양과 질에 있어서 세계 최상의 알타이언어 자료를 구축하는 것을 목표로 한다.

한국알타이학회에서는 한국어의 계통 규명이라는 장기적 목표를 향하여 그간 언구를 수행하는 과정에서 알타이언어 대부분이 사라질 위기에 놓여 있다는 점을 확인하였다. 그래서 그 언어들을 표준화된 질문지에 따라 가장 최신의 녹음 방법과 녹화 방법으로 각 언어들의 자료를 담기로 하였다. 이렇게 조사 자료를 쌓고 데이터베이스화하며 이를 바탕으로 웹서비스를 원활히 이룬다면 한국알타이학회의 웹페이지는 사라질 위기에 놓인 알타이언어 연구의 세계 중심이 될 것이라 믿는다. 왜냐하면 해당 알타이언어 사용지역 학계에서는 인적, 재정적 여건으로 조사 연구가 쉽지 않고, 서양 학계에서는 알타이언어에 대한 학문적 이해가 부족하기 때문이다.

먼저 알타이언어 현지 조사의 언어학적 의의에 대해서 살펴보기로 하자. 의의를 크게 두 가지로 말할 수 있는데, 첫째는 한국어 계통을 밝히려는 데에 의의가 있으며, 둘째는 사라질 위기의 알타이언어를 보존하는 데에 의의가 있다.

한국어의 계통 연구는 이전의 방법 즉, 사전이나 다른 학자들의 연구 자료를 참고하여 비교 작업을 하고 거기에서 일정한 결론을 끌어내려는 방법에 더 이상 의존할 수가 없게 되었다. 이제는 연구 방법에 대해서 근본적으로 반성을 하고 새로운 방법을 모색해야 할 단계이다. 그 새로운 방법이란 먼저 비교 대상으로 삼을 개별언어에 대해 정확히 연구하고 나서 그 언어들과 비교하는 것이다. 그렇게 해야만 과거에 사전에만 의존하던 방법에서 벗어날 수 있으며, 진정한 알타이언어 비교언어학이 이루어질 수 있을 것이라고 언어학자 김주원 교수는 강조한다.

1989년의 독일 통일과 1990년 이후 소련 붕괴로부터 시작된 세계의 정치적 상황의 변화로 한국은 공산국가들과 연이어 수교하였는데 그 가운데서도 중국, 몽골, 러시아와의 수교는 한국의 비교언어학자들에게 아주 새로운 기회를 제공하였다. 알타이언어에 속하는 대부분 언어들은 이 세 나라와 튀르키예에서 사용된다. 그러므로 수교 이후에 알타이언어가 사용되는 현장에 직접 가서 언어 사용자와 직접 만나고 그들의 생활과 문화를 접하면서 언어를 조사하고 기술할 수 있게 된 것이다. 알타이언어학 연구에 실로 새로운 세계가 열린 것이다.

이러한 목표를 실행하기 위한 핵심 방법은 이들 알타이언어를 표준화된 질문지에 따라 가장 최신의 녹음 방법과 녹화 방법으로 조사 당시의 모습을 담아 보존하는 한편, 조사한 자료를 언어학적으로 분석하는 것이다.

알타이언어란 34개의 언어로 구성된 튀르크어파, 10개의 언어로 구성된 몽골어파, 11개의 언어로 구성된 만주퉁구스어파를 포괄하여 이르는 이름이다. 각각 1억 4천여만 명, 880만 명, 15만 명 정도의 언어 사용자가 있다. 이들 언어의 사용자는 유럽 동부 지역에서부터 중앙아시아, 중국의 서북부 및 동북부, 몽골, 러시아의 시베리아에 걸친 광범위한 지역에 분포한다. 알타이언어 가운데, 거의 사라질 위기에 놓인 언어들은 다음과 같다. 특히 만주퉁구스어파에 속하는 거의 모든 언어가 사라질 위기에 놓여 있다.

튀르크어파: Manchurian Kirgiz, Chulym Tatar, Tuvan
몽골어파: Oirat
만주퉁구스어파: Even, Evenki, Negidal, Ongkor Solon,
    Manchu, Udege, Udege Oroch, Nanai, Ulcha, Orok

연구단의 임무는 알타이언어의 세 어파 중에서 각각 1년에 두세 언어를 선정하여 현지 조사한 후 이를 디지털화하고 가공하여 데이터베이스를 구축하는 것이다. 연구단은 현지 조사팀과 음성-영상 데이터베이스팀으로 구성했는데, 연구 책임자는 서울대학교의 김주원 교수였으며, 공동연구원은 서울대학교 권재일, 이호영 교수, 전북대학교 고동호 교수 등이었다.

연구단이 속한 한국알타이학회는 알타이 여러 민족의 언어, 문학, 역사, 민속 등 문화 전반에 관한 연구의 발전에 기여함을 목적으로 하여 1985년 10월 1일에 창립되었다. 한국어의 계통 연구를 비롯하여 알타이어어 상호 관계에 대해서 지금까지의 연구 성과를 재검토하고 새로운 방법을 모색하여 연구하는 것을 중요한 목표로 한다. 학회지 《알타이학보》는 2023년 현재

제33호가 발간되었으며, 해마다 학술대회를 열어서 국내외의 알타이학 분야에 관한 연구 성과를 집약하고 있으며, 2년마다 국제학술회의를 개최하는데, 지금까지 16회를 열어 외국 학자들과의 연구 교류를 강화하였다.

알타이언어 현지 조사와 문서화

연구단은 원래 독자적으로 1997년부터 현지 조사를 시작하였으며, 본격적으로는 한국학술진흥재단으로부터 2003년부터 2009년까지 6년간 알타이언어 현지 조사를 수행할 연구비를 제공받아 조사를 수행하였다. 이제 현지 조사 과정을 다섯 단계로 나누어 소개한다.

[1] 제1단계: 준비

준비 단계에서는 다음과 같은 것들이 필요하다.

첫째, 조사 언어 결정: 조사할 언어를 결정하기 위해서는 여러 가지 고려가 필요하다. 주된 고려 사항은 현지의 언어 사용 상황이 어느 단계에 도달해 있나 하는 것이다. 당연히 사라질 위기에 놓여 있는 언어를 먼저 조사한다.

둘째, 질문지 수정·보완: 질문지 구성은 아래에서 상세히 소개하겠지만, 질문지는 특성상 현지 조사를 통해 문제점이나 개선점이 발견되는 경우가 많다. 따라서 조사 현장에서 발견된 문제점을 정리하여 다음 조사할 질문지에 반영한다. 그러나 유의할 점은 여러 차례 언어 조사를 하게 되므로 균질한 자료 수집을 위해서는 가능한 한 크게 수정하지 않아야 한다.

셋째, 녹음·녹화 장비 준비: 현지 조사에서 가장 중요한 것은 최상 음질의 녹음 자료를 획득하는 것이다. 그래서 방음 장치가 된 녹음실 수준의 환경이 필요하다. 그러나 현장에서 이런 시설을 갖추는 것은 불가능하므로 최상의 장비를 갖추어 여러 차례 실험을 거쳐서 최상의 녹음 방법을 확정한다. 음성 녹음뿐만 아니라 영상 녹화도 한다. 영상 녹화를 함께 하는 이유는, 정확한 음성 분석을 위하여 입과 입술 모양을 보기 위해서, 제보자의 얼굴을 담기 위해서, 만일에 녹음기에 의한 녹음이 잘 안 되었을 때 보조 자료로 쓰기 위해서, 그리고 웹서비스를 할 때 음성과 동영상을 함께 제공하기 위해서이다.

넷째, 현지 섭외: 현지 사정을 미리 알아 둘 필요가 있다. 최소한 3개월 전부터 대상 언어의 사용 상황과 교통 정보를 잘 파악하고 있는 해당 지역의 대학 또는 연구소, 연구자 등과 접촉한다. 언어 조사 목적을 충분히 이해시킨 뒤에 적절한 조사 시기, 장소, 자료제공인 등을 섭외한다.

[2] 제2단계: 현지 조사

첫째, 현지 조사원: 현지 조사원은 기본적으로 네 명으로 구성한다. 조사단을 지휘하고 조사 진행을 총괄할 단장 교수 1명, 해당 언어 또는 해당 어파에 속한 언어 즉, 몽골어, 튀르키예어, 만주퉁구스어 전공의 박사 1명, 녹음·녹화를 담당할 대학원생 1명, 현지 공용어, 즉 러시아어, 중국어, 튀르키예어 등의 언어와 한국어를 동시에 능숙하게 구사하는 통역자 1명이다.

둘째, 자료제공인: 현지에 도착한 후 협력 기관 또는 협력인의 도움을 받아서 자료제공인, 즉 언어제보자를 선정한다. 해당 언어의 자료제공인이 교통 접근이 쉽지 않은 지역에 거주할 경우에는, 조사단이 무리하게 찾아가는 것보다 날짜와 장소를 약속하여 미리 도회지로 나오도록 하는 것이 더 좋을 때도 있다. 좋은 자료제공인의 조건은 자신의 언어를 일상 언어로 능숙하게 구사할 수 있는 사람으로서 60세 전후의 건강한 사람이면 좋다.

싯째, 조사 장소: 좋은 소사 장소는 경우에 따라서 달라진다. 자료제공인의 집이 첫째 후보가 될 수 있다. 그러나 자료제공인이 자기 집에 오는 것을 꺼리거나, 조사 현지의 가옥 구조상 닭이나 병아리가 돌아다니거나 개가 계속 짖어대는 경우도 있으므로 이러한 점을 고려하여 결정해야 한다. 그러나 자료제공인이 동의한다면 도회지 호텔에서 조사하는 것이 가장 좋다. 조용할 뿐만 아니라, 자료제공인이 집안일에서 떠나 있기 때문에 자유롭게 조사에 응할 수 있으며, 휴식 시간에 차, 담배, 다과를 제공할 수 있고, 점심 식사도 호텔 내부에서 할 수 있으므로 시간도 크게 절약된다.

[3] 제3단계: 자료의 디지털화

현지 조사에서 녹음·녹화를 통해서 입수한 음성 및 영상 파일의 디지털화, 표시, 절단의 과정이다.

첫째, 디지털화: 현지에서 조사해 온 자료는 오디오테이프와 비디오테이프에 저장되어 있다. 이 자료를 분석하고 웹서비스에 사용하기 위해서 디지털 파일로 변환시킨다. 음성 자료의 디지털 변환 작업용 소프트웨어로는 소니 사운드 포지와 어도비 오디션을 사용하였는데, 이들 소프트웨어는 파일의 변환, 단어별 구역 설정, 불필요한 잡음 제거, 분석용 샘플링 변환, 웹서비스를 위한 파일 형식 변환 등에 사용되었다. 사운드 포지는 그 당시 음향 관련 작업자들의 표준적인 프로그램이라고 할 수 있고, 음성 자료 가공 중 필수 과정인 표시 작업에 편리하여 주된 작업용 소프트웨어로 사용하였다.

둘째, 표시와 추출: 디지털화된 파일을 사운드 포지 프로그램을 이용하여 단어 또는 문장 단위로 일일이 구간을 구획하는 것을 표시라고 한다. 표시는, 음성 자료에 어떤 구간이 질문지의 어떤 항목에 해당하는지를 구획해서 활용을 쉽게 하기 위한 목적과 구획된 구간을 자동으로 절단하여 저장과 재활용을 위한 목적으로 이루어지는 과정이다. 이러한 표시 작업이 끝나면, 단어 또는 문장 단위로 끊어서 각각을 하나의 파일로 저장한다.

셋째, 영상 파일의 변환과 표시: 현장에서 녹화해 온 영상은 6mm 비디오 테이프에 저장되어 있다. 이들 자료는 위에서 본 음성 파일과 마찬가지로 컴퓨터를 이용하여 디지털 파일로 변환한다. 변환에서 사용되는 소프트웨어는 윈도 무비 메이커이다.

[4] 제4단계: 자료 분석, 보관

해당 언어 연구자가 추출된 음성 파일을 반복해서 들으면서 글자로 옮겨 적는 전사를 한다. 전사는 국제음성문자를 쓰는데 이후에 데이터베이스화할 것을 고려하여 엑셀에 입력한다. 전사를 정확하게 하기 위하여 영상 파일을 참고한다.

[5] 제5단계: 자료의 웹서비스

웹서비스를 위해서는 파일을 스트리밍용 파일로 변환하였다. 여기서는 전송률을 고려해야 하는데, 세계의 여러 연구자들이 이 자료를 접하게 되는 인터넷 환경이 매우 다양하므로 어떤 환경에서도 안정적인 화상을 볼 수 있도록 할 필요가 있다. 전송률이 높을수록 고화질의 화상을 제공할 수 있으나 그러한 전송률을 지원하지 않는 환경에서는 화상이 끊어지는 경우가 있다.

조사 내용과 질문지

언어 조사를 위한 질문지는 균질한 자료를 수집하고, 조사 언어의 체계를 파악하기 위한 목적으로 작성되었는데 그 분량은 3~4일 정도 조사할 수 있도록 구성하였다. 내용은 '어휘', '기초 회화', '문법'의 세 부분으로 구성되어 있다. 2000년에 중국어지역용 질문지를 처음 만들었으며, 몇 차례 현지 조사를 하면서 수정을 거듭하였다. 대부분 알타이언어가 러시아, 중국 그리고 몽골에서 사용되므로 이 세 언어를 매개 언어로 사용하는 질문지를 만들었다. 2003년에 본격적으로 연구 과제를 수행하면서 중국어지역용 질문지와 내용이 같은 러시아어지역용 질문지를 만들었으며 2005년에는 몽골어지역용 질문지를 따로 만들었다.

어휘 부분은 중요도에 따라서 1급부터 4급으로 나누었는데, 1급 어휘가 250개, 2급 어휘가 550개로서 합하여 800개이며, 3급 어휘는 1,300개, 4급 어휘는 700개 정도로서 모두 합하여 2,800개의 어휘로 구성하였다. 각각 어휘는 다음과 같은 의미 부류별로 분류하였다. '천문·지리, 기상, 시간·기간·계절, 관계·직업, 정치·경제·문화, 군사·교통, 인체, 질병, 거주·용구, 의복, 음식·식기, 동물·수렵, 가축, 조류, 어류, 곤충류, 식물, 금속·보석, 방위, 수량, 대명사, 상태, 동작' 등이다.

기초 회화 부분은 일상생활에서 생길 수 있는 상황을 가정하여 대화체로 구성하였으며 334개 문장으로 구성되어 있다. 일상생활에서 흔히 접할 수 있는 상황은 '첫 만남, 방문, 수렵, 휴식, 기상·출발, 날씨, 음식, 수렵물 분배, 치료, 상점, 사과, 계절, 기쁨, 이별, 솜씨, 차 마시기, 좋아하는 활동' 등이다. '첫 만남, 방문, 계절, 기쁨, 이별, 솜씨, 차 마시기, 좋아하는 활동' 상황에는 주로 인사말과 가족 관계, 그리고 일상적인 언어 표현이 포함되어 있다.

문법 부분은 기초적인 문법 체계를 파악할 목적으로 작성되었다. 조사 예문은 380여 개이며, 그 항목을 보이면 다음과 같다.

1. 체언과 격표지
   1.1. 인칭대명사의 성격
   1.2. 단수와 복수

6.6. 의문문 구성
6.7. 인용문 구성
7. 특수구문

조사 성과물

지금까지 연구단이 조사한 일시, 지역, 및 알타이언어를 연도별로 정리하면 다음과 같다.

조사 기간	지역	언어
[2003년]		
9.21.~28.	Heihe, China	Orochen
	Meilisi, China	Dagur
	Fuyu, China	Fuyu Kirgiz
10.12.~17.	Ulumuqi, China	Sibe
[2004년]		
1.13.~18.	Fuyu, China	Fuyu Kirgiz
4.19.~26.	Ulan-ude, Russia	Ewenki
	Ulan-ude, Russia	Buryat
4.18.~24.	Myskij, Russia	Shor
5.12.~17.	Ashikhabad,Turkm.	Amudarya dialect
8.15.~21.	Novosibirsk, Russia	Altai
10.16.~23.	Tacheng, China	Sibe
	Tacheng, China	Dagur
	Habahe, China	Tuwa
[2005년]		
1.4.~7.	Almaty, Kazakhstan	Kazakh

2.13.~23.	Yakutsk, Russia	Ewenki
	Yakutsk, Russia	Yakut
2.15.~22.	Hailaer, China	Buryat
4.17.~24.	Cheboksar, Russia	Chuvash
4.26.~5.8.	Akehaba, China	Tuwa
5.3.~8.	Fuyu, China	Manchu
6.20.~7.1.	Hubsgul, Mongol	Mongol
	Hubsgul, Mongol	Tuva
10.16.~23.	Sunan, China	East Yogur
	Sunan, China	West Yogur
10.19.~26.	Khabarovsk, Russia	Nanai

[2006년]

2.7.~14.	Fuyu, China	Manchu
2.4.~19.	Kiev, Ukraina	Gagauz etc.
2.6.~11.	Khabarovsk, Russia	Udihe etc.
4.16.~24.	Elista, Russia	Kalmyk
5.13.~22.	Tomsk, Russia	Chulym etc.
6.24.~7.7.	Hubsgul, Mongol	Mongol
	Hubsgul, Mongol	Tuva
8.10.~17.	Fuyu, China	Manchu
8.19.~26.	Xining, China	Baoan
	Xining, China	Salar
12.20.~1.11.	Bishukek, Kirgiz	Kyrgyz

[2007년]

1.19.~29.	Ust-Ordinsk, Russia	Buryat
1.28.~2.8.	Yakutsk, Russia	Ewen
	Yakutsk, Russia	Dolgan
7.6.~11.	Henti Binder, Mongol	Mongol

7.16.~31.	Vilnius, Lituania	Karaim
8.3.~10.	Selengge, Russia	Buryat
8.5.~25.	Ufa, Russia	Bashikir
8.9.~16.	Fuyu, China	Manchu

[2008년]
1.7.~15.	Hoboksair, China	Kalmyk-Oirat
7.31.~8.21.	Abakan, Russia	Khakas
8.2.~14.	Huhhot, China	Mongol
8.5.~19.	Khabarovsk, Russia	Ulchi etc.
12.22.~31.	Khabarovsk, Russia	Negidal etc.

[2009년]
| 1.15.~30. | Gorno-Altaisk | Altai |
| 2.5.~25. | Lanzhou, China | Dongxiang |

[2010년]
| 7.28.~8.15. | Khabarovsk, Russia | Nivkh |
| | Bogorotskoye, Russia | Ulchi |

[2011년]
7.24.~8.4.	Khabarovsk, Russia	Nanai
	Bogorotskoye, Russia	Ulchi
8.5.~8.17.	Blagobeshensk, Russia	Ewenki
	Heihe, China	Manchu

[2012년]
2.7.~2.10.	Heihe, China	Manchu
7.6.~7.15.	Krasniyar, Russia	Udihe
10.8.~10.17.	Kondon, Russia	Nanai

| 2.14.~2.16. | Seoul, Korea(초청) | Nanai |

[2016년]
| 8.5.~8.7. | Zaimka, Russia | Nanai |
| 8.8.~8.10. | Najkhin, Russia | Nanai |

[2019년]
| 2.22.~2.27. | Yuzhno-Sakhalinsk | Uilta |

그리고 그간 연구단에서 발간한 주요 연구 성과물은 다음과 같다.

김주원·권재일 외 2008, 《사라져 가는 알타이언어를 찾아서》, 태학사.
김주원·권재일 외 2011, 《언어 다양성 보존을 위한 알타이언어 문서화》, 태학사.
최문정·김주원·권재일 외 2011, 《알타이언어 현지 조사 질문지》, 태학사.
최운호 2011, 《알타이언어 텍스트 자료의 분석과 디지털 아카이브 구축의 실제》, 태학사.
김주원 2020, 《서울대학교의 알타이 언어 연구》, 서울대학교 인문대학.
Kim Juwon et al. 2008, *Materials of spoken Manchu*, Seoul National University Press.
Yu Wonsoo & Kwon Jae-il 2008, *A study of the Tacheng dialect of the Dagur language*, Seoul National University Press.
Li Yong-song et al. 2008, *A study of the Middle Chulym dialect of the Chulym Language*, Seoul National University Press.
Yu Wonsoo 2011, *A Study of the Mongol Khamnigan Spoken in Northeastern Mongolia.* Seoul National University Press.
Li Yongsong 2011, *A Study of Dolgan.* Seoul National University Press.

Kim Juwon 2011, *A Grammar of Ewen.* Seoul National University Press.

Ko Dongho et al. 2011, *A Description of Naikhin Nanai.* Seoul National University Press.

Kim Juwon et al. 2015, *The Life and Rituals of the Nanai People.* Seoul National University Press.

[출전]

2008 《사라져 가는 알타이언어를 찾아서》, 태학사 [공저].

2021 중국, 러시아, 몽골, 중앙아시아 지역 절멸 위기의 알타이언어 조사, 《제1회 유네스코-겨레말큰사전 국제학술포럼 발표 자료》, 겨레말큰사전사업회.

2022 토착어의 지속가능한 발전과 토착어 사전의 힘, 《제3회 유네스코-겨레말큰사전 국제학술포럼: 토착어의 지속가능한 발전 발표 자료》, 겨레말큰사전사업회-유네스코한국위원회-주유네스코대한민국대표부.

5.3. 사라져 가는 언어를 지키는 사전 편찬의 힘

앞에서 사라져 가는 언어를 지키는 소극적인 방법은 사라져 가는 토박이 말을 현지 조사하여 그 기록을 영원히 보존하는 방법이라고 하였다. 현지 언어 조사는 잘 다듬어진 조사질문지를 통해 어휘, 문법, 대화를 음성과 영상 자료로 확보하는 연구 활동이다. 이렇게 자료가 확보되면, 이를 분석하여 그 언어의 사전을 편찬하고 문법을 기술한다. 따라서 사전 편찬은 사라져 가는 언어를 보존하는 핵심 방법이다.

그러나 사전 편찬은 결코 쉽지 않은 작업이다. 먼저 언어 자료를 정확하게, 그리고 빠짐없이 수집해야 한다. 그러기 위해서는 완벽한 조사질문지, 언어학으로 훈련된 유능한 조사자, 그리고 대상 언어를 능숙하게 구사하는 자료제공인이 갖추어져야 한다. 이렇게 조사한 언어 자료를 컴퓨터로 처리하여 올림말을 결정하고 그 용례를 제시하면서 뜻풀이를 하는 일이 이어져야 한다. 이러한 과정을 볼 때 사전 편찬 과정은 참으로 힘들다. 개인이 할 수 있는 일도 아니고, 짧은 시간에 할 수 있는 일도 아니다. 그래서 여러 학자가 참여하여 오랜 시간을 두고 수행해야 하는 연구 활동이다. 그리고 당연히 재정이 뒷받침되어야 한다. 결론적으로 국가기관이나 학술단체의 재정과 행정 지원 아래 언어학자들의 지속적인 관심과 노력이 더해져야만 가능한 일이다.

한국어 방언사전 편찬

민족의 소중한 문화유산인 한국어 방언도 역시 세계 여러 지역의 사라져 가는 언어들처럼 최근 급격히 사라져 가고 있다. 따라서 이를 보존하기 위해서 각 지역방언을 정확히, 그리고 빠짐없이 수집해야 한다. 이에 대해 언어학자는 물론 온 국민이 관심을 기울여야 할 것이다.

그래서 개별 학자나 학술단체에서 방언 조사와 사전 편찬에 일찍부터 관심을 가졌다. 먼저 가장 최근인 2022년 봄에 출판된 《강릉방언 자료사전》을 살펴보자. 이 사전은 서울대학교 이익섭 명예교수가 강릉방언을 집대성한 사전이다. 신구문화사가 출판한 이 사전은 모두 3004쪽이고, 올림말은 2만여 항목이다. 언어 정보뿐만 아니라 문화인류학적인 내용도 용례의 길이에 제약을 두지 않고 충실하게 담았다. 용례에는 어휘 정보를 제시하는 데 그치지 않고 통사(=문장 구성) 정보, 나아가서는 화용(=대화의 상황) 정보까지 보여 주었다. 이 사전은 앞으로 방언사전 편찬 방법은 어떠해야 하며, 또 방언을 지키기 위해 방언사전 편찬의 방향은 어떻게 설정해야 하는가를 제시하였다는 점에서 매우 훌륭한 업적이다.

2019년에 서강대학교 곽충구 명예교수는 《두만강 유역의 조선어 방언사전》을 태학사에서 출판하였다. 중국 지린성 두만강 북쪽 유역에 거주하는 조선인들이 사용하는 함경북도 방언 3만2000개를 풀이한, 4,200쪽에 달하는 큰사전이다. 23년에 걸쳐 현지 조사하여 그야말로 '발로 쓴' 사전이다. 올림말, 용례, 뜻풀이는 완벽에 가깝다. 특히 풍부한 용례는, 앞의 《강릉방언 자료사전》과 마찬가지로, 현지 조사를 통해 얻은 자연발화에서 가려 뽑은 것으로 해당 올림말의 쓰임새를 생생하게 보여 준다. 그래서 한 언어를 보존하는 데 전혀 손색이 없을 정도로 그 가치는 매우 높다.

이렇듯 한국의 언어학자들은 이미 사라져 가는 방언의 가치와 조사의 필요성을 인식하고 이러한 큰 성과를 세상에 펼쳤다. 이러한 성과로 한국어의 방언, 더 나아가 한국어는 언제까지나 보존될 것으로 믿는다.

이에 앞서 한국의 방언을 군(郡) 단위로 현지 조사하여 자료집을 출판한 바 있다. 제1차는 1980년대 한국정신문화연구원(지금의 한국학중앙연구원)의 전국 방언 조사이고, 제2차는 2000년대 국립국어원의 전국 방언 조사이다. 정부의 재정 지원을 받은 학술기관이 여러 전문 학자들을 조사원으로 하고 현지 토착인을 자료제공인으로 한 조사이어서, 그 의의 역시 크다고 평가한다.

국립국어원의 전국 방언 조사 사업은 북한 지역으로도 확대하였다. 2003년 남북 언어학자회의에서 협의하여 남북이 동일한 조사질문지와 동일한 녹음·녹화 장비를 통해 방언을 조사하였다. 남북 양측은 조사 결과물의 일부를 서로 교환하였다. 국립국어원이 북한의 방언 조사 결과물을 임시 출판한 것이 《평북 구장 지역의 구술 자료》(홍석희, 2006, 태학사)이다. 그러나 남북 공동 방언 조사 사업은 몇 해 이어지다가 중단되어 북한 지역 방언 자료를 충분히 확보하지 못하여 아쉬웠다. 다행히 현재 겨레말큰사전 편찬에서 남북 방언을 발굴하여 싣고 있다.

한편, 그간 개별 학자들이 한국의 여러 지역의 방언을 조사하여 방언사전을 편찬한 바 있다. 도(道) 단위별로, 제주를 비롯하여 전남, 전북, 경남, 경북북부, 경북남부, 충남, 충북, 강원 등의 방언사전을 출판한 바 있다. 지난 2021년 조선일보가 기획하여 전국에서 방언을 모아 《말모이, 다시 쓰는 우리말 사전》(말모이편찬위원회 엮음, 2021, 시공사)라는 흥미로운 방언사전을 출판한 바 있다. 전국에서 2만여 단어를 모아 그 가운데 4012개를 가려 뽑아 실었다.

국내에서 외국의 토박이말에 대한 사전이 나와서 주목을 받았다. 동티모르의 테툼어 사전인 《테툼어-한국어사전》(고려대학교 민족문화연구원 편찬/발행 2022), 인도네시아의 찌아찌아어 사전인 《찌아찌아 라뽀코아어 인도네시아어 한국어 사전》(원암문화재단 사전편찬팀 편 2021, 역락) 등이 그 예이다. 이들 사전은 편찬 목적이 한국어 교육 또는 한글 표기법 보급 등에 있었지만, 결과적으로 지역어 사전을 편찬한 것으로 그 가치는 매우 높다. 더욱이 어려운 여건에서 사전을 편찬하였다는 점도 높이 평가받을 만하다. 이 사전을 통해 그들 언어의 생명은 더욱 길어질 것이다.

사전 편찬의 힘

언어가 사라지면서 인류 문화의 일부가 함께 사라진다는 것은 매우 안타까운 일이며, 오늘날 언어학자들은 사라져 가는 언어를 지키는 데에 관심을 가져야 함을 다시금 확인해 보았다. 그래서 언어학자들은 더욱 큰 사명감을 가지고 사라져 가는 언어를 기록하고 연구하는 일에 힘써야 할 것이다.

인도 북쪽에 있는 이른바 행복의 나라 부탄은 종카어라고 하는 토박이말이 있는데, 명목상 공용어 위치를 차지하고 있을 뿐 실제 의사소통은 대부분 영어로 한다. 교육받은 사람들 가운데 종카어로 자기 이름을 쓸 줄 아는 사람은 1% 미만이라고 한다. 부탄 정부는 뒤늦게 문제의 심각성을 깨닫고 1986년에 부탄 국어발전위원회를 설립하여 종카어를 살리기 위한 노력을 펼치고 있다. 그 노력의 일환으로 부탄 국어발전위원장이 한국에 와서 국립 국어원과 한글학회를 차례로 방문하여 한국어를 어떻게 잘 지켜 왔는가에 대해 관심을 가졌었다.

점차 세력이 커지는 영어에 대해 토박이말의 존립을 고민하는 나라는 비단 부탄만이 아니다. 세계화와 정보화에 힘입어 영어의 영향력이 커지면서 언어 다양성이 빠르게 사라져 가고 있다. 이미 많은 나라에서 영어 공용이 진행되고 있다. 형식적으로는 토박이말이 공용어 위치를 차지하고 있더라도 학문이나 산업기술 분야에서는 영어를 사용하는 경우가 늘고 있다. 심지어 대학 교육을 토박이말로 하지 못하는 나라도 있다. 결과적으로 학문과 산업기술의 영어 종속 현상이 일어나고 민족 고유문화는 사라지고 토박이말은 소멸의 길로 들어서게 되었다.

그래서 우리는 세계 곳곳의 토박이말을 지키기 위해 토박이말 사전을 편찬해야 한다. 앞에서도 말했듯이, 이를 위해서는 토박이말 사용자 전체가 인식을 새롭게 하고 이를 바탕으로 국가기관이나 학술단체가 재정과 행정을 지원하여 언어학자들이 정확하고 빠짐없이 토박이말을 조사 연구하여 사전을 편찬하는 일에 힘써야 할 것이다.

[출전]

2022 토착어의 지속가능한 발전과 토착어 사전의 힘, 《제3회 유네스코-겨레말큰사전 국제학술포럼: 토착어의 지속가능한 발전 발표 자료》, 겨레말큰사전사업회-유네스코한국위원회-주유네스코대한민국대표부.

5.4. 만주어는 사라질 것인가

사라져 가는 말, 만주어

물밀듯 밀려오는 외국어에 어지러워진 우리말을 걱정할 때 흔히 다음과 같이 표현한다. "자칫 잘못하면 우리말도 저 만주어처럼 사라질지 모른다." 청나라를 세워 한때 중국 대륙을 지배했던 만주족의 언어, 만주어는 이제 이 세상에서 사라질 위기에 놓였다. 만주족은 현재 자기네 말을 잃어버리고 중국어, 즉 한어를 사용하고 있다. 만주어는 알타이어족의 만주퉁구스어파에 속하는 말이다. 같은 어파에 속하는 만주퉁구스어파 언어들은 대부분 중국 헤이룽장성과 러시아 시베리아 지역에 흩어져 있는 소수민족 언어이다.

만주어는 중국의 마지막 왕조 청나라의 공식 언어였다. 청을 세운 만주인들은 그 이전에는 여진으로 불렸던 사람들로서 헤이룽강과 백두산 사이의 넓은 지역에 거주하였다. 이들은 16세기 말엽에 누르하치를 중심으로 일어나서 주위의 여진족 부족을 통합하고 1616년에는 금나라의 뒤를 잇는다는 것을 표방하는 후금을 세웠다. 이어서 명나라를 무너뜨리고 중원에 들어가게 되는데 이때 만주족의 수는 중국인, 즉 한족의 1%에 해당하는 적은 숫자였다.

만주어와 가장 비슷한 말은 지금 중국 서부의 신장 웨이우얼자치구 지역에서 쓰이는 시버어이다. 시버어는 18세기 중엽에 중국의 동북 지방에 거주하다 서북 지역으로 파견된 시버족 군인의 후손이 쓰는 언어이다.

만주어 현지 조사

현재 만주어가 쓰이는 유일한 곳은 중국 헤이룽장성 푸위현에 있는 조그마한 마을, 싼자쯔촌이다. 현대적인 목축업이 발전하여 가정마다 수입이 꽤 높은 부유한 마을이라고 우리 조사단이 마을에 들어가니 촌장이 소개하였다. 그래서 그런지 가지런히 지은 개량주택도 인상적이며 마을 사람들의 표정도 한결같이 밝았다. 이 마을에는 280여 집, 1천여 명이 산다. 이 가운데 절반 정도가 만주족이며, 그 밖에 한족을 비롯한 여러 민족이 어울려 살고 있다. 그런데 만주족 가운데 만주어로 대화할 수 있는 사람은 겨우 스무 명에 불과하며, 그저 몇 마디 정도 알아들을 수 있는 사람까지 합쳐도 200명이 채 안 되는 실정이다. 그러니 그 스무 명, 또는 200명이 이 세상을 떠나고 나면 만주어는 영영 이 세상에서 사라져 버릴 것이다.

알타이언어 조사단은 2005년 만주어 현지 조사를 다녀왔다. 옛 문헌에 적힌 만주어를 문어 만주어라 하고 현재 사용되고 있는 만주어를 구어 만주어라 하는데, 조사단이 조사한 것은 바로 구어 만주어이다.

우리 조사단은 최근 몇 년 사이에 꽤 많은 알타이언어를 직접 조사하였다. 그 가운데는 널리 사용되는 언어들도 있지만, 사용 인구가 겨우 몇백 명에 지나지 않는 사라질 위기에 놓인 언어들도 있다. 사라질 위기에 놓여 있는 언어들을 조사하여 음성과 영상 디지털 자료를 확보해 두는 것은 인류 문화유산을 보존하는 뜻깊은 일이기도 하다. 특히 알타이언어들은 우리말과 유형론적으로, 계통론적으로 그리고 지리적으로 이웃하고 있기 때문에 너욱너 의미 있는 일이다.

우리는 이미 지난 1997년 여름, 구어 만주어를 조사하기 위하여 현지에

간 적이 있다. 이 세상에서 유일하게 구어 만주어가 사용되는 지역, 중국 헤이룽장성의 중심지 하얼빈시에서 서북쪽으로 기차로 다섯 시간 달려가는 싼자쯔촌이다. 그러나 그때 우리는 여러 사정으로, 특히 홍콩 반환이라는 큰일을 앞두고 중국 정부에서 자국민들이 외국인과 접촉하는 것을 엄격하게 통제한 사정으로, 만주어 사용자와 접촉이 허락되지 않았다. 그래서 촌장의 안내로 마을을 한 번 둘러보는 것으로 되돌아오는 수밖에 없었다. 조사를 실패하여 무척이나 아쉬웠다. 언어의 보물을 바로 눈앞에 두고 되돌아왔기에 늘 눈에 아른아른하였다.

그러던 중 우리는 싼자쯔촌에 가서 만주어를 조사할 방안을 어려운 경로를 통해 마련하였다. 이번에는 실패하지 않아야겠다는 각오를 하면서 2005년 5월, 서울을 떠난 지 하루 만에 우리는 싼자쯔촌에 도착하였다.

7,80대의 연세 높은 노인들의 언어를 조사하였는데, 이들은 꽤 유창한 만주어를 아직도 구사하고 있었다. 이들은 중화인민공화국 성립(1949년) 이전에 태어난 세대이므로 만주어를 모어로 하는 마지막 세대이다. 이들이 사망하면 이제 만주어는 사라진 언어가 된다. 그 이후 세대는 학교에서 중국어 교육이 강화되고 사회적으로 만주어를 사용할 필요성이 없어졌으므로 다른 지역의 만주인들처럼 자연스럽게 자신의 언어를 잃어버렸다.

우리 조사단은 촌장으로부터 자료제공인를 소개 받았다. 주제공인은, 어쩌면 이 세상에서 만주어를 가장 잘 구사하는 분이라 할 수 있는, 조사 당시 74세 멍셴샤오(孟憲孝) 할아버지였다. 할아버지는 만주어에 관심을 가지고 찾아온 우리에게 거듭거듭 고마워하였다. 단어를 하나씩 물을 때는 가끔 머뭇거리곤 했지만, 일상 대화나 문법 사항을 위한 기본 문장을 조사할 때는 거침없이 만주어를 풀어 내놓았다.

보조제공인으로 80대, 70대, 60대 할머니 자오펑란, 우허윈, 타오좐란, 세 분이 참여하였다. 주제공인이 머뭇머뭇할 때, 합심하여 도와주었다. 조사 기간 내내 이 할머니들은 긴장하면서 진지하였다. 물론 주제공인 할아버지를 비롯하여 할머니들의 일상생활에서는 중국어를 사용한다. 한 할머니에게 어떨 때 만주어를 쓰는지 물어보았다. 자녀들이나 다른 손님 앞에서 그들이 못 알아듣도록 비밀스럽게 말할 때 가끔 쓴다고 하였다.

만주어 지킴이 스쥔광 청년

우리 조사에 참여한 또 한 사람이 있었다. 청년 한 사람이 만주어를 할 줄 안다고 촌장이 소개하였다. 그는 당시 27세 청년 스쥔광(石君廣) 씨이다. 고등학교를 마치고 농사를 짓고 있다. 이제는 청년을 지나 장년이 되었겠다. 농사일로 손은 거칠고 얼굴은 검게 타 있다. 순박한 모습에 열정이 가득 찬 눈빛이 매우 인상적이었다. 그는 젊은 세대 가운데 유일한 만주어 사용자이다. 그는 1977년 이 마을에서 태어났다. 부모는 만주어를 아주 조금 알아들을 뿐 말은 하지 못한다. 형제자매는 넷인데, 단어 몇 개 아는 정도이지 만주어를 못한다. 이 마을의 대부분 가족들이 그런 것처럼.

그러나 이 청년은 만주어로 간단한 일상 대화가 가능하다. 조사 당시에는 예산 문제로 과목이 폐지되었지만, 그는 초등학교 시절 학교에서 만주어 수업을 받았다. 그때 그는 자기 민족의 언어가 따로 있다는 사실이 너무 감격스러웠다. 그래서 할머니께 청하여 만주어를 익히기 시작하였다.

점차 자기 민족의 언어인 만주어가 바로 곁에서 사라져 가는 것을 보고 이 청년은 가슴이 답답하였다. 이 세상에서 만주어가 사라지게 할 수는 없다고 생각하였다. 그래서 그는 농사짓는 틈틈이 만주어 어휘를 조사하여 기록에 남기겠다고 마음먹었다. 만주어를 알고 있는 동네 어른들로부터 단어를 조사하였다. 그래서 그때까지 1천5백여 단어를 채록하였다. 그러고 나서 문어 만주어를 배우기 시작하였다. 문어 만주어란 지금 구어 만주어의 옛말이다. 그는 우리가 준비해 간 조사질문지의 어휘 항목과 문법 항목을 보고 크게 감격하였다. 이 조사 항목에 따라 모두 조사해 자기네 말을 보존하고 싶다고 하였다. 그리고 한국에서 문어 만주어의 연구 수준이 상당하다는 것을 듣고 한편 기뻐하며, 한편 부러워하였다.

그는 자기가 공부한 만주어를 자라나는 초등학교 학생을 비롯하여 마을의 모든 젊은이들에게 가르치는 것이 가장 큰 소망이라고 하였다. 만주족으로서 만주어가 사라져 가는 것을 막아 보고 싶은 것이다. 교육을 통해 만주어가 오래오래 지속되기를 간절히 바라는 마음이다.

그러나 이 꿈은 현실에서는 너무 어렵다. 예산이 없기 때문에 학교 교육은 엄두를 못 낸다. 그리고 다른 젊은이들의 호응도 없다. 중국어로 의사소통이 다 되는 터에 따로 만주어에 관심을 가질 필요가 없다는 것이다. 그는 이 대목에서 억누르고 있던 흥분과 격정을 참지 못하였다. 초등학교에서 만주어를 가르칠 수 있도록 마을 친구들이 도와주기를 간절히 소망하였다. 조사 마지막 날, 청년 스쥔광 씨는 나에게 의미심장하게 말하였다.

> "만주어라는 큰 풍선이 있었습니다. 묶었던 끈이 풀리자 바람이 스르르 빠져나왔습니다. 이제는 공기가 거의 남지 않은, 완전히 쭈그러진 풍선이 되고 말았습니다. 다시 바람을 넣어 주면 그 풍선이 둥글둥글 커질 텐데. 그러나 아무도 바람을 불지 않습니다. 제 혼자라도 힘겹게 바람을 불겠습니다. 그러다 보면 언젠가는 다시 커지겠지요. 저는 그렇게 믿습니다."

힘겹게, 그러나 꿈을 가지고 풍선을 부는 만주어 지킴이 스쥔광 청년의 풍선 이야기는 그의 강렬한 눈빛과 함께 나의 머릿속에 지금까지 맴돈다.

만주어를 살리려는 꿈

스쥔광 씨의 꿈은 2010년에 이르러 전혀 새로운 국면을 맞이한다. 그와 푸위현 정부의 힘겨운 노력이 중국 정부를 감동하게 했는지 중국 정부와 대학 연구소에서 본격적으로 만주어 살리기에 나선 것이다.

2010년 8월 3일부터 3일간 푸위현 싼자쯔촌에서 중앙민족대학 중국소수민족언어문학연구소, 헤이룽장대학 만주족언어문화센터, 푸위현 인민정부가 공동 주관하여 '중국 싼자쯔 만주족 언어문화 논단'이라는 행사를 열었다.

이 회의에서 푸위현 정부는 두 대학과 '만주족 언어문화 학습 연구기지'를 설립하기로 협정을 맺었으며, 아울러 16명을 '만주족 언어문화 전승인'으로 임명하며 매월 200위안을 주기로 하였다. 이후에 '싼자쯔 만주족의 언어문화 살리기 및 보호'라는 주제의 토론회를 개최했으며 싼자쯔촌으로 가서 언어와 문화를 직접 조사하였다. 그다음 조치로는 280만 위안을 들여 만주어학교를 세우고 교재와 역사 전설 자료집 등을 만들 계획을 세우고 있다. 그리고 푸위현과 싼자쯔촌이 합작하여 만주족 역사박물관을 세워 관광객을 불러 모아 그들의 언어와 문화에 대해 지속적인 관심을 이끌어 내기로 하였다.

이로써 싼자쯔촌의 만주어는 사라질 속도를 조금이나마 늦출 수 있게 되었다. 만주어가 살아날지 사라질지는 이제 싼자쯔촌 주민들에게 달려 있다. 스쥔광 청년처럼 모든 주민이 자신의 언어와 문화를 살리려는 노력이 이어진다면 만주어는 사라지지 않을 것이라고 믿는다.

[출전]

1999 중국 헤이룽장성 구어 만주어 답사 여행기, 한국 알타이학회 편《알타이 언어들을 찾아서》, 5-30, 태학사.

2005 힘겹게 만주어를 지키는 청년, 스쥔광,《한글새소식》394, 11-12, 한글학회.

2008 《사라져 가는 알타이언어를 찾아서》, 태학사 [공저].

2010 우리말도 저 만주어처럼 사라질지 모른다,《에세이문학》110, 23-26, 에세이문학사.

06

언어는 어떻게 변화해 왔을까

말로써 행복을

인류는 오랫동안 의사소통의 도구인 언어의 경제성을 더 높이기 위해 언어 변화를 일으켰다. 창조하는 인간의 본성을 기반으로 하여, 언어의 경제성, 즉 표현의 간결함과 이해의 분명함을 확보하기 위해 끊임없이 언어 변화는 지속하여 왔고, 오늘 이 순간에도 변화는 지속하고 있고 또 앞으로도 지속할 것이다.

6.1. 언어는 시간에 따라 변화한다

이런 젼ᄎ로 어린 빅셩이 니르고져 홅 배 이셔도

세상의 모든 현상은 시간의 흐름에 따라 끊임없이 변화한다. 언어도 역시 시간의 흐름에 따라 변화한다. 언어는 본질적으로 의사소통의 도구이기 때문에 쉽게 그 약속된 체계를 바꿀 수 없다. 그러나 실제로 언어는 정체되어 있지 않고 끊임없이 변화를 겪고 있어, 오랜 세월이 쌓이면 상당히 변화한 모습을 드러낸다. 오늘날 한국어의 '천(千), 강(江)'은 15세기 한국어에서는 '즈믄, ᄀᄅᆞᆷ'이었음을 익히 알고 있다. 이제 이러한 언어 변화에 대해서 함께 생각해 보기로 하자.

우리말은 역사적으로 크고 작은 변화를 겪으면서 오늘날 모습으로 발전해 왔다. 이러한 우리말의 변화와 발전은 음운, 어휘, 문법 등 국어를 구성하는 모든 측면에 걸쳐 이루어졌다. 지금으로부터 오백 년 훨씬 전인 15세기 한국어의 기록인 《훈민정음》 서문의 한 구절을 살펴보아도 여러 변화가 일어났음을 알 수 있다.

> 이런 젼ᄎ로 어린 빅셩이 니르고져 홅 배 이셔도
> ᄆᆞ춤내 제 ᄠᅳ들 시러 펴디 몯ᄒᆞᇙ 노미 하니라

이 구절을 오늘닐의 한국어로 옮기면 대체로 다음과 같다.

이런 까닭으로 어리석은 백성이 이르고자 하는 바가 있어도
끝끝내 제 뜻을 능히 펴지 못하는 사람이 많으니라

여기서 15세기 한국어의 '빅셩, 니르다, 뜯'이 오늘날에는 각각 '백성, 이르다, 뜻'으로 바뀌었음을 볼 수 있다. 15세기 말과 지금 말 사이에 말소리 변화가 일어나서, 그 결과 단어의 모습이 바뀐 것이다. 그뿐만 아니라 '젼ᄎ'라는 단어는 '까닭'으로, '하니라'는 '많으니라'로 바뀌었다. '어린 빅셩'에서 '어린'은 15세기 말에서 '어리석다'란 의미를 지녔는데, 지금은 더 이상 그러한 의미는 없고 '나이가 적다'란 의미로만 쓰인다. '몯홇 노미'의 '놈'도 '일반적인 남자'를 가리키는 말로 사용되었는데, 지금은 그 의미 영역이 축소되어 비속어로 쓰인다. 15세기 한국어와 지금의 한국어 사이에 의미 변화가 일어난 것이다. 그뿐만 아니라 '니르고져'의 '-고져'는 의도를 표현하는 연결어미인데 지금은 '-고자'로 쓰인다. 그리고 '홇 배 이셔도'에서 의존명사 '바'에 주격조사 'ㅣ'가 붙어 있지만(배=바ㅣ), 지금의 한국어에서는 '하는 바가 있어도'처럼 주격조사 '가'가 쓰인다.

왜 언어는 변화할까

그러면 왜 언어는 변화하는 것일까? 이 문제에 대한 대답은 쉽지 않지만, 언어의 '본질'과 '기능'의 관점에서 대답을 찾아볼 수 있다. 먼저 언어 본질의 관점에서 살펴보자. 언어의 본질은 자의적인(恣意的, arbitrary) 기호 체계이다. 언어 기호의 두 요소인 말소리와 뜻이 맺어진 관계는 필연적인 관계가 아니라, 자의적인 관계이다. 말소리와 뜻이 자의적인 관계로 맺어져 있기 때문에, 어떤 조건만 주어지면 그 관계는 바뀔 수 있다. 그 조건이란 바로 시간과 공간이다. 따라서 시간의 흐름에 따라 말소리와 뜻이 맺어진 관계는

바뀔 수 있어 언어는 변화하는 것이다. 만약 말소리와 뜻이 필연적인 관계로 맺어져 있다면, 아무리 시간이 흐르더라도 결코 언어는 변화하지 못할 것이다.

이번에는 언어 기능의 관점에서 살펴보자. 언어의 기능은 의사소통의 도구라고 하였다. 무엇보다도 도구는 사용하기에 편리해야 한다. 어떠한 도구든 사용하기에 불편하면 새롭게 도구를 다듬어 사용하게 마련이다. 언어라는 의사소통의 도구도 마찬가지이다. 따라서 표현하기에 편리하고, 이해하기에 편리한 방향으로 언어는 변화한다. 이것이 언어 도구의 경제성이다. 표현하기에 편리하기 위해서는 조음 작용을 간결하게 하려 하고(즉, 표현의 경제성), 이해하기에 편리하기 위해서는 청취 작용을 분명하게 하려 한다(즉, 이해의 경제성). 그런데 이 두 방향은 서로 상충할 수 있어, 두 방향이 조화를 이루면서, 타협하면서, 언어는 변화한다. 그래서 언어의 음운, 어휘, 문법이 간결한 체계로 변화하기도 하고, 반대로 오히려 복잡한 체계로 변화하기도 한다.*

말소리와 뜻을 자의적인 관계로 맺고 있는 언어의 본질은 인간이 언어라는 도구를 사용하기 편리하도록 하였다. 의사소통의 도구를 표현하거나 이해하기에 편리하도록 변화할 수 있게 하였다. 표현의 경제성, 이해의 경제성을 위해 필요하다면 더 나은 방향으로 변화하게 하였으니, 이것은 바로 언어의 발전이다. 따라서 언어의 본질, 즉 자의성은 언어를 사용하기 더 편리하도록 발전하게 하였다.

---

* 로마를 대표하는 문법서 《라틴어》를 쓴 바로(Marcus Terentius Varro)라는 학자는 언어 변화가 일어나는 동기를 제시한 바 있다. 언어 변화가 일어나는 여러 동기 가운데 대표적인 두 가지는 유용성의 추구와 아름다움의 추구라 하였다. 모든 발화 행위가 유용성을 목적으로 한다면, 그것이 명백하고 간략해야 그 목적이 달성된다고 하였다. 발화의 이해를 돕기 위해서는 명백해야 하고, 신속한 파악을 돕기 위해서는 간략해야 한다는 것이다. 또한 아름다움의 추구가 언어를 변화시킨다고 하였다. 실생활의 예를 들어 우리가 옷을 입는 까닭은 추위를 몰아내기 위해서(유용성)와 아름답게 보이기 위해서(아름다움), 두 가지 동기라 하였다.

그러나 언어는 구속성을 가진다. 말소리와 뜻이 자의적인 관계로 맺어졌다고 해서 아무나 이것을 제 마음대로 고치거나, 없애거나, 새로 만들어 낼 수 있는 것은 아니다. 일단 이 관계가 맺어져 그 언어 사회 모든 구성원에게 공감을 받아 쓰이게 되면, 구성원은 이 약속을 받아들여야 한다. 그렇다면 어떻게 언어 변화가 일어날까? 처음 출발은 개인에서 시작된다. 그것이 공감을 받게 되면 어떤 작은 집단으로 퍼져가고, 다음에는 좀 더 큰 집단으로, 나아가서는 그 언어 사회 전체로 확산되어 변화가 이루어진다. 상대적으로 우위에 있는 자가 상대방에게 오만무례하게 행동하거나 이래라저래라 하며 제멋대로 구는 짓을 뜻하는 '갑질'이란 말이 2013년에 어떤 작은 집단에서 처음 생겨나 점차 언어 사회 전체로 확산되어 이제는 자연스럽게 우리 사회에서 새로운 어휘로 자리 잡은 경우가 바로 그러한 예이다.

20세기 후반까지 남녀 사이의 연인을 '애인'이라 하였다. '우리 애인은 올드 미스', '나에게 애인이 있다면'이라는 노래도 있었다. 그리고 연인이 아닌, 가까이 지내는 이성 간의 학교 친구, 회사 동료는 '남자친구, 여자친구'라 불렀다. 그런데 21세기에 들어와서 '애인'을 '남자친구, 여자친구'라 부르기 시작하였다. 더 나아가서 표현의 편리를 위해 간결하게 '남친, 여친'으로 줄여 부른다. 그렇게 되자 이성 간의 학교 친구, 회사 동료인 원래 '남자친구, 여자친구'와 의미 충돌이 일어났다. 연인인지, 동료인지 헷갈린다. 그래서 원래의 '남자친구, 여자친구'를 이해의 편리를 위해, 더 길어졌지만, '남자사람친구, 여자사람친구'로 부르게 된다. 이는 다시 표현의 편리를 위해 '남사친, 여사친'이란 새로운 말을 만든다.

[출전]

2021 《언어 변화》, 서울대학교 지식교양 강연 – 생각의 열쇠.
　　　https://m.tv.naver.com/v/22778415
2021 《한국어 문법사, 개정판》, (주)박이정.

6.2. 언어 구조의 변화

앞서 《훈민정음》 서문에서 언어 변화는 말소리, 어휘, 문법 등 모든 측면에 걸쳐 일어나는 것을 보았다. 이제 이를 차례대로 살펴 우리말이 변화해 온 구체적인 모습을 추적해 보기로 하자.

어휘 변화

최근 우리 사회에서 갑자기 사용 빈도가 매우 높아진, 새롭게 쓰이는 두 단어를 우선 살펴보자. 몇 해 사이 음식 방송의 영향으로 '식감'이라는 단어의 쓰임이 폭발적으로 늘어났다. 적어도 2010년대 이전에 구어에서 이 단어가 쓰인 예는 거의 없었다. 기록을 검색해 보면 1984년에 한 번, 그 뒤 몇 년 만에 한 번 신문에 나타날 정도이다. 물론 국립국어원의 《표준국어대사전》에는 이 단어가 표제어로 아직 등재되어 있지 않다. 그 대신 사전 이용자가 직접 참여하여 집필하는 새로운 개념의 개방사전인 국립국어원의 《우리말샘》에는 '음식을 먹거나 씹을 때 입안에서 느껴지는 느낌'이라 풀이하였다.

'식감' 못지않게 최근에 새로 생겨나서 일상생활에서 빈도가 높은 단어는 '가성비'이다. 역시 《표준국어대사전》에는 표제어로 아직 등재되어 있지 않다. 《우리말샘》에는 '가격 대비 성능의 비율을 줄여 이르는 말, 어떤 품목이나 상품에 대하여 정해진 시장 가격에서 기대할 수 있는 성능이나 효율의 정도를 말한다'고 풀이하였다. 이 단어는 《연합뉴스》에서 2010년 이전에는 검색되지 않고 2011년부터 나타난다. 이들 못지않게, 어떤 일이나 대상을 보고 심장이 쿵 하고 뛸 정도로 놀라거나 설레는 것을 '심쿵'이라 하고, '멘탈 붕괴'를 줄여 '멘붕'이라는 말도 흔히 쓰이고 있다. 이렇듯 어휘는 우리 일상 생활 가운데 갑자기 나타나 자연스럽게 자리 잡기도 한다.

그러면 어휘가 역사적으로 변화한 양상을 구체적으로 살펴보기로 하자. 고대 한국어의 어휘는 자료가 부족하기 때문에 지금으로서는 자세히 알 수가 없다. 다만 한자로 기록되어 있는 땅 이름, 사람 이름, 관직 이름의 표기를 통하거나 한자의 훈(訓)을 통하여 그 흔적을 짐작해 볼 수 있을 뿐이다.

중세 한국어의 문헌에는 현대 한국어에서는 잘 쓰이지 않는 많은 고유어를 찾아볼 수 있다. 근대 한국어에서도 고유어가 많이 사용되었으나, 한자어와 외래어의 침투가 끊임없이 이어져서 고유어가 점차 소멸해 갔다. '많다'라는 뜻의 '하다', '만들다'라는 뜻의 '밍글다'도 사라졌으며, 숫자를 가리키는 '온[百], 즈믄[千], 골[萬]'도 사라졌다. '미르[龍], 슈룹[雨傘]'도 더 이상 쓰이지 않는다.

한국어에는 고대 한국어에서 이미 '붇'[筆], '먹'[墨] 등의 외래어가 중국에서 들어왔다. 또한 한자가 유입되면서 한자어가 많이 쓰이게 되었다. 불교의 전파로 '부텨'[佛陀], '미륵'[彌勒]과 같은 불교 용어도 한국어에 들어왔다. 중세 한국어에서도 외래어들이 들어왔다. 전기 중세 한국어에는 몽골어에서 온 외래어가 많았다. 관직, 군사에 관한 어휘를 비롯하여 말과 매, 그리고 음식에 관한 단어들이 몽골어에서 들어왔다. '가라말'[黑馬], '보라매'[秋鷹], '수라'[御飯] 등이 그 예이다. 후기 중세 한국어 시기에는 한자어가 많이 들어왔다. 이러한 현상은 새로운 문물과 개념의 도입에 따라 근대 한국어에서도 계속되어, 새로운 한자어와 서양 외래어가 우리말 어휘 안에 듬뿍 들어왔다.

단어의 의미도 역시 변화한다. 단어 형태는 그대로이되, 의미가 변화한 것이다. 예를 들어, 《춘향전》에서 '인정(人情)'이 '뇌물'을, '방송(放送)'이 '석방'을 의미했었다. 지금 우리가 알고 쓰는 의미와는 전혀 다르다. 현대 한국어 안에서도 이러한 의미 변화가 진행되고 있다. 예술과 관련한 능력을 가리키던 '예능'이란 단어의 의미가 이제는 방송에서 떠들고 노는 '오락'이란 뜻이 되어 버렸다. 남의 부인을 높여 부르는 말 '영부인(令夫人)'이 어느새 대통령(大統領) 부인이 되어 버렸다(여기서 令은 아름답다는 뜻). 그래서 상대방 부인을 높여 영부인께서도 안녕하신지 인사를 하면 오히려 어리둥절한 표정을 짓는다. 그래서 '영부인'은 대통령 부인에게만 쓰고 '어부인'이란 말이 그 자리를 대신 차지하고 있는 형편이 되었다. 적어도 20세기 후반까지는 어느 모임에 부부를 초대할 때 '김광수 동 영부인 귀하'라는 문구를 자주 보았다.

이처럼 단어의 의미는 시간의 흐름에 따라 변화하는데, 의미 영역이 확장되기도 하고 반대로 축소되기도 하고, 단순히 다른 의미로 변화하기도 한다. 의미가 적용되는 영역이 원래보다 확장된 예는 많이 있다. '다리'[脚]가 처음에는 사람이나 짐승의 다리만을 가리키는 것이었는데 '책상다리'나 '지게다리'의 다리 같은 무생물에까지 적용된 것은 의미가 확장된 결과이다. 또 다른 예로 '영감'(令監)을 들 수 있다. 이 말은 옛날에는 정삼품 이상의 벼슬인 당상관에 해당하는 사람을 일컫는 말이었는데 지금은 남자 노인을 가리키게 되었다. '오랑캐'는 원래 우리나라 북방의 특정 민족을 가리키는 말이었으나, '북방 이민족 전체'라는 뜻으로 확장되었다.

최근에 눈에 띄는 단어로 '구독'이 있다. 단어의 의미가 확장되는 예이다. 원래는 책이나 신문을 '사서'[購] '읽는'[讀] 것을 말하는데, 요즘은 온갖 사는 것[購買]을 다 구독한다고 한다. 유튜브 구독을 비롯하여 꽃배달도 구독하고 심지어 세탁소에서 세탁도 구독하라고 한다. 오늘 아침 신문 기사에는 '가전을 구독하라'고 썼다. 최근 '맛집'이란 단어의 의미 변화도 막 일어나고 있다.

'음식의 명소'이던 것이 온갖 '명소'를 가리키는 의미로 일반화되고 있다. 설악산 풍광의 맛집, 음악 맛집, 유도의 맛집, 판결문 맛집이 나타나고 있다. 드디어 주유소가 '우리 동네 기름값 맛집'이란다.

단어의 의미가 확장되는 되는 한 예를 더 들어 보자. '사람, 사람의 마음씨, 사람됨, 사람의 행위'에 한정되던 형용사 '착하다'가 20세기 말부터 '착한 가격, 착한 식당, 착한 소비' 등으로 확장되고 있다. 더 나아가 '착한 결혼식, 착한 행정'으로까지 나아간다. '착하다'의 의미 확장은 그 사용 범위나 빈도에서 매우 활성화되고 있는 현실이다. [참고: 임지룡 2023,《다의어와 의미 확장의 인지언어학적 탐색》165-198쪽, 한국문화사]

의미가 적용되는 영역이 원래보다 축소된 경우도 있다. 그 예로 '짐승'이라는 단어를 들 수 있다. 이 말은 '즁싱'(衆生)에서 온 말로서, 원래 살아있는 생명체 전체를 가리키는 불교 용어였지만 지금은 인간을 제외한 동물을 가리키는 말로 의미가 축소되었다. 이와 비슷한 예로는 '놈, 계집' 같은 말이 있다. 이들은 원래 일반적인 '남자, 여자'를 가리키는 말로 사용되던 것인데, 그 의미 영역이 축소되어 지금은 비속어로 사용된다.

한편 의미가 확대하거나 축소되는 것이 아니고, 단순히 의미가 변화하기도 한다. '어리다'는 '어리석다'라는 뜻에서 '나이가 적다'라는 뜻으로, '싁싁하다'는 '엄하다'라는 뜻에서 '씩씩하다'라는 뜻으로, '어엿브다'는 '불쌍하다'라는 뜻에서 '아름답다'라는 뜻으로 바뀌었다.

말소리 변화

15세기 이전 우리말의 말소리[음운] 구조에 대해서는 남아 있는 자료가 많이 없어서 분명하게 알기 어렵다. 그러나 자음의 경우 15세기 한국어에 이르러서 현대 한국어와 마찬가지로 예사소리(ㅂ ㄷ ㅈ ㄱ), 된소리(ㅃ ㄸ ㅉ

ㄲ), 거센소리(ㅍ ㅌ ㅊ ㅋ)의 세 계열이 확고하게 자리 잡은 것으로 보인다. 그리고 15세기 한국어에는 현대 한국어와 달리 마찰음인 'ㅸ', 'ㅿ'와 같은 자음이 더 있었다. 그런데 15세기 말에 이르러 'ㅸ'는 반모음 'ㅗ/ㅜ'([w])로 바뀌었다. '셔볼 〉 서울', '더버 〉 더워', '쉬븐 〉 쉬운' 등에서 그 변화의 모습을 볼 수 있다. 'ㅿ'는 15세기 말에서 16세기 초에 걸쳐 사라졌다. 'ᄆᆞᅀᆞᆷ 〉 마음', '처섬 〉 처음', '아ᅀᆞ 〉 아우' 등에서 그 변화의 모습을 볼 수 있다.

현대 한국어와는 달리 15세기 한국어에는 음절 첫머리에 여러 자음이 겹쳐 나타날 수 있었다. [1] ㅅ으로 시작하는 ㅺ ㅼ ㅽ, [2] ㅂ으로 시작하는 ㅳ ㅄ ㅶ ㅷ, [3] ㅄ으로 시작하는 ㅴ ㅵ이 그것이다. 이 자음들은 모두 다 발음되었던 것으로 보인다. 즉, '쌀, 뿔'은 각각 [ㅅ달, ㅂ술]로 발음되었다. 그러던 것이 현대 한국어로 오면서 음절 첫머리에서 하나의 자음만 발음되게 되었다. 그래서 'ㅴ'은 '뜻'으로 변했고, 'ㅵ'는 '때'로 변하였다.

15세기 한국어의 단모음은 / ㅣ ㅡ ㅓ ㅏ ㅜ ㅗ ㆍ / 등과 같이 7개였다. 그 가운데 / ㆍ /는 점차 음가가 소멸하기 시작하여 16세기에는 둘째 음절 위치에서 /ㅡ/나 /ㅗ/, /ㅏ/로 바뀌었다. '기ᄅᆞ마'[鞍]가 '기르마'로, 'ᄇᆞ름'[壁] 이 'ᄇᆞ람'으로 바뀐 것이 그 예이다. 나중에는 첫째 음절에서도 / ㆍ /가 / ㅏ /로 바뀌게 되었다. 'ᄀᆞ래'[楸]가 '가래'로, 'ᄆᆞᅀᆞᆷ'이 '마음'으로 바뀌었다.

지금 말에서 단모음 [ㅐ, ㅔ]로 발음되는 'ㅐ, ㅔ'는 15세기에는 발음이 [ㅏㅣ, ㅓㅣ]였다. 즉, 이중모음이었다. 따라서 '개, 배, 새'를 당시 사람들은 [가이, 바이, 사이] 정도로 발음하였다. [ㅏㅣ, ㅓㅣ]로 발음되던 'ㅐ, ㅔ'가 현대 한국어와 같이 [ㅐ, ㅔ]로 발음이 바뀐 것은 18세기 후반이다. 또한 'ㅚ, ㅟ' 역시 지금 말에서는 [ㅞ, ㅟ]로 발음되지만, 15세기에서는 [ㅗㅣ, ㅜㅣ]로 발음되어서 '죄'를 이중모음 [조이] 정도로 발음하였다. [ㅗㅣ, ㅜㅣ] 와 같이 이중모음으로 발음되던 'ㅚ, ㅟ'가 단모음으로 바뀐 것도 역시 18세기 후반이다.

15세기 한국어에는 소리의 높이를 통해 단어의 뜻을 구별하는 말소리의 특질이 있다. 높낮이 언어였다. 높낮이는 글자의 왼쪽에 점을 찍어 표시했는데, 이를 방점이라 부른다. 평성(平聲)은 점이 없으며, 거성(去聲)은 한 점, 상성(上聲)은 두 점으로 표시되었다. 평성은 낮은 소리이고, 거성은 높은 소리였다. 그리고 상성은 처음에는 낮다가 나중에는 높아 가는 소리였다. 예를 들어 '곳'[花]은 평성으로 낮은 소리였으며, '·플'[草]은 거성으로 높은 소리였으며, ' : 별'[星]은 처음에는 낮다가 나중에는 높아 가는 소리였다.

높낮이는 16세기 중엽 이후 흔들리기 시작하다가 16세기 말엽 문헌에서는 방점이 표시되지 않게 되었다. 적어도 16세기 말에 소멸하였는데, 대체로 평성과 거성은 짧은 소리로[꽃, 풀'은 짧은 소리로], 상성은 긴 소리로['별'은 긴 소리로] 바뀌어 현대 한국어에 이르렀다. 그러나 방언에 따라서는 높낮이가 완전히 소멸하지 않아서 현재 경상 방언이나 함경 방언 일부에 아직 남아 있다.

문법 변화

앞에서 살펴본 어휘나 말소리처럼 문법 현상도 시대에 따라 변화한다. 문법 현상을 표현하는 방법이 바뀌기도 하고, 어떤 문법 현상이 없어지거나 반대로 새로 생겨나기도 한다. 다음 문장의 밑줄 친 부분이 15세기 한국어의 격조사이다.

(1) 식미[=쉼-이] 기픈 믈은 ᄀᄆ래 아니 그츨씨 (용비어천가 2)
    → 샘-이 깊은 물은
(2) 우리 始祖-ㅣ 慶興에 사ᄅ샤 (용비어천가 3)
    → 우리 始祖-가 慶興에 사시어
(3) 我后-를 기드리ᅀᄫ바 (용비어천가 10)

→ 我后-를 기다려
(4) 天下-롤 맛두시릴씨 (용비어천가 6)
→ 天下-를 맡으시니

위 문장의 '이, ㅣ'는 주격조사로서 '쉼, 始祖'가 문장의 주어 구실을 하게한다. '를, 롤'은 목적격조사로서 '我后, 天下'가 문장의 목적어 구실을 하게한다. 주격조사는 15세기 한국어에서는 명사가 자음으로 끝나든 모음으로 끝나든 모두 '이' 형태였으나, 현대 한국어에서는 자음으로 끝나면 '이', 모음으로 끝나면 '가'로 나타난다. 이렇게 주격조사는 중세 한국어에서 원래 '이'만 쓰였으나, 차츰 '가'도 사용되기 시작하여 두 형태가 함께 사용되었다. 목적격조사는 15세기 한국어에서는 모음조화에 의해 '을/를 : 올/롤'로 나타났으나, 현대 한국어에서는 모두 '을/를'로만 나타난다. 이것은 격조사가 역사적으로 변화했음을 보여 준다.

시제법은 문법에서 시간과 관련을 맺는 문법범주이다. 15세기 한국어의다음 문장의 밑줄 친 부분이 시제법을 실현한다.

(가) 이 두 사르미 福德이 어느사 하-리-잇고 (석보상절 23:4)
(나) 大愛道ㅣ 드르시고 흔 말도 몯호-야 잇-더시니 (석보상절 6:7)

위 문장의 자연스러운 현대 한국어 표현은 다음 (다), (라)와 같다. 이들문장을 견주어 보면 시제법의 실현방법이 역사적으로 변화했음을 보여 준다. 15세기 한국어에서 의지나 추측을 표현하던 '-으리-'가 현대 한국어에서는 '-겠-'으로 나타났으며, 15세기 한국어에서 상태 지속을 표현하던 '-어 잇-'이 현대 한국어에서 '-었-'으로 나타났다.

(다) 이 두 사람 가운데 복덕이 어느 쪽이 더 많겠습니까?

(라) 大愛道가 들으시고 한 말씀도 못하셨더니[=못하-시-었-더-니]

지난 어느 때에 기준을 두고, 그때 되어 가던 일, 또는 그때 경험한 일을
표현하는 시제법을 회상법이라 한다. 회상법은 15세기 한국어에서 주어의
인칭에 따라 달리 실현된다. 주어가 화자 자신, 즉 1인칭일 경우에는 '-다-'로
실현되며, 그렇지 않은 경우에는 '-더-'로 실현된다. 그리고 '이다, 아니다'의
'-이-, 아니-'와 시제어미 '-으리-' 다음에는, '-더-'는 '-러-'로, '-다-'는 '-라-'로
변이된다. 다음 문장은 주어가 1인칭이다. 각각 '-다-'와 '-라-'로 실현되었다.

> (가) 내 지븨 이싫 저긔 受苦ㅣ 만타라[=많-다-라] (월인석보
>   10:23)
> (나) 내 ⋯ 舍衛國 사ᄅᆞ미라니[=사름-이-라-니], 父母ㅣ 나를
>   北方 싸ᄅᆞᄆᆞᆯ 얼이시니 (월인석보 10:23)

다음 문장은 주어가 3인칭이다. 각각 '-더-'와 '-러-'로 실현되었다.

> (다) 病흔 사ᄅᆞ미 잇거든 夫人이 머리를 ᄆᆞ지시면 病이 다 됴ᄐᆞ라
>   [=둏-더-라] (월인석보 2:30)
> (라) 長者ㅣ 닐굽 아ᄃᆞ리러니[=아들-이-러-니] 여슷 아들란 ᄒᆞ마
>   갓 얼이고 (석보상절 6:13)

그런데 15세기에는 이렇게 주어의 인칭에 따라, 1인칭일 경우에는 '-다-'
로 실현되며, 그렇지 않을 경우에는 '-더-'로 실현되고, '이다, 아니다'의 '-이-,
아니-'와 시제어미 '-으리-' 다음에는 인칭에 따라 각각 '-라-'와 '-러-'로 실현
되던 것이 17세기에 이르러 한국어 문법 체계에서 인칭법이 소멸하면서,
회상법의 인칭 대립도 소멸하여 '-더-' 형태로 단일화되어 현대 한국어에 이
르렀다.

그런데 인칭법이란 주어의 인칭에 의한 대립을 실현하는 문법범주이다.

예를 들어, 15세기 한국어에서 문장의 주어가 1인칭일 경우에는 서술어에 '-오/우-'를 결합하며, 2/3인칭일 경우에는 서술어에 '-오/우-'를 결합하지 않았다. 인칭에 따라 문법 현상이 달리 나타나는 것이다.

> (가) 나ᄂᆞᆫ 난 後로 ᄂᆞᆷ 더브러 ᄃᆞ토ᄃᆞᆯ 아니ᄒᆞ노이다[=아니ᄒᆞ-ᄂᆞ-오-이-다] (석보상절 11:34)
> (나) 이 모든 大衆이 ··· ᄠᅳ들 아디 몯ᄒᆞᄂᆞ이다[=몯ᄒᆞ-ᄂᆞ-ø-이-다] (능엄경언해 2:55)

문장 (가)의 주어는 '나'로서 서술어 '아니ᄒᆞ다'에 '-오-'가 결합해 있으며, 문장 (나)의 주어는 大衆으로서 서술어 '몯ᄒᆞ'에 '-오-'가 결합해 있지 않다. 그러나 이들 문장의 자연스러운 현대 한국어 표현은 (다), (라)와 같다. 현대 한국어에서는 문장의 주어가 1인칭이든, 아니든, 상관없이 '-오/우-'가 결합해 있지 않아 인칭에 의한 대립은 존재하지 않는다. 이것은 인칭법이 역사적으로 소멸했음을 보여 준다.

> (다) 나는 태어난 후로 남과 더불어 다투지 아니합니다.
> (라) 이 모든 대중이 ··· 뜻을 알지 못합니다.

의문문이 물음말의 존재 여부에 따라 '-ㄴ가', '-ㄹ가'와 같은 'ㅏ' 형 어미와 '-ㄴ고', '-ㄹ고'와 같은 'ㅗ' 형 어미로 달리 표현되었음은 15세기 한국어의 주요한 특징이다. 'ㅏ' 형은 물음말이 없는 의문문에 사용되고, 'ㅗ' 형은 물음말이 있는 의문문에 사용되었다. 그리고 주어가 2인칭인 의문문에는 '-ㄴ다'가 사용되었다.

> (가) 西京은 편안ᄒᆞ가 몯ᄒᆞ가? (두시언해 18:5)
> (나) 故園은 이제 엇더ᄒᆞ고? (두시언해 25:24)
> (다) 네 엇뎨 안다? (월인석보 23:74)

그러나 현대 한국어에서는 의문문에 물음말이 있든 없든, 주어의 인칭이 어떠하든 의문어미를 구분하지 않게 되었다. 이것 역시 문법 현상이 역사적으로 소멸한 예이다.

문장 구조는 어떻게 바뀌어 왔는가

15세기 한국어 문장 구조가 현대 한국어와 다른 경우를 볼 수 있다. '무엇-을 누구-를 주다' 구문은 현대 한국어에서는 '무엇을 누구-에게 주다'로 바뀌었다. 또 '무엇-이 무엇-이 곧다' 구문은 현대 한국어에서는 '무엇-이 무엇-과 같다'로 바뀌었고, '무엇이 무엇에 다르다'도 '무엇이 무엇과 다르다'로 변화하였다. 이것은 문장 구조가 역사적으로 변화했음을 보여 준다.

(가) 四海를 년글[=년ㄱ-을] 주리여 (용비어천가 20)
→ 四海를 누구-에게 주겠는가
(나) 出家ᄒᆞᆫ 사ᄅᆞᄆᆞᆫ 쇼히[=쇼ㅎ-ㅣ] 곧디 아니ᄒᆞ니 (석보상절 6:22)
→ 出家한 사람은 속인-과 같지 아니하니
(다) 나랏 말ᄊᆞ미 中國-에 달아
→ 나라 말씀이 중국-과 달라

사동법의 변화도 살펴보자. 다음 문장은 15세기 한국어의 사동법을 실현한다.

(가) ᄒᆞᆫ 菩薩이 王 ᄃᆞ외야 겨샤 나라홀 아ᅀᆞ 맛디시고[=맜-이-시-고] (월인석보 1:5)
(나) 녀토시고[=녙-오-시-고] ᄯᅩ 기피시니[=깊-이-시-니] (용비어천가 20)

위 문장의 자연스러운 현대 한국어 표현은 (다), (라)와 같다. '맛디시고[=
맞-이-시-고]'는 사동접미사 '-이-'로 사동법을 실현하고 있으나, 현대 한국어
에서는 '-기-'로 실현하고 있어 사동접미사가 바뀌었음을 알 수 있다. '녀토
시고[=녈-오-시-고], 기피시니[=깊-이-시-니]'는 사동접미사 '-오-, -이-'로 사
동법을 실현하고 있으나, 현대 한국어에서는 사동접미사에 의하지 않고 통
사적 구성(=문장 구성) '-게 하-'로써 사동법을 실현하고 있다. 이를 통해서
보면, 사동법의 실현방법이 역사적으로 변화했음을 알 수 있다.

(다) 한 菩薩이 王이 되어 계시어 나라를 아우에게 맡기시고[=맡-
기-시-고]

(라) 얕게 하시고[=얕-게 하-시-고] 또 깊게 하시니[=깊-게 하-시
-니]

명사절 구성도 역사적으로 변화하였다. 15세기 한국어에서는 '-음'이 명사
절 구성을 대표하고 '-기'는 아주 드물게 쓰였지만, 현대 한국어로 올수록
점차 '-음'은 '-기'로 교체되었으며, 더 나아가서 관형절 구성 '-은/는/을 것'으
로 교체되었다. 16세기와 18세기에 간행된 《삼강행실도》의 예를 보면 다음
과 같다.

(가) 16세기: 내 져믄 제 글 빗호믈 즐겨   [-음]
(나) 18세기: 내 져머셔 글 빗호기롤 됴히 너겨   [-기]
(다) 20세기: 내가 젊었을 때 글 배우는 것을 좋아해서 [-는 것]

[출전]

1994 한국어 문법범주의 변화에 대한 연구, 《조선학보》 150, 1-17, 조선학회.

1996 국어의 변화, 《고등 학교 국어 (하)》, 183-193, 교육부.

1996 옛말의 문법, 우리말의 변천, 《고등 학교 문법》, 199-230, 교육부.

2014 세계어로서의 한국어 (1), 우리말은 어떻게 형성, 발전했을까?, 《쉼표, 마침표》 108, 국립국어원.

2014 세계어로서의 한국어 (2), 한국어는 어떻게 변화해 왔을까?, 《쉼표,마침표》 108, 국립국어원.

2021 《언어 변화》, 서울대학교 지식교양 강연 - 생각의 열쇠.
https://m.tv.naver.com/v/22778415

2021 《한국어 문법사, 개정판》, (주)박이정.

6.3. 언어의 분화와 역사

　인류가 언어를 사용한 이래 언어 변화는 오랫동안 계속되어 왔다. 또한 같은 언어라 하더라도 넓은 지역에서 사용될 때에는 각 지역에 따라 독자적인 변화가 일어나기도 한다. 특히 지역 간 교류 없이 독자적인 변화가 일어나서 서로 이해하기 어려울 정도로 말이 달라지면, 서로 다른 언어로 분화하고 만다. 언어 분화의 대표적인 예는 같은 언어를 사용하던 민족의 이동에 의한 것이다. 같은 언어를 사용하던 민족이 서로 다른 곳으로 이동하여 서로 멀리 떨어져서 교류가 없어지면 각기 다른 변화를 밟게 된다. 이렇게 하여 결국 서로 다른 언어로 분화된다. 즉, 언어 변화가 쌓이면 언어 분화를 일으킨다.

　언어 분화의 대표적인 예는 라틴어와 여기서 분화해서 생긴 로맨스언어이다. 기원전 3,4세기쯤 이탈리아에는 여러 언어가 사용되고 있었는데, 중부에 있던 라티움의 언어, 즉 라틴어는 로마제국이 발전하여 영토를 확대하면서 사용 지역도 확산하였다. 먼저 이탈리아가 라틴어로 언어 통일을 이루었다. 다음에는 오늘날 프랑스 지역인 갈리아 지방으로 확대되고, 더 나아가서 이베리아반도까지 라틴어가 사용되었다. 다뉴브강 유역의 루마니아에까지 영향을 끼쳤다. 이렇게 로마제국의 성장과 함께 라틴어가 유럽 남부 전역에 확산하였다. 그러나 기원후 4세기경부터 로마제국이 차차 붕괴하기 시작하면서 정치적, 문화적 중심을 잃은 라틴어는 그 넓은 지역에서 각각 독자적인 변화를 겪게 된다. 그 결과 10세기경에는 서로 다른 여러 언어로 분화되었다. 여기서 오늘날의 이탈리아어, 프랑스어, 스페인어, 포르투갈어, 루마니아어 등이 나타나게 된 것이다. 이들 언어가 바로 로맨스언어들이다.

이렇게 분화된 여러 언어들은 서로 친근 관계에 있다고 한다. 이들 언어가 분화하기 이전의 라틴어와 같이, 공통기원이 된 언어를 할아버지언어라 한다. 할아버지언어에서 분화된, 친근 관계에 있는 여러 언어들은 뿌리, 즉 계통이 같은 언어로서, 어족을 형성한다. 이렇게 언어를 어족이라는 개념으로 묶어 분류할 수 있는데, 이것이 언어의 계통론적 분류이다. 따라서 어족은 언어 변화와 분화의 결과이다.

한국어의 뿌리는 어디일까?

아득한 선사 시대에 우리 조상들이 처음으로 말을 할 수 있게 되었을 때, 어떠한 모습의 언어로 말했을까? 한국어의 뿌리는 어디일까? 지금으로서는 이에 대한 대답을 정확하게 할 수 없다.

흔히 한국어는 알타이어족에 속한다고 말한다. 이 말은 한국어는 알타이어족에 속하는 언어들과 같은 계통일 가능성이 크다는 뜻이다. 알타이어족에 속하는 언어에는 몽골어파, 만주퉁구스어파, 튀르크어파가 있다. 몽골어파에 속하는 언어에는 몽골어, 부랴트어, 칼미크어 등이 있고, 만주퉁구스어에는 만주어를 비롯하여 러시아와 중국에 흩어져 있는 여러 소수민족 언어들이 있다. 튀르크어파에 속하는 언어에는 튀르키예어를 비롯하여 중앙아시아의 카자흐어, 우즈베크어, 키르기스어 등 여러 언어가 있다. 그러면 한국어가 알타이언어와 어떤 공통성이 있어서 알타이어족에 속한다고 보게 되었을까?

우선 말소리의 특징이 비슷하다. 만주퉁구스언어, 몽골언어, 튀르크언어, 한국어에는 모음조화가 공통으로 나타난다. 말소리뿐만 아니라 문법도 비숫하다. 아래 예는 각각 몽골어파의 한 언어인 다고르어와 만주퉁구스어파의 한 언어인 어웡키어의 문장이다. 이를 살펴보면, 한국어와 어순이 같아서 '주어＋목적어＋서술어'의 순서이다. 어순뿐만 아니라 다양하게 어미가 발달하여 있다.

다고르어	əwəə budaa sjan-ijə-bəj	ačaa čee wəə-jəə-bəj
어웡키어	ənin jəəkti oloo-ji-rən	amin čai im-ji-rən.
한 국 어	어머니는 밥을 짓고	아버지는 차를 마신다.

그러나 이러한 어순을 가진 언어는 한국어나 알타이언어 이외에도 많다. 또 모음조화도 한국어나 알타이언어 이외의 언어에도 있다. 그러므로 이러한 몇 가지 현상만으로 한국어가 알타이언어와 계통이 같다고 단정할 수 없다.

그런데 비교언어학에서는 두 언어가 같은 계통이라는 것을 증명하기 위해서는 말소리가 체계적으로 대응해야 한다. 그동안 한국어 계통에 관한 여러 연구가 국내외에서 이루어졌지만 아직 체계적인 말소리의 대응이 충분히 증명되지 않았다. 한 예를 들어 보자.

몽골공화국의 수도 울란바토르에서 기차를 타고 북쪽으로 하루 정도 달려가면 러시아연방에 속해 있는 부랴트공화국의 수도 울란우데에 도착한다. 그런데 두 나라 수도인 울란바토르와 울란우데의 뜻은 각각 '붉은 영웅'과 '붉은 우데강'이다. 몽골어와 부랴트어는 같은 몽골어파에 속하여 붉은 색깔을 뜻하는 단어가 '울란'(ulan)으로 똑같다. 옛날 문헌 자료를 통해 연구해 보면 몽골어에서 이 단어의 옛 모습은 hulan이며 이보다 더 옛 모습은 pulagan쯤으로 추정된다.

현재 사라질 위기에 놓인 만주어에서 붉은 색깔은 뜻하는 단어는 ʃulgiyan이며, 이 단어의 옛 모습은 pulgiyan쯤으로 추정된다. 이렇게 보면 알타이어족에 속하는 것으로 알려진 몽골어와 만주어에서 붉은 색깔을 뜻하는 단어가 같은 뿌리에서 나왔음을 짐작할 수 있다.

한국어 '붉다'(pulk-)도 몽골어와 만주어의 붉은 색과 뿌리를 같이 하고 있음을 짐작할 수 있다. 이 단어를 비롯하여 다른 여러 단어를 비교하여 한국어도 알타이어족에 속할 가능성을 제시할 수 있을 것이다. 위에서 살펴본 '붉다'와 아래 단어를 비교해 보면 다음과 같은 말소리의 체계적인 대응을 확인할 수 있다.

	현대몽골어	옛몽골어	만주어	한국어	일본어
	ø	[h]	[f]	[p]	[h]
마을/평원	ail		falga	pəl	hara
불다	ulije-	hulie-	fulgije	pul-	huk-
빌다	iryge-	hiryge-	firu-	pil-	
봄/해/계절	on	hon-	fon	pom	haru

그러나 위와 같이 말소리의 체계적인 대응이 되는 예도 있지만, 한국어에는 알타이언어들과 말소리의 대응이 성립되는 단어들이 별로 많지 않다. 그래서 알타이어족에 속한다고 단정할 수가 없다. 현재로서는 그럴 가능성이 있다는 정도로만 말할 수밖에 없다.

그리고 또 한 가지 문제가 있다. 학계에서는 위의 세 어파를 묶어 알타이어족으로 보는 것에 동의하는 학설이 있는가 하면, 동의하지 않는 학설도 있어, 알타이어족의 존립 자체에 대해서도 아직 불확실한 편이다. 그래서 지금까지의 연구를 바탕으로 하면 한국어의 계통은 다음과 같이 말하는 것이 가장 정확하고 타당하다고 하겠다.

"알타이어족이 성립한다면, 한국어는 알타이어족에 속할 가능성이 크다. 그러나 아직 비교언어학적으로 입증되지 않았다."

따라서 한국어의 뿌리가 어디에 있는지, 어느 어족에 속하는지를 밝히기 위해서는 앞으로 만주퉁구스언어, 몽골언어, 튀르크언어 등 여러 언어를 더 철저히 조사하여 한국어와 비교하여 체계적인 말소리 대응을 찾아 증명해야 할 것이다. 참고로 언어에 관한 다양한 통계를 제시하는 에스놀로그 (Ethnologue, 2023년)의 언어 분류표를 보면, 알타이어족은 없다. 대신 몽골어족(Mongolic), 퉁구스어족(Tungusic), 튀르크어족(Turkic), 한국어족(Koreanic), 일본어족(Japonic) 등이 있다.

고구려, 백제, 신라는 서로 말이 통했을까?

삼국시대 고구려어, 신라어, 백제어는 같은 언어의 방언이었을까, 아니면 서로 다른 언어였을까? 같은 언어의 서로 다른 방언이었다면 말이 통했을 것이고, 서로 다른 언어였다면 말이 통하지 않았을 것이다.

만주 지역과 한반도에 삼국이 정립되었을 때 고구려어가 어떠했는지를 알려 주는 자료는 두 가지뿐이다. 첫째는 《삼국사기》에 기록된 땅 이름, 관직 이름 등을 통해 추정할 수 있는 자료인데, 겨우 70여 단어에 지나지 않는다. 둘째는 중국 옛 역사책에 기록된 당시 언어에 대한 기록인데, 이것 역시 매우 간략하다. 따라서 이런 한정된 자료로 당시 언어의 모습을 추정한다는 것은 이론적으로는 거의 불가능하다. 그래서 비교언어학을 통해 조금이라도 정확한 모습을 추정하기도 하고, 또는 온갖 추측을 통해 각자가 이미 내린 주장을 정당화하기도 한다.

어떤 두 언어가 서로 다른 언어인지, 아니면 같은 언어의 방언 차이인지를 판정하는 기준은 의사소통의 가능성 유무이다. 다시 말하여 통역을 가운데 두고 말을 한다면 서로 다른 언어이고, 그렇지 않고 서로 의사소통이 된다면 같은 언어의 서로 다른 방언이다. 현재 고구려어와 신라어-백제어의 관계에 대해서는 두 주장이 있다. 하나는 같은 어족의 언어여서 가깝지만 서로 다른 언어였다고 보는 주장, 즉 서로 말이 통하지 않았다는 주장이고, 다른 하나는 방언적 차이만 있는 같은 언어였다고 보는 주장, 즉 서로 말이 통하였다는 주장이다. 학계에는 이 두 주장이 함께 있는데, 일본 학계는 앞의 주장을, 북한 학계는 뒤의 주장을 내세운다. 남한 학계에는 두 주장이 함께 있다. 그러나 극히 제한된 자료밖에 없는 지금으로서는 어느 주장이 옳은지를 분명하게 말할 수 없고, 이에 대해서 더 많은 연구가 필요하다. 한국어와 지리적으로 그리고 계통적으로 관련이 있는 알타이어족에 속한다는 여러 언어들을 두루 살펴 도움을 얻을 수 있을 것이다.

한국어의 시대적 발전

역사 시대 이후 한반도와 만주 일대에 자리를 잡은 한국 민족의 언어는 북방의 부여계(夫餘系) 언어와 남방의 한계(韓系) 언어로 나뉘어 있었다. 삼국이 세워지면서 이들은 고구려어, 백제어, 신라어로 발전하여 서로 공통점과 차이점을 가지면서 제각기 발전했을 것으로 본다. 그러나 이 시기의 언어에 대해서는 자료가 부족하여 그 정확한 실상을 알기 어렵다. 그 이후 신라가 삼국을 통일하면서부터는 경주를 중심으로 언어가 통일되는 양상을 보였다. 이 시기의 한국어를 고대 한국어라고 부른다.

고려가 건국하면서 언어의 중심지는 개성으로 옮겨갔다. 고구려어의 흔적이 남아 있기는 하였지만 크게 보아 고려의 언어는 신라어를 계승하여 발전하였다. 조선이 건국하면서 언어의 중심이 지금의 서울로 옮겨졌으나 언어의 모습이 크게 달라지지는 않았다. 그래서 고려의 건국부터 16세기 말까지의 한국어를 중세 한국어라고 부른다. 중세 한국어는 앞뒤로 전기 중세 한국어, 후기 중세 한국어로 더 나누기도 한다. 훈민정음이 창제되어 한글로 적은 문헌 자료가 많이 나온 시기가 후기 중세 한국어이다.

17세기부터는 음운, 어휘, 문법에서 앞 시대의 한국어와는 꽤 다른 모습을 보인다. 모음 체계의 변화가 일어났으며, 여러 문법 현상들이 사라지기도 하고 새로 생겨나기도 하였다. 17세기 초기부터 19세기 말까지의 300년 동안의 한국어를 근대 한국어라고 부른다.

그리고 20세기 이후 지금의 한국어를 현대 한국어라 한다. 현대 한국어 역시 앞 시대의 한국어와 견주어 보면 여러 면에서 다른 모습을 보여 준다. 특히 새로운 어휘가 많이 늘어난 시기이다.

[출전]

2014 세계어로서의 한국어 (1), 우리말은 어떻게 형성, 발전했을까?,《쉼표, 마침표》108, 국립국어원.
2014 세계어로서의 한국어 (2), 한국어는 어떻게 변화해 왔을까?,《쉼표,마침표》108, 국립국어원.
2021 《언어 변화》, 서울대학교 지식교양 강연 – 생각의 열쇠.
　　 https://m.tv.naver.com/v/22778415

6.4. 지금도 언어는 변화하고 있다

인간은 표현과 이해를 위해 필요한 상황이면 언어 변화를 통해 새로운 의사소통의 도구를 만든다. 이를 위해 기존에 있던 도구를 활용하기도 하고 전혀 새로운 도구를 만들기도 한다.

최근 한국어 높임법에서 청자높임을 강화하려는 변화가 보인다. 특히 상거래에서 두드러지게 나타난다. 손님인 청자를 높여야 하는 상황에서 기존의 문법으로는 부족하다고 느낄 때 이웃하는 다른 문법 장치를 활용하려고 하는 것이다. 이 역시 의사소통의 필요에 의해 언어 변화가 일어나는 한 예이다. 그런데 이와 비슷한 변화는 이미 근대 한국어 시기에 똑같이 나타난 바 있다. 이에 대해 먼저 살펴보자.

15세기 한국어의 높임법

화자(말하는 사람)가 어떤 대상에 대하여 높임의 의향을 가지고 언어 내용을 표현하는 문법범주가 높임법이다. 흔히 한국어의 특징을 말할 때 높임법이 발달되어 있는 점을 들 정도로, 높임법은 한국어의 특징적인 문법범주이다. 15세기 한국어의 다음 문장의 밑줄 친 선어말어미가 각각 높임법을 실현한다.

世尊하 摩耶夫人이 엇던 功德을 닷ᄀ시며 엇던 因緣으로 如來

를 나쏫 ᄫᅵ시니잇고 [낳-ᄉᄫ-ᄋᆞ시-니-잇-고] (석보상절 11:24)

위 문장에서 청자(말듣는 사람)인 '세존'(世尊)에 대한 높임의 의향을 실현하기 위하여 '-잇-'[기본형=-으이-]이 나타나 있다(=청자높임법). 주어인 '마야부인'(摩耶夫人)에 대한 높임의 의향을 실현하기 위하여 '-ᄋᆞ시-'[기본형=-으시-]가 나타나 있다(=주체높임법). 목적어인 '여래'(如來)에 대한 높임의 의향을 실현하기 위하여 '-ᄉᄫ-'[기본형=-ᅀᆞᆸ-]이 나타나 있다(=객체높임법). 이와 같이 15세기 한국어는 높임의 의향을 실현하기 위하여 각각 선어말어미를 서술어에 결합한다. 그런데 이러한 선어말어미 가운데 '-으시-'만 현대 한국어로 이어지고, 나머지 선어말어미는 모두 소멸하였다. 높임법의 실현방법이 역사적으로 변화한 것이다.

객체높임어미 '-ᅀᆞᆸ-'의 변화

15세기 한국어 객체높임어미 '-ᅀᆞᆸ-'은 음운 조건에 따라 그 형태가 '-ᅀᆞᆸ-, -ᄌᆞᆸ-, -ᅀᆞᆸ-, -ᅀᆞᇦ-, -ᄌᆞᇦ-, -ᅀᆞᇦ-' 등과 같이 너무 다양하게 변이하여 한 범주를 실현하기에 적당하지 않았다. 위의 문장에서는 '-ᄉᄫ-'로 나타났음을 볼 수 있다. 또 객체의 실현 영역도 넓어 목적어, 부사어 등에 걸쳐 있어 객체라는 개념도 모호하게 되었다. 이런 까닭으로 17세기 이후에는 점차 '-ᅀᆞᆸ-'의 기능이 불분명하게 되어, 주체높임을 실현하는 데에 나타나기도 하고, 청자높임을 실현하는 데에도 나타나게 되어 '-ᅀᆞᆸ-'은 객체높임이라는 본래 기능을 잃어갔다. 이렇게 하여 객체높임어미 '-ᅀᆞᆸ-'은 17세기 이후에는 점차 본래 기능을 잃게 되면서 청자높임을 실현하는 기능으로 변화하였다.

중세 한국어 이래 청자높임어미 '-으이-'는 이미 16세기부터 불안정하기 시작하여 ㅇ이 없어져 '-으이-'로 쓰이다가 17세기에 이르러서는 '-으이-'도 자주 생략되면서 그 기능도 약화되었다. 이것은 청자높임법 실현의 변화를 예고한다. 청자는 항상 화자의 눈앞에 있기 때문에 청자높임법은 다른 높임법보다 현실성이 강하다. 따라서 형태가 불안정해지고 기능이 약화되는 것을 그대로 둘 수 없다. 여기서 청자높임을 나타내는 도구를 강화할 필요가 있게 되었는데, 그 결과 청자높임법 실현은 다른 도구에 의지하려는 경향이 일어나게 되었다. 화자가 어떤 표현을 강화할 필요가 있을 때에는 현재 자신이 사용할 수 있는 언어 요소 가운데 그 기능에 완벽히 부합하지 않더라도 비슷하거나 이웃하는 언어 요소를 활용하여 그 필요성을 충당하는 것이다. 바로 여기에 관여하게 된 것이, 점차 본래 기능을 잃어 가던, 객체높임어미 '-습-'이다.

이렇게 하여 '-습-'과 그 다양한 변이형들은 점차 청자높임을 실현하는 기능으로 바뀌었다. 그 결과 원래 객체높임을 나타내던 '-습-'은 근대 한국어 후기에 이르러, 현대 한국어에서 청자를 가장 높이는 어말어미인 '-습니다'로 발전하였다.

-습-ᄂ-이-다 > -습ᄂ이다 > -습ᄂᆡ이다 > -습ᄂᆡ다 > -습니다

주체높임어미 '-으시-'와 청자높임법

다음과 같은 현대 한국어 문장에서 보는 바와 같이, 사람이 아닌, 사물이 주어인 서술어에 주체높임어미 '-으시-'를 남용한다. 최근 사회적으로 널리 퍼져나가는 이와 같은 표현, 즉 사람이 아닌 사물인 상품, 상품의 가격 등을 높이는 표현이 그 예이다.

(가) 판매사원이 청자인 손님에게
　　결제 도와 드릴게요. 모두 만 오천 원이세요.

(나) 판매사원이 청자인 손님에게
　　　바로 이 블라우스가 방금 신상품으로 <u>나오신</u> 거예요.

　물론 현대 한국어의 규범문법 또는 교육문법에서는 이를 허용하지 않는다. 그래서 바른말 쓰기인 언어 순화의 측면에서 이런 표현을 쓰지 못하게 교육하고 있다. 학교, 방송, 언어정책기관, 한글운동단체 등에서 이를 바로 잡으려고 무던히 교육에 힘쓰고 있다. 물론 당연히 그렇게 교육해야 할 것이다. 그러나 표현을 강화하기 위한 필요에 의해서 언어 변화가 일어나는 것을 인위적으로 막기란 쉽지 않다. 언어 현장에서 이러한 변화의 속도는 바른말 쓰기 교육의 속도를 훨씬 앞서가고 있기 때문이다. 이러한 언어 사용은 앞으로의 언어 변화를 예고한다. 비록 지금 단계에서는 규범이 아니지만 이러한 변이가 쌓이고 쌓여 굳어지고 언어 사회에서 채택되면 변화가 이루어지는 것이다.

　실제 이런 일이 있었다. 언어정책기관에서 유통업체 인사교육 담당자들에게 판매직원들의 이런 표현을 바로 잡자고 협조를 요청하였다. 즉, 위의 문장을 '만 오천 원이에요/만 오천 원입니다, 신상품으로 나온 거예요/신상품으로 나온 것입니다'로 쓰라고 말이다. 그러나 바로 실패하였다는 결과를 듣게 되었다고 한다. 왜냐하면 상품이나 가격에 '-으시-'를 쓰지 않은 표현을 들은 손님들이 판매사원으로부터 제대로 대접을 못 받았다는 표정으로 불쾌해 했다고 한다. 인사교육 담당자는 바른말 쓰기도 좋지만 영업을 망칠 수는 없다고 털어놓았다.

　이러한 표현을 사용하는 판매사원들의 의식에는 결코 상품이나 가격을 높일 의향은 전혀 없다. 판매사원들의 '-으시-'의 남용과 의도적인 오용은, 청자인 손님에 대한 공손 전략이다. 오직 기존의 청자높임 방식으로는 손님들을 예우하기에 무엇인가 부족한 것으로 느껴, 좀 더 강하게 청자를 높이려는 의향이 필요한 것이었다. 그래서 이웃에 있는 언어 요소, 즉 주체높임어미 '-으시-'를 통해서 청자높임 기능을 보강하는 셈이다. 마치, 앞에서 살펴본, 근대 한국어에서 객체높임어미 '-습-'으로 청자높임을 강화하려 했던 것처럼 말이다. 따라서 현대 한국어 구어에서 주체높임어미 '-으시-'가 본래의 주체높임 기능은 물론 청자높임 기능까지 담당하는 형태로 변화하는 과정에 있다고 하겠다. 이처럼 표현과 이해를 위해 필요한 상황이 되면 인간은 언어 변화를 통해 새로운 의사소통 도구를 사용한다. 전혀 새로운 도구를 만들기도 하고, 위의 청자높임법의 예처럼, 이웃하는 기존에 있던 도구를 활용하기도 한다. 여기에서 인간은, 창조하는 본성에 따라, 의사소통의 필요에 의해 언어를 변화시킨다는 것을 확인하게 된다.

중복 피동문의 경우

청자높임의 의향을 강화하듯이, 표현을 강화하기 위해서 문법 요소를 중복으로 사용하려는 예도 있다. 피동 표현이 그 예이다. 현대 한국어 구어에서 피동 표현은 주로 중복으로 실현된다. 즉, 피동접미사로 실현된 피동 표현에 다시 통사적 피동 표현이 겹쳐서 실현된다. 이러한 중복 피동문은 피동의 의미를 더 뚜렷하게 하거나 불분명한 피동 의미를 강화하려는 화자의 표현 의도가 반영된 것으로 볼 수 있다.

예를 들어 (가)에서 '보다'의 피동 표현은 피동접미사 '-이-'를 쓴 '보-이-다'인데, 여기에 다시 '-어 지-(다)'라는 통사적 피동 표현이 겹쳐 (나)처럼 '보여지다(=보-이-어 지-다)'로 나타났다. 물론 '보-이-다'가 규범문법의 피동 표현이다.

(가) 입시 면접에서 보-이-는 심리상태는 각양각색이었다.
(나) 입시 면접에서 보여지는[=보-이-어 지-는] 심리상태는 각양각색이었다.

이러한 예는 다음 문장에서도 볼 수 있다. '닫다'의 피동 표현은 '닫히다'인데, 여기에 다시 '-어 지-' 피동이 겹쳐서 '닫혀진'으로 나타났으며, '쓰다'의 피동 표현은 '쓰이다'인데, 여기에 다시 '-어 지-' 피동이 겹쳐서 '쓰여진'으로 나타났으며, '잊다'의 피동 표현은 '잊히다'인데, 여기에 다시 '-어 지다' 피동이 겹쳐서 '잊혀지지'로 나타났다. 이러한 겹침의 피동 표현은 규범문법에서는 물론 허용하지 않는다. (나)와 같은 표현이 규범이다. 그러나 (가)와 같은 겹침의 피동 표현은 피동의 의미를 강화하려는 화자의 의도가 반영되어 현대 한국어 구어에서 자연스럽게 확산하고 있다.

(가) 닫혀진[=닫-히-어 지-ㄴ] 창문 틈 사이로 불빛이 흘러나왔다.
　　 다음에서 잘못 쓰여진[=쓰-이-어 지-ㄴ] 문장을 고르시오.
　　 잊혀지지[=잊-히-어 지-지] 않는 하나의 눈짓이 되고 싶다.*
(나) 닫힌 창문 틈 사이로 불빛이 흘러나왔다.
　　 다음에서 잘못 쓰인 문장을 고르시오.
　　 잊히지 않는 하나의 눈짓이 되고 싶다.

이러한 표현들이, 당연히 규범문법 또는 교육문법에는 어긋나지만, 표현 강화의 필요에 의해 확산하고 있어 앞으로의 문법 변화를 예고한다. 이렇듯, 언어의 경제성, 즉 표현의 간결함과 이해의 분명함을 확보하기 위해 끊임없이 언어 변화는 지속되어 왔고, 오늘 이 순간에도 변화는 지속되고 있고 또 앞으로도 지속될 것이다.

---

* 김춘수 시인의 시 '꽃'의 한 구절. 참고로 현대 한국어에서 빈도수를 검색해 보면 '잊힌'(예: 잊힌 계절)과 '잊혀진'(예: 잊혀진 계절)은 대략 1:10의 비율로 나타난다.

[출전]

2020 언어를 통해 본 인간의 창조성, 서울대학교 인문대학 편《인간을 다시 묻는다》, 279-294, 서울대학교출판문화원.
2021 《언어 변화》, 서울대학교 지식교양 강연 – 생각의 열쇠. https://m.tv.naver.com/v/22778415
2021 《한국어 문법사, 개정판》, (주)박이정.
2022 한국어 청자높임법의 강화,《중국조선어문》2022년 제3호, 12-17, 중국조선어문잡지사.

훈민정음 창제에 담긴 깊은 뜻

말로써 행복을

한자를 빌려 쓰는 데 실패한 우리의 글자 생활이 나아갈 길은 새로운 음소문자를 만들어 내는 것이다. 훈민정음을 창제하게 된 것은 이와 같은 문자학적인 배경과 세종대왕의 백성을 사랑하는 마음의 결실이라 할 수 있다. 세종대왕은 나라 발전을 위해서는 백성들에게 지식을 보급해야 함을 깨달았으며, 글자를 알지 못해 지식과 정보를 제대로 누리지 못했던 어리석은 백성들의 의사소통을 위해, 배우기 쉬운 글자, 한글을 창제한 것이다.

7.1. 훈민정음과 세계의 글자

한글은 창제할 때 이름이 훈민정음(訓民正音)이다. 만백성의 소통을 위한 글자인 세종대왕의 훈민정음에 대해 창제 배경, 창제 원리, 창제의 문자학적 주요 의의를 살펴, 이를 바탕으로 앞으로 훈민정음 창제에 담긴 깊은 뜻을 이어나갈 방향을 함께 생각해 보고자 한다.

훈민정음은 세종대왕(1397~1450) 자신이 세종 25년(1443년) 음력 12월에 창제하였으며, 이어서 집현전 학사들에게 이에 대한 해례(解例: 풀이와 보기)를 짓게 하여 세종 28년(1446년) 음력 9월 상순에 반포하였다. 잘 알다시피 훈민정음은 창제한 사람,

세종대왕 표준영정
(1973년, 김기창 화백 작품)

창제한 날짜가 정확하게 알려져 있으며 창제한 원리를 적은 기록이 전해오는 이 세상에서 유일한 글자이다. 창제 원리를 기록한 문헌인 《훈민정음 해례》(訓民正音解例)는 대한민국 국보이며 1997년에는 유네스코 세계기록유산으로 지정되었다. 유네스코에서 해마다 세계 문해의 날(9월 8일)에 수여하

는 상 이름이 '세종대왕 문해상'이라는 사실은 세종대왕의 창제 정신을 빛내고 있다.

그런데 먼저 알아 둘 사실이 있다. 훈민정음은 두 가지 뜻으로 사용된다는 점이다. '글자로서 훈민정음'과 '책으로서 훈민정음'이 그것이다. 글자로서 훈민정음이 바로 "한글"이다. 그리고 국보로서 유네스코에 세계기록유산으로 지정된 것이 책으로서 훈민정음이다.

우리 옛 조상들이 처음으로 언어에 대한 창의적인 관심을 가진 것은 표기 문제였다. 표기에 대한 관심은 삼국시대에 이미 시작하였으며, 오랜 시일을 두고 끊임없이 노력하여 온 결과, 궁극적으로는 훈민정음이라는 독창적이고 과학적인 글자를 창제하기에 이르렀다. 세종대왕의 훈민정음 창제는 한국의 언어학 수준을 높였다는 점에서 문자학사에서 그 의의가 매우 크다. 체계적인 음운 이론을 바탕으로 자음과 모음 그리고 운소까지 갖춘, 더 나아가 모음조화라는 음운 현상을 반영한, 새로운 음소문자를 만들었기 때문이다.

미국의 언어학자 마거릿 토머스 교수가 2011년에 《언어와 언어학을 빛낸 50인의 사상가》(*Fifty Key Thinkers on Language and Linguistics*)라는 저서를 펴냈다. 그중에서는 고대 인도의 파니니, 고대 로마의 바로, 그리고 근현대의 훔볼트, 그림, 소쉬르, 사피어, 블룸필드, 야콥슨, 촘스키 등을 비롯하여 동양과 서양의 고대에서 현대에 이르기까지 기념비적인 언어학자들이 포함되어 있다. 그런데 그 50인 가운데는 한국의 세종대왕이 포함되어 있다. 이것은 세종대왕 언어학, 한국 언어학의 탁월한 성과를 한마디로 대변해 준다고 할 것이다.

세계 글자의 유형

세계에는 칠천여 언어가 있지만, 그 가운데는 자기 언어를 표기하는 글자를 가지고 있지 못한 경우도 있고, 또 다른 언어에서 쓰는 글자를 빌려다가 쓰는 경우도 있다. 그러나 한국어는 고유 글자인 한글로 표기한다.

글자란 인류의 의사소통을 위하여 사용되는 시각 기호 체계이다. 언어가 의사소통에 필요한 청각 기호라면 글자는 시각 기호라 하겠다. 인류에게 글자가 없다면 의사소통과 문화생활이 불가능할 것이다. 인류는 글자로 기록하여 보존할 수 있었던 덕분에 자신이 이룩한 경험과 지혜를 쌓아 문명과 문화를 일으킬 수 있었고, 나아가서 역사를 기록하였다.

인류가 시각 기호의 필요성을 생각하게 된 것은, 언어가 가지는 한계 때문이었다. 언어는 시간을 뛰어넘어 전달할 수 없고, 또한 공간을 뛰어넘어 멀리까지 전달할 수도 없어서 불편하였다. 이러한 언어가 가진 시간적, 공간적 제약을 극복하기 위해 인류가 발명하여 발전시켜 온 것이 바로 글자이다. 따라서 글자란 언어를 눈으로 볼 수 있도록 하는 의사소통의 도구라 하겠다.

언어는 뜻과 소리라는 두 요소로 구성되어 있다. 글자의 발생도 이 두 요소와 관련을 맺는데, 이에 따라 글자의 종류를 표의문자와 표음문자로 나눈다. 표의문자는 언어의 두 요소 가운데 뜻을 기준으로 만든 글자이다. 글자 모습에 의미가 드러나 있는 글자이다. 표의문자는 기본적으로 상형문자에서 발생했는데, 사물의 형상이나 의미는 무한하기 때문에 글자의 수도 역시 무한해야 한다는 제약을 가지고 있다. 한자가 대표적인 표의문자인데, 한자 하나하나에 의미가 드러나 있어 한자의 수는 수십만 자에 이른다. 그래서 글자 자체를 익히기 위해서 엄청난 노력을 들여야 한다는 문제점을 안고 있다.

표음문자는 언어의 두 요소 중에서 소리를 기준으로 만든 글자이다. 사물의 수가 무한한 것과는 달리, 사람이 말을 하기 위해서 내는 소리는 유한하다. 표음문자는 소리가 글자 모습에 드러나 있는 문자이므로, 글자를 보면 소리를 알 수 있다. 표음문자에는 다시 두 가지가 있는데, 소리의 단위가 음절인 글자를 음절문자라 하고, 소리의 단위가 음소인 글자를 음소문자라 한다. 일본의 가나가 음절문자의 예이며, 한글과 로마자가 음소문자의 예이다. 여기서 잠시 글자의 발생과 발전 과정을 살펴보기로 하겠다.

글자의 발생과 발전 과정

중국 고대 기록에 의하면, 결승(結繩)이라는 말이 있는데, 결승이란 끈으로 표시한 매듭으로, 서로의 약속이나 여러 사람의 의견으로 결정된 사항들을 남겨 두는 방법이었으리라 추측된다. 우리나라 고대에서도 이와 비슷한 사실이 있었다고 한다. 옛 중국 문헌인 양서(梁書) 제이전(諸夷傳) 신라조(新羅條)에는, '무문자 각목위신'(無文字 刻木爲信)이란 기록이 보인다. 즉, 신라 초기에는 나무에 눈을 새겨서, 그것으로써 서로의 기억을 돕는 수단으로 삼았다.

[1] 그림문자

결승에서 한 걸음 더 나아간 것이 '그림'이다. 그런데 그림은 단지 한 사건을 총체적으로 표현한 것으로, 분절된 어떠한 '언어'를 표기하는 것은 아니다. 그래서 이러한 그림은 아직 글자라 할 수 없고 글자의 앞 단계라 할 만하다.

[2] 상형문자

중국 고대 글자는 대표적인 그림문자이다. 지시물을 거의 완전히 그린 것이다. 그러나 글자가 관습화되면, 그 지시물과 표시 방법 사이의 완전한 일치는 불필요하다. 그리하여 그림은 간략하게 되면서, 그 모습은 지시물에서 차츰 멀어지기 시작한다. 글자의 모습이 지시물을 바로 표시하지 않아도 좋게 된 단계에 이르면 '사람, 소, 하늘, 별, 해, 물, 나무'를 나타내기 위해 드디어 人, 牛, 天, 星, 日, 水, 木과 같은 한자가 나타나게 된다. 이와 같이 지시물의 모습을 본떠 글자를 만드는 것이 상형문자이다.

[3] 음절문자

상형문자인 표의문자는 뜻과 소리의 연결인 단어를 표기하는 것이기 때문에, 반드시 이 둘은 관련을 맺고 있다. 이러한 글자가 뜻과 소리의 관련을 끊고, 오직 소리의 어떠한 단위만을 표기하게 되는 단계에 이르면 표음문자가 된다. 한 글자가 표기하는 소리의 단위가 음절인 것을 음절문자라 하고, 그것이 음소인 것을 음소문자라 한다.

[4] 음소문자

이집트의 상형문자가 표음문자로 발전하였는데, 현재 세계적으로 가장 넓게 쓰이는 로마자와 같은 음소문자는 여기에서 생겨났다. 음소문자에는 자음문자가 있는가 하면, 자음＋모음문자가 있다.

자음문자는 자음만을 표기하는 글자 체계를 말한다. 이 체계는 고대 이집트에서 최초로 발생한 것으로 현재까지 자음문자로 쓰이고 있는 것은 아랍문자이다. 페니키아문자도 완전한 자음문자라고 할 수 있었는데, 22개의 자음과 반모음 기호로 구성되

	중국	수메르	이집트
사람			
소			
하늘			
별			
해			
물			
나무			

상형문자의 예

었으며 오른쪽에서 왼쪽으로 썼다. 그리스문자, 키릴문자, 로마자(라틴문자) 등은 모두 여기에서 발달한 글자이다.

자음＋모음문자란 자음뿐만 아니라 모음도 동동한 자격으로 표기할 수 있는 글자를 말한다. 이 글자는 그리스인들이 페니키아문자를 차용하여 쓰면서 그리스어 특성에 맞게 모음을 표기하는 글자를 새로 포함시킴으로써 발생하였다.

로마자는 그리스문자에서, 그리스문자는 페니키아문자에 기초하였다. 페니키아문자는 표의문자인 상형문자에 기초하여 발생하고 발전한 만큼, 로마자도 상형문자로부터 오늘날과 같은 형태를 가진 글자로 발전했다고 볼 수 있다. 로마자는 세계 여러 나라에서 차용되었다. 이탈리아어를 비롯한 로맨스어는 물론, 독일어, 네덜란드어, 영어와 같은 게르만어를 표기하는 글자이다. 차용한 나라들에서는 자기 나라 언어의 음운 체계에 맞게 수정하고 보충하였다.

페니키아인과 같이 이집트문자를 계승한 것이 아람인이다. 아람문자는 히브리문자, 아랍문자의 모체가 되었으며, 또한 이란인을 통해 튀르크어족인 위구르인에 전승되어 위구르문자가 만들어졌다. 이것이 다시 몽골인이 차용하여 몽골문자를 만들었고, 몽골문자는 다시 만주인이 받아 만주문자로 쓰게 되었다.

[출전]

2018 한국어 교육과 훈민정음의 이해,《2018년도 연례학술회의 강연 자료》, 중국한국(조선)어교육연구학회.
2018 한국어 교육과 훈민정음의 이해,《한인교육연구》33, 30-38, 재미한

국학교협의회.

2021 훈민정음 가치를 새롭게 계승하기 위하여, 《제8회 21세기 인문가치포럼 프로그램북》, 한국정신문화재단.

2022 훈민정음 창제의 언어학적 가치, 《퇴계학진흥회 강연 자료》, 퇴계학진흥회.

7.2. 책으로서 훈민정음, 《훈민정음해례》

《훈민정음해례》의 종류

세종대왕이 1443년 12월에 창제한 훈민정음에 대해 기록한 책 《훈민정음해례》는 원문으로 간행한 한문본(漢文本)과 한글로 풀이하여 간행한 언해본(諺解本)이 전해 온다. 한문본은 모두 목판본으로, [1] 세종실록에 실린 《훈민정음 예의》와 [2] 간송미술관에서 소장하고 있는 《훈민정음해례》가 있다. 간송미술관 소장의 원본은 1446년 세종 28년에 정인지 등 여덟 명이 세종대왕의 명으로 훈민정음을 설명한 한문 해설서로, 《훈민정음》 또는 《훈민정음해례》라고 한다. 이 책은 경상북도 안동군 주하리 이한걸 씨 댁에 소장되어 있던 것으로 1940년 여름에 세상에 알려졌으며, 지금의 한글학회인 조선어학회에서 1946년 영인본을 발행하여 널리 보급하였는데, 그때부터 훈민정음에 대한 연구가 활발히 진행되었다.

간송미술관 소장의 《훈민정음해례》는 세상에 알려졌을 때 제목이 적혀 있을 첫 장을 포함한 앞 두 장이 떨어져 나가 31장밖에 되지 않았지만, 이 책은 '새로 만든 글자의 창제 원리와 그 음가, 운용법을 밝히고 해설한 책으로 인류문화사 어디에도 찾아볼 수 없는 책'이라고 평가할 수 있다.

언해본은 목판본으로 [1] 박승빈 소장인 《훈민정음》, [2] 《월인석보》(세조 5년: 1459년) 첫머리에 실리고 서강대학교 소장인 《세종어제훈민정음》, [3] 월인석보본을 모본으로 다시 새겨서 펴낸 희방사(喜方寺) 복각본, 그리고 필사본인 [4] 일본 궁내성의 《훈민정음》 등이 있다.

《훈민정음해례》의 특징

《훈민정음해례》는 33장 1책의 목판본이다. 이 책은 크게 보아 세종대왕의 글['서문'과 '예의'(例義)] 4장과 집현전 학자의 훈민정음에 대한 설명['해례'(解例)와 '정인지 서'] 29장의 두 부분으로 구성되어 있다. 임금의 글은 크게 썼고, 신하의 글은 그보다 작게 썼는데 그렇게 하기 위하여 전자는 7행에 행마다 11자가 들어가 있으며, 후자는 8행에 행마다 13자가 들어가 있다. 책의 판심 제목도 각각 다르게 정음(正音)과 정음해례(正音解例)로 되어 있다.

글씨는 당대 명필이자 세종대왕의 셋째 아들인 안평대군 용(瑢)이 썼으며, 참여한 신하는 집현전 학사 정인지, 최항, 박팽년, 신숙주, 성삼문, 강희안, 이개, 이선로이다. 이들을 대표하여 해례의 서문을 쓴 신하는 예조판서이자 집현전 대제학이었던 정인지이다. 그의 서문은 일반적인 서문과 달리 책의 끝에 있는데 임금의 글과 같은 책에 들어 있는 신하의 글이므로 뒤로 간 것이다.

세종의 글	세종 서문 + 예의 (음가와 운용법)		
신하의 글	해례 (5해[解]와 1례[例]) + 정인지 서		
	제자해(制字解)		초성해(初聲解)
	중성해(中聲解)		종성해(終聲解)
	합자해(合字解)		용자례(用字例)

한편 신하의 글에서 임금이나 임금에 관련된 것을 지칭할 때에는 자신의 글을 내려쓰거나 임금과 관련된 내용을 다음 행에 쓰는 것이 일반적인데 이 책의 경우에도 행을 한 글자씩 내려서 썼으며, 殿下(전하), 命(임금의 명령),

大智(임금의 큰 지혜)는 쓰던 행을 비워 놓고 다음 행의 첫머리에 씀으로써 군신 사이의 예의를 지키고 있다. 또한 世子(세자)라는 글자는 같은 행에서 한 글자를 비우고 쓰고 있다. 그리고 집현전 학사들의 이름을 열거할 때에도 반 행만 차지할 정도로 작은 글씨로 적었다.

한편 '정인지 서'에서는 우리말이 소리는 있어도 글자가 없어 한자를 빌려 쓰고 있고, 아울러 이두 문자와 한자의 어려움으로 인해 백성들이 겪는 불편함을 지적하여 새로운 글자 창조의 필요성과 당위성을 밝혔다. 또한 이 글자는 배우기 쉬워서 의사소통도 원활해지고, 한문책의 해석이 쉬워진다고 우수성을 밝혔다. 집필자가 정인지 등 집현전의 여덟 학자이며, 1446년 9월에 이 책이 완성되었음을 명시하고 있어 이 서문의 가치가 더욱 높다.

훈민정음의 창제 배경과 동기

훈민정음 창제 이전에 우리말을 적기 위하여 가장 먼저 사용했던 글자는 한자였다. 일찍이 중국 문화의 영향을 받아 한자가 들어왔고, 우리 조상들은 이것을 우리말을 적는 데에 이용하였다. 그러나 한국어 구조와 전혀 다른 중국어의 글자인 한자를 가지고 제대로 된 글자 생활을 하기란 어려웠다. 그래서 한자를 응용해서 한국어를 적으려는 노력으로 여러 가지 방법이 고안되었는데, 대체로 한자의 뜻을 빌려 쓰기도 하고, 한자의 소리를 빌려 쓰기도 하였다.

《삼국유사》(三國遺事)에 실려 있는 향가 '처용가'의 한 구절 '東京明期月良夜入伊遊行如可'의 예를 들어 보면, "東京 붉긔 ᄃ래 밤 드리 노니다가" 정도로 해독된다. '밤'은 '夜', '드리'의 '들-'은 'ㅅ', '노니다가'의 '노니-'는 '遊行'과 같이 한자의 뜻을 이용하여 적었다. 그러나 중국어에 없는 한국어의 문법형태는 주로 한자의 소리를 이용하였다. '드리'의 '이'는 '伊'로, '노니다가'

의 '-다가'는 '如可'로 표기했는데, 이때 '伊, 如可'가 가진 본래의 뜻과는 전혀 무관하게, 모두 소리를 빌려 적은 것이다. 나중에는 이러한 문법형태를 적기 위해 한자의 형태를 크게 줄여서 ß=은(隱), ⺜=며(弥), ㄴ=니(尼), ⺙=든(等), ⼣=다(多) 등과 같은 새로운 줄임 글자를 만들어 내기에 이르렀다. 이렇게 줄임 글자가 되면, 이들은 완전히 새로운 음절문자가 되는 것이다.

일본의 가나 역시 이러한 과정을 거쳤는데, 일본어의 경우 음절수가 적어 음절문자가 정착할 수 있었으나, 음절수가 많을 뿐 아니라 음절 구조가 복잡한 한국어에서는 이러한 표기가 정착할 수 없어, 한국어의 일반화된 표기법에 이르지 못하였다. 결국 한자 사용의 어려움에다, 음절문자가 실패함으로써 한국어를 적기 위해서는 새로운 음소문자를 절실히 필요로 하게 되었다. 이것은 바로 훈민정음이 나타나게 된 학문적인 배경이기도 하다.

한자를 빌려 쓰는 데 실패한 우리의 글자 생활이 나아갈 길은 다음과 같은 두 가지 가운데 하나를 택하는 수밖에 없다. 하나는 한자가 아닌 이웃의 다른 음소문자를 빌려 쓰든지, 아니면 새로운 음소문자를 만들어 내든지 하는 것이다. 그런데 그 당시에 한자 아닌 다른 글자를 빌려온다는 것은 생각하기 어려운 일이었다.

훈민정음을 창제하게 된 것은 이와 같은 학문적인 배경과 세종대왕의 백성을 사랑하는 마음의 결실이라 할 수 있다. 세종대왕은 나라 발전을 위해서는 백성들에게 지식을 보급해야 함을 깨달았으며, 글자를 알지 못해 지식과 정보를 제대로 누리지 못했던 어리석은 백성들의 의사소통을 위해, 배우기 쉬운 글자를 창제한 것이다.

세종대왕은 조선 건국과 함께 민족에 대한 자의식을 높일 필요성을 강하게 인식하였으며, 나라의 부강을 위한 경제적, 사회적 발전에는 백성들에게 지식을 보급하는 것이 선행조건임을 절감하였다. 세종대왕은 학문을 사랑하고, 백성들 생활에 큰 관심을 가졌을 뿐만 아니라, 독창적인 사고와 진취적인 성격을 가졌었기 때문이다. 훈민정음 서문에서 세종대왕은 다음과 같이 말하고 있다.

> “나랏말ᄊᆞ미 中國에 달아 文字와로 서르 ᄉᆞᄆᆞᆺ디 아니ᄒᆞᆯᄊᆡ
> 이런 젼ᄎᆞ로 어린 百姓이 니르고져 홇 배 이셔도
> ᄆᆞᄎᆞᆷ내 제 ᄠᅳ들 시러 펴디 몯ᄒᆞᇙ 노미 하니라
> 내 이ᄅᆞᆯ 爲ᄒᆞ야 어엿비 너겨 새로 스믈여듧 字ᄅᆞᆯ ᄆᆡᇰᄀᆞ노니
> 사ᄅᆞᆷ마다 ᄒᆡᅇᅧ 수ᄫᅵ 니겨 날로 ᄡᅮ메 便安킈 ᄒᆞ고져 ᄒᆞᇙ ᄯᆞᄅᆞ미니라”

여기서 훈민정음의 창제 동기가 세종대왕의 민족 자주 정신과 민본 정신에 있음을 확인할 수 있다. 세종대왕은, 우리말은 중국말과 달라 중국 글자로써는 글자 생활을 해 나갈 수 없으므로 훈민정음을 만들게 되었다고 하였으니, 이는 강한 민족 자주 정신을 나타낸 것이다. 그리고 세종대왕은 어리석은 백성을 위해 글자를 만든다고 하였으니, 이는 그간 글자 생활을 누리지 못해 사람으로서 살아갈 권리를 제대로 누리지 못했던 백성들을 위한 강한 애민 정신을 나타낸 것이다.

[출전]

2020 소통의 문자 한글, 그 창제에 담긴 뜻, 《제6회 한글작가대회 강연 자료》, 국제PEN한국본부.

2021 훈민정음 가치를 새롭게 계승하기 위하여, 《제8회 21세기 인문가치포럼 프로그램북》, 한국정신문화재단.

2023 한글 창제는 글자 생활의 평등을 실현했다, 《타우마제인》 1, 178-183, 타우마제인.

7.3. 글자로서 훈민정음, "한글"

세종대왕은 훈민정음을 창제한 후 이어서 집현전 학자들에게 이에 대한 해례(풀이와 보기)를 짓게 하였다. 그래서 훈민정음의 창제 원리는 《훈민정음해례》에 상세히 풀이되어 있다. 이제 그 창제 원리를 살펴보기로 하자.

세계 문자사에서 한글은 독창적이고 과학적이라고 평가받고 있다. 세종대왕은 당시에 존재하는 세계 여러 문자를 두루 살펴 참고하였지만, 그 기본 개념은 세종대왕의 독창적인 것이다. 이러한 한글의 독창성은 다른 문자들과는 다르게 한글이 과학적으로 구성되어 있다는 점에 잘 나타나 있다. 한글의 과학성은, 한글의 각 문자와 그것이 표시하는 소리 사이에 직접적이고 체계적인 관련이 있다는 점이다. 한글의 독창성과 과학성에 대해서는 《훈민정음해례》에서 언어학 측면과 철학 측면으로 나누어 깊이 있게 해설하였다. 여기서는 언어학 측면의 해설을 바탕으로 한글의 창제 원리를 살펴보자.

초성(자음)의 제자 원리

"아음(牙音, 어금닛소리)인 ㄱ는 혀뿌리가 목구멍을 닫는 모습을 본떴으며, 설음(舌音, 혓소리)인 ㄴ는 혀가 윗잇몸에 붙는 모습을 본떴으며, 순음(脣音, 입술소리)인 ㅁ는 입의 모습을 본떴으며, 치음(齒音, 잇소리)인 ㅅ는 이의 모습을 본떴으며, 후음(喉音, 목소리)인 ㅇ는 목구멍 모습을 본떴다."

이 설명에 의하면, 자음을 만든 첫 번째 원리는 발음기관을 본뜬, 상형(象形)의 원리이다. 이리하여 'ㄱ ㄴ ㅁ ㅅ ㅇ'의 기본 글자 다섯을 만들어 냈다. 자음을 만든 두 번째 제자 원리는 가획(加劃)의 원리이다. 'ㄱ ㄴ ㅁ ㅅ ㅇ' 다섯 글자를 기본 글자로 하여, 획을 하나씩 더하여 'ㅋ, ㄷ ㅌ, ㅂ ㅍ, ㅈ ㅊ, ㆆ ㅎ'의 아홉 글자를 만들어 내었다.

> "ㅋ은 ㄱ에 비해 소리 남이 세다. 그러므로 획을 더한다. ㄴ에서 ㄷ, ㄷ에서 ㅌ, ㅁ에서 ㅂ, ㅂ에서 ㅍ, ㅅ에서 ㅈ, ㅈ에서 ㅊ, ㅇ에서 ㆆ, ㆆ에서 ㅎ을 만드는데, 그 소리에 의해서 획을 더하는 뜻은 한 가지다."

즉, 어금닛소리, 혓소리, 입술소리, 잇소리, 목구멍소리의 다섯 소리에 각 각 기본 글자 하나씩을 만들고, 각 소리에 속한 글자를 이 다섯 글자를 토대로 하여 만들었다. 이리하여 한글은 같은 조음 위치에서 나는 소리들을 비슷한 모양의 글자로 체계적으로 표현할 수 있게 되어 과학적이고 배우기 쉽고 쓰기 쉬운 탁월한 글자가 되었다.

그런데 자음 17자 중 나머지 세 글자, 'ㆁ ㄹ ㅿ'은 예외적으로 만들었다. 즉 ㆁ은 ㅇ에, ㄹ은 ㄴ에, ㅿ은 ㅅ에 각각 획을 더한 모양으로 만들었으나, 이것은 단순히 'ㅇ ㄴ ㅅ'과 그 꼴을 달리했을 뿐이지, 소리의 세기 때문에 획을 더한 것은 아니라 하였다. 이를 정리하면 다음과 같다.

(가) 초성의 기본 글자 - 상형의 원리 (발음기관 상형)

어금닛소리	: ㄱ	혀뿌리가 목구멍을 닫는 모양
혓소리	: ㄴ	혀가 윗잇몸에 붙는 모양
입술소리	: ㅁ	입 모양
잇소리	: ㅅ	이 모양
목구멍소리	: ㅇ	목구멍 모양

(나) 초성의 나머지 글자 - 가획의 원리

ㄱ → ㅋ

ㄴ → ㄷ → ㅌ

ㅁ → ㅂ → ㅍ

ㅅ → ㅈ → ㅊ

ㅇ → ㆆ → ㅎ

(다) 예외: 이체자(異體字)

ㅇ → ㆁ, ㅅ → ㅿ, ㄷ → ㄹ

중성(모음)의 제자 원리

모음은 'ㆍ ㅡ ㅣ ㅗ ㅏ ㅜ ㅓ ㅛ ㅑ ㅠ ㅕ'와 같이 열하나인데, 자음은 그 성격상 조음 방법을 쉽게 파악할 수 있어, 발음기관의 모습을 본떠 만들었지만, 모음은 그 조음 방법을 쉽게 파악할 수 있는 것이 아니어서, 모음을 만드는 원리는 완전히 다른 차원에서 구하였다. 세상에서 가장 소중한 하늘[天], 땅[地], 사람[人] 삼재(三才)를 본떠서 기본 글자 'ㆍ ㅡ ㅣ'를 만들었다. 이 기본 글자를 조합하여 나머지 글자를 만들어 내었다. 이를 정리하면 다음과 같다.

(가) 중성의 기본 글자 - 상형의 원리 (삼재를 추상화하여 상형)

ㆍ   ㅡ   ㅣ

하늘   땅   사람

(나) 중성의 나머지 글자 - 가획의 원리

초출자(初出字): ㅗ ㅏ ㅜ ㅓ

재출자(再出字): ㅛ ㅑ ㅠ ㅕ

종성의 제자 원리

"종성은 다시 초성을 사용한다." [종성부용초성(終聲復用初聲)]

이렇게 28자를 운용하여 한국어의 모든 음소뿐 아니라, 외국어음 특히 중국어음을 표기하는 데까지 성공하게 되었다. 이러한 독창적이고 과학적인 음소문자 창제는 세계의 글자 역사에서 그 유례를 볼 수 없는 놀라운 일이다.

[출전]

2020 소통의 문자 한글, 그 창제에 담긴 뜻, 《제6회 한글작가대회 강연 자료》, 국제PEN한국본부.

2021 훈민정음 가치를 새롭게 계승하기 위하여, 《제8회 21세기 인문가치포럼 프로그램북》, 한국정신문화재단.

2022 훈민정음 창제의 언어학적 가치, 《퇴계학진흥회 강연 자료》, 퇴계학진흥회.

7.4. 훈민정음 창제에 담긴 또 다른 놀라움

세종대왕은 15세기에 당시의 한국어 특성을 잘 파악하여 한국어를 표기할 수 있는 가장 적합한 글자 체계를 직접 창안하였다. 중국의 말소리 학문인 성운학(聲韻學)을 바탕으로 하되, 당시 중국 성운학에 없던 새로운 음운 개념을 창안하여 전혀 새로운 글자 체계를 창제하였다. 이러한 훈민정음 창제에 담긴 또 다른 놀라움을 몇몇 들어 보면 다음과 같다.

[1] 이미 앞에서 살펴보았듯이, 한글이 세계에 처음 알려졌을 때, 상형과 가획의 원리가 독창적이고 과학적이라는 점이 주목받았다. 자음을 만들면서는 발음기관을 상형하여 기본 글자를 만들고 그 기본 글자에 획을 하나씩 더하여, 즉 가획하여 같은 무리의 소리를 모두 창제하였다. 모음을 만들면서는 하늘, 땅, 사람을 삼재로 잡고 기본 글자를 만들고 이를 조합하여 모든 모음을 창제하였다. 즉, 기본 문자를 먼저 만들고 그것을 조합하여 다른 문자들을 생성하는 방법은 현대 과학과 수학의 생성 원리와 일치한다. 이처럼 한글 창제의 원리는 소리의 산출기관인 발음기관을 상형하여 기본 글자를 만들고 그것을 바탕으로 문자를 확장해 나가는 것인데, 이는 인류 사회에서 일찍이 없었던 일로, 세계 문자학자들을 놀라게 하였다.

[2] 훈민정음은 자음과 모음을 처음부터 따로 만든 글자이다. 상형문자에서 발달한 글자는 자음문자만 있는 것이 일반적이다. 페니키아문자도 자음문자만 있었으며 현재 아랍문자도 자음문자만 있고, 영어를 비롯하여 현재

여러 언어의 글자로 쓰이는 로마자에 있는 모음문자는 페니키아문자에서 그리스문자로 정착될 때 비로소 추가된 것이다. 이러한 글자의 발달 단계를 고려하면 훈민정음은 처음부터 자음글자와 모음글자를 분리하였다는 것은 놀라운 사실이 아닐 수 없다. 이렇게 자음글자와 모음글자를 구별하여 만든 글자는 세계에서 매우 드문 일이다.

[3] 훈민정음은 초성-중성-종성의 음절 삼분법을 창안하였다. 중국의 말소리 표기법을 보면 하나의 음절을 두 부분으로 나누고 있는데, 즉 한 글자(음절)의 말소리를 성모와 운모로 나눈다. 예를 들어 '동'이란 음절을 'ㄷ'과 '옹'으로 나눈다. 즉, 동(東)=ㄷ(德)+옹(洪). 그런데 훈민정음은 이러한 성운학의 원리를 따르지 않고 한 음절을 세 부분으로 나누는 새로운 원리를 발견하였다. '동'을 'ㄷ', 'ㅗ', 'ㅇ'으로 나누는 즉, 하나의 음절이 초성, 중성, 종성으로 이루어져 있는 삼분법으로 파악하였다. 이것은 당시 중국의 성운학에서는 볼 수 없던 전혀 새로운 개념이었다.

[4] 훈민정음은 모음조화 현상을 이해하고 글자에 반영하였다. 모음의 기본 글자 ㆍ ㅡ ㅣ를 바탕으로 한 부류의 모음은 ㆍ를 각각 ㅡ와 ㅣ의 위쪽과 오른쪽에 두었으며(ㅗ, ㅏ) 다른 한 부류의 모음은 ㆍ를 각각 ㅡ와 ㅣ의 아래쪽과 왼쪽에 두었다(ㅜ, ㅓ). 모음글자끼리 어울릴 때도 'ㅘ, ㅝ'처럼 같은 부류끼리 어울리는 글자를 만들었다.

또한 훈민정음에서는 모음을 설축, 설소축, 설불축으로 분류했는데, 이러한 설축(舌縮)이라는 개념의 정확성과 적절성은 1960년대에 이르러 현대 언어학에서 증명되기에 이르렀다. 모음조화가 있는 알타이언어들을 비롯하여 세계 여러 언어에서 혀뿌리의 전진과 후축 여부에 의해서 모음조화를 이루는 모음이 변별된다는 점을 이미 500년 훨씬 전에 세종대왕이 밝혔다.

[5] 훈민정음의 또 하나의 주요한 사실은 당시 언어인 중세 한국어 소리의 높낮이를 정확히 파악하고 그것을 표기에 반영한 점이다. 즉, 낮은 소리인

평성은 점이 없으며[곶(花)], 높은 소리인 거성은 점 한 개[·플(草)], 낮았다가 높아지는 소리인 상성은 점 두 개[:별(星)]로 표기하였다. 이처럼 소리의 높낮이를 정확하게 표기한 글자 체계는 세계 어디에도 찾기 어렵다.

훈민정음을 보는 눈

그간 한국의 많은 학자들이 훈민정음에 대해 깊이 있는 연구를 수행해 왔다. 그 가운데 대표적인 저서로 최현배 선생의 《한글갈》(1942년, 정음사)을 들 수 있다. 이 책에서 최현배 선생은 다음과 같이 훈민정음의 가치를 밝히고 기렸다. "한글은 그 짜임이 가장 과학스럽고도 그 자형이 정연하고 아름다우며, 그 글자수가 약소하고도 그 소리가 풍부하며, 그 학습이 쉽고도 그 응용이 광대하여, 글자로서의 모든 이상적 조건을 거의 다 갖추었다 할 만하니, 이 글자를 지어낸 세종대왕 한 사람 당대의 밝은 슬기가 능히 천고만인의 슬기를 초월하였다 하여도 과언이 아닐 것이다. 그래서, 이 글자를 보는 이로 하여금 저절로 찬탄을 금치 못하게 하니, 이는 고금이 다름없고, 안팎이 한가지니라."

1890년 발행된 한글로 쓴 최초의 교과서인 '선비와 백성이 꼭 알아야 할 지식'이란 뜻의 《ᄉᆞ민필지》(土民必知)를 지은 헐버트(Homer Hulbert) 박사는 '단순함과 음성을 표기하는 능력에 있어 세계에서 한글을 당할 글자가 없다'(Korean alphabet scarcely has its equal in the world for simplicity and phonetic power)라고 말한 바 있다.

국립한글박물관 디지털한글박물관 http://archives.hangeul.go.kr/ (원래, 국립국어원 디지털한글박물관)에 소개하고 있는 훈민정음에 대한 외국학자들의 평가를 넛붙이고자 한다. 본격적으로 국제 학계가 한글의 우수성과 독창성에 주목하기 시작한 것은 1960년대에 들어서면서부터이다. 1960년 미국 하버드대학에서 출판된 라이샤워와 페어뱅크 교수의 공저 *East Asia: The Great Tradition*의 제10장은 한국에 대해 소개하였다. 여기에서 라이샤워 교수는 15세기 한국 문화에 대하여 설명하면서 한글이 오늘날 사용되는 글자 중 가장 과학적이라고 언급하였다.

그로부터 4년 뒤 네덜란드 라이덴대학의 포스 교수는 미국에서 열린 중국, 일본, 한국의 언어와 글자에 관한 세미나에서 발표한 논문 '한국 글자: 이두와 한글'에서 한국인이 세계에서 가장 좋은 알파벳을 발명했다고 감탄하였다. 한글에 대한 예찬은 시카고대학의 맥콜리 교수가 1966년 미국언어학회 회지 《언어》에 실은 서평으로 이어졌다. 맥콜리 교수는 동양 3국의 언어와 글자에 대한 논문 모음집에 대한 평을 하는 가운데 포스 교수에 전적으로 동의하면서, 한글이 조음음성학적 분석을 바탕으로 만들어진 알파벳이며 소리의 음성적 특징을 시각화하는 데 있어 우수함을 인정하였다. 이후 각종 언어학개론의 문자론에서 한글에 대한 언급이 이루어지기 시작하였다.

독일 함부르크대학의 사세 교수는 '서양이 20세기에 들어서 완성한 음운 이론을 세종대왕은 그보다 5세기나 앞서 체계화했고 한글은 전통 철학과 과학 이론이 결합한 세계 최고의 글자'라고 극찬하였다.

한글이 세계에서 가장 과학적이며 체계적임을 명시한 학자가 또 있다. 과학 잡지 《디스커버》(*Discover*) 제15권 제6호(1994년 6월호)에는 한글이 얼마나 과학적인 체계를 갖춘 글자인지를 밝힌, 우리에게 《총, 균, 쇠》의 저자로 알려진, 재러드 다이아몬드 교수의 '표기법의 힘'(Writing Right)이라는 논문이 실렸다. 그는 '한글의 자음과 모음 글자가 한눈에 구별되며 모음은 점과 수직선, 수평선의 조합으로 이루어지고 자음은 조음 위치와 조음 방법을 정확히 본뜬 기하학적 기호로 이루어진다. 이들 자음과 모음은 사각의 공간 안에 잘 조합되어 한 음절을 표기할 수 있다. 그래서 28개의 글자만 기억하면 아주 빠른 속도로 글을 읽고 이해할 수 있다'라고 지적하면서 한글이 세종대왕의 의지로 창제되었다는 데 감탄하였다.

미국 메릴랜드대학의 램지 교수는 《세종대왕》(편찬: 김영기 교수)이라는 책에 실린 '한글'이라는 글과 국제문자학 전문지 《스크립타》(*SCRIPTA*) 제2권(2010년)에 실린 The Korean Writing System in the World of the 21st Century라는 글에서 한글 창제자와 창제 배경, 창제 원리, 언어학적 의의 등을 국내외 어느 학자 못지않게 정확하게 밝혔다. 특히 훈민정음은 21세기에 인류 보편적인 글자라고 하였다.

독일의 후베 교수(전 본대학)는 《날개를 편 한글》(2019년, (주)박이정)에서 한글과 컴퓨터의 만남을 찾았다. 훈민정음과 정보기술은 같은 기본 원리에 기반을 둔다는 사실에서 한글의 우수성을 밝혔다. 그래서 한글은 문자로서 독특하고 완벽한 체계임을 과학적으로 일깨워 주었다.

마지막으로 소개할 학자는 《한글의 탄생》[ハングルの誕生](2010년, 신판 2021년, 일본: 헤이본샤. 한국어 번역본 2011년, 개정증보판 2022년, 돌베개)을 쓴 일본의 노마 히데키 교수(전 동경외국어대학)이다. 지은이는 민족주의의 맥락이 아닌 보편적인 관점에서 한글의 구조를 통찰하여 '소리가 글자가 되는' 놀라운 시스템을 찾아내고, 하나의 글자 체계를 뛰어넘은, '말과 소리와 글자'가 함께하는 보편적인 모습으로 한글을 그려 냈다. 노마 교수는 한글의 탄생은 읽과 글쓰기 생활의 새로운 혁명이며 또한 새로운 미를 만들어 내는 형태의 혁명이라고 선언하였다. 이어서 '한글이라는 문자를 안다는 것은, 동아시아에서 태어난 한 가지 독특한 문자 체계를 아는 일에 그치는 것이 아니다. 음흡, 즉 소리로 성립된 〈말〉을 도대체 어떻게 해서 〈문자〉로 만들어 낼 수 있는지, 생각해 보면 정말 신비로운 일이 아닐 수 없다. 한글이 태어나는 모습을 본다는 것은 그 신비로움 속으로 파고 들어가는 일'이라고 감탄하였다.

한글, 온 누리에 펼치다

이제 한글은 세계 속으로 나아가고 있다. 2009년 훈민정음학회가 인도네시아의 소수민족 언어인 찌아찌아말을 한글로 표기하도록 한 일은 한국어가 아닌 다른 언어를 한글로 표기했다는 점에서 매우 뜻깊은 일이었다. 창제 원리가 가장 독창적이고 과학적이어서 배우기 쉬운 문자임에도 불구하고 지금껏 한국어만의 문자로 갇혀 있었던 한글이 드디어 한반도를 벗어나 세계 곳곳으로 펼쳐 나갔다. 한글 나눔의 첫걸음을 디딘 찌아찌아말을 비롯하여 최근 추진 중인 몇몇 지역에서 성공적으로 이루어진다면 장차 한국의 소중한 문화유산 한글을 지구촌 사람들과 함께 나누어 쓰는 길이 열릴 것이며, 또한 문맹 타파라는 세종대왕의 한글 창제 정신을 온 누리에 펼치는 길이 될 것이다.

[출전]

2020 소통의 문자 한글, 그 창제에 담긴 뜻, 《제6회 한글작가대회 강연 자료》, 국제PEN한국본부.
2022 훈민정음, 온 누리에 펼치다, 《제9회 21세기 인문가치포럼 프로그램북》, 한국정신문화재단.

[덧붙임] 창제한 사람이 알려진 글자: 체로키글자

나는 훈민정음의 가치를 강연할 때면 먼저 다음과 같이 자랑한다. 글자를 만든 사람, 글자를 만든 때가 정확하게 알려져 있고, 그리고 글자를 창제한 원리를 적은 책이 있고 그것이 지금까지 전해오는 글자는 이 세상에서 훈민정음밖에 없다고 자랑한다. 이 세상 대부분 글자는 누가 언제 만들었는지가 불분명하다. 그리고 《훈민정음해례》처럼 창제 원리를 기록한 책은 없다. 그래서 이 책은 유네스코 세계기록유산이다.

2001년 나는 미국 동부의 노스캐롤라이나주에 갈 기회가 있었다. 그레이트 스모키산을 넘어 체로키인디언박물관을 찾았다. 박물관 입구에는 체로키글자에 대한 설명이 있었다. 만든 사람과 만든 때가 알려진 독창적인 글자라고 하였다. 순간 나는 긴장하였다. 아니, 훈민정음 말고 또? 박물관 1층에는 로마자 단추를 누르면 체로키글자가 화면에 제시되는 기계장치가 있었다. 나는 긴장하면서 로마자 단추를 조심스럽게 눌렀다. 화면에 체로키글자가 나오는 순간 긴장감은 풀어졌다. 체로키글자는 로마자를 그대로, 또는 약간 변형하여 만들었음을 확인했기 때문이다. 아, 그러면 그렇지, 세종대왕이 과학적 원리에 따라 창제한 훈민정음과 로마자를 본뜬 이 체로키글자를 동등하게 놓고 비교할 대상은 전혀 아니구나, 생각하고서는 마음 편히 박물관을 관람하였다.

체로키민족은 북아메리가 여러 원주민 가운데 매우 우수한 민족으로 알려져 있으며 지금도 민족의 고유성을 지키면서 살아가고 있다. 체로키말은 북아메리카 이로쿼이어족의 언어로서, 노스캐롤라이나, 오클라호마, 아칸소 등에 사는 체로키민족이 사용한다. 이들 지역에서 체로키말은 영어와 함께 공식어로 지정되어 있어서 행정기관에서는 두 언어를 나란히 표기하거나 번역 서비스를 제공한다. 현재 1,500여 명이 사용하고 있어 사라질 위기에 놓인 언어이다.

체로키글자는 1821년 로마자 모양을 본떠 만든 85개의 음절문자이다. 체로키글자 모양은 로마자와 대부분 비슷하지만 소릿값은 전혀 다르다. 예를 들어 체로키글자 **D**는 [아], **A**는 [고], **S**는 [두]라는 소리를 나타낸다.

이러한 체로키글자는 체로키사람 세쿼이아(1770~1843)가 만들었다. 세쿼이아가 글자를 만들겠다고 결심하게 된 것은 백인이 우월한 힘을 가지고 있는 것은 글자의 힘이라고 판단하고, '말하는 종이'를 자기 민족에게도 나누어 주겠다는 신념으로 글자 만들기에 몰두하였다. 세쿼이아는 학교 교육을 받지 않아 문맹이었고 영어도 몰랐다고 한다. 그래서 영어 알파벳 교본을 참고해서 발음과 상관없이 글자 모양만 그대로 베껴 와서 체로키말 음절에 할당하였다. 이처럼 글자를 읽고 쓸 줄 모르는 사람이 글자를 만든 것은 문자학사에서 매우 드문 일이다.

체로키민족정부는 1825년에 이르러 체로키글자를 공식 글자로 채택하였으며, 1828년에는 체로키글자의 활자를 만들어 다양한 책을 출판하였으며, 체로키말 신문도 발행하였다. 이 신문은 아메리카 원주민 언어로 발행한 최초의 신문이었다.

08

말 모아 마음 모아, 말모이

말로써 행복을

만일 우리 인류에게 언어라는 아름다운 보배가 없었던들 오늘날 우리 인류가 가장 자랑하는 모든 문화는 움도 싹도 터보지 못하였을 것이다. 언어가 없는 곳에 국가가 어디 있으며, 언어가 없는 곳에 역사가 어디 있으며, 언어가 없는 곳에 교육이 어디 있으랴? 우리의 국가, 우리의 역사, 우리의 교육은 오직 우리의 언어를 통하여 처음으로 그 존재를 나타내고, 그 가치를 드러내게 되는 것이다.

– 정태진, '재건도상의 우리 국어'에서

8.1. 주시경 선생과 조선어학회

주시경 선생

주시경 선생(1876~1914)은 국어 연구를 현대적으로 발전시킨 우리나라 대표적인 언어학자이다. 그는 나라의 힘과 겨레 정신의 근본적인 바탕이 되는 말과 글을 바로잡기 위해 말소리와 문법을 연구하였다. 그의 연구 성과는 《국어문법》(1910년)에 체계적으로 제시되어 있는데, 그의 독창적이고 합리적인 이론은 국어 연구의 기반이 되었다. 주시경 선생의 국어에 대한 연구와 우리 말글 사랑의 실천 정신은 그의 제자들에 의해 계승되어 오늘날에 이르렀다.

주시경 선생의 국어 연구는 우리 민족의 정신과 문화를 잇고 가꾸는 데서 시작하였다. 우리말을 우리 민족의 정신과 문화의 뿌리라고 생각하였다. 이러한 생각은 주시경 선생 학문의 바탕이 되었으며, 평생을 일관되게 지닌 태도였다. 그래서 주시경 선생은 나라 안팎으로 어려운 시기에 국어를 연구한 언어학자였으며, 또한 우리 민족이 정신과 문화를 꿋꿋하게 지킨 국어 사랑

주시경 선생 초상화
(선생의 큰사위인 이종우 화백의 1943년 작품)

의 실천가였다.

청년 시절 우리말과 훈민정음에 대한 새로운 깨달음을 얻은 주시경 선생은 새로운 학문을 공부하고 연구도 계속하면서, 우리나라 최초의 한글신문인 《독립신문》을 발간하는 일에 헐버트 박사와 함께 참여하였다. 주시경 선생은 1896년 4월 7일 《독립신문》이 창간되자 국문판 조필(助筆)로 발탁되어 편집과 제작을 맡았으며, 독립신문사 안에 '국문동식회'(國文同式會)를 조직하고 국어 문법에 대한 공동 연구를 수행하였다.

주시경 선생의 국어학에 대한 주요 저서에는 《국어문전음학》(國語文典音學, 1908년), 《국어문법》(國語文法, 1910년), 《말의 소리》(1914년)가 있다.

주시경 선생의 업적은 학문에만 그치는 것이 아니다. 국어교육자로서의 업적, 국어 운동의 선구자로서 업적 또한 크다. 국어 순화 운동도 주시경 선생에서 비롯되었으며, 한글 전용이라는 글자 생활의 새로운 운동도 선생이 실천하였다. 이런 점에서 우리는 주시경 선생의 국어학사에 끼친 공헌과, 한국문화사와 민족투쟁사에 남긴 영향이 얼마나 컸던가를 다시 한번 생각해야 할 것이다.

조선어학회의 탄생

남북은 광복 이후 그 범위나 방법에 차이는 있었지만 한글 전용이라는 강력한 말글정책을 폈다. 한글을 깨우쳐 문맹을 없애고 새로운 문화와 접촉하도록 하였다. 남한에서는 최현배, 김윤경, 장지영 선생 등 조선어학회 학자들이 한글 전용의 말글정책을 세워 아주 짧은 기간에 문맹률을 낮추어갔다. 북한에서도 김두봉, 이극로 선생 등 조선어학회 학자들이 말글정책의 중심을 잡고 문맹을 퇴치하였다. 이렇게 남북이 문맹을 퇴치할 수 있었던 것은 조선어학회가 전개한 한글 중심의 말글정책이 있었기 때문이다. 여기서 우리는 남한의 최현배, 김윤경, 장지영 선생이나 북한의 김두봉, 이극로 선생이 주시경 선생의 문하생이며, 주시경 선생에 뿌리를 둔, 한글학회 전신인, 조선어학회에 관여하였다는 사실을 주목한다. 결국 광복 이후 남북의 말글정책은 주시경 선생과 조선어학회라는 한 뿌리에서 나왔고, 또 그 정책이 우리 민족을 문맹으로부터 구하였다.

잘 알다시피, 지금의 한글학회는 그 뿌리를 거슬러 올라가면 1908년에 창립된 '국어연구학회'에 닿는다. 이해 8월 31일 주시경 선생은 김정진 선생을 비롯하여 뜻을 같이하는 사람들과 함께 국어연구학회를 창립하였다. 기울어가는 국운을 보면서, 겨레 말글의 힘을 믿는 이들을 결집해야 할 필요성을 절감한 때문이었다.

1910년 일제강점이 시작되면서 국어는 일본어를 가리키게 되자, 국어연구학회는 1911년 '배달말글몯음(朝鮮言文會)'으로 이름을 바꾸었고, 1912년에는 다시 '한글모'로 바꾸었다. 이때 '한글'이 우리글의 이름으로 정착되었다. 이 무렵인 1911년에 동래 출신 김두봉 선생과 울산 출신 최현배 선생은 함께 '국어연구학회'가 차린 강습소의 제2회 졸업생이었고, 1913년 '한글모'의 조선어강습원 고등과 수료생이었다. 1914년 주시경 선생이 돌아가자 김두봉 선생은 주시경 선생을 이어 말본 연구와 교육에 힘쓰다가 1919년 4월 중국으로 망명했고, 최현배 선생은 일본 유학을 다녀와서 연희전문학교 교수로 부임하여 국어 연구에 더욱 힘을 쏟았다.

그 이후 조직을 확대하고 강화하여 1921년에 '조선어연구회'로 개편하고, 1931년에 '조선어학회'로, 1949년에 '한글학회'로 이름이 바뀌었다. 물론 하는 일에는 시대에 따라 그 범위와 규모가 달라졌지만, 창립 때부터 지금까지 '우리 말과 글을 연구하고 교육·보급하여 발전시키는 것'이 주된 목적이고 그에 따른 활동을 끊임없이 해 왔다.

이렇듯 조선어학회는 일본의 식민 통치 아래 나라와 민족을 되찾고 문화를 되살리기 위한 길은 오로지 우리 말글을 지키는 데 있다는 뜻을 펼치고자 한글날을 만들고(1926년), 조선어사전편찬회를 조직하여(1929년) 우리말 큰사전을 편찬하고, 이를 위해 한글 맞춤법 통일안을 제정하고, 표준말을 사정하고, 외래어 표기법 통일안을 제정하였다.

조선어학회 수난

일제강점기에 일본은 국토를 병합하고 나서 우리 민족을 저들에 통합시키고 문화를 빼앗으려 했고, 그 문화의 알맹이라 할 우리말을 쓰지 못하게 하였다. 이러한 상황이니 우리 조상들은 우리 민족을 지키려고, 우리 문화를 지키려고, 우리 말글을 지키기 위해 그 어느 때보다도 더욱 힘썼다. 이러한 중심에 조선어학회가 있었다.

침략전쟁에 광분하고 있었던 1940년대 일본은 조선에 대한 식민 통치를 더욱 강화하면서 민족 말살 정책을 추진하였다. 조선인의 이름과 성을 일본식으로 바꾸도록 하고 조선말을 쓰지 못하게 하고 학교에서 조선어 교육을 폐지하였다. 이러한 암담한 상황에서 조선어학회 선열들은 핍박과 감시를 받아가며 우리 말글을 지키고 가꾸기 위하여 교육을 강화하고 사전을 편찬하는 활동을 이어갔다.

조선어학회의 큰사전 편찬이 막바지에 이른 1930년대 말, 당시는 일제의 전쟁 감행으로 여러 민간 문화단체를 함부로 폐쇄하거나 해산시키는 상황이어서 이런 불안과 위협을 나날이 느끼는 조선어학회는 어떠한 일이 있더라도, 또 어떻게 해서라도, 사전 편찬이 끝날 때까지는 필사적인 일념으로 모든 박해와 갖은 치욕을 감내할 수밖에 없었다. 이런 일들로 심신의 고통과 피로로 큰사전 편찬의 손실도 엄청나게 컸었다.

이러한 여러 어려움 속에서도 큰사전의 출판 허가를 받기 위하여 1939년

말에 우선 원고 작성이 완료된, 전체의 약 3분의 1쯤을 조선총독부 도서과에 출원하여, 1940년 3월에 본문을 상당히 고치고 지우는 조건으로 간신히 허가가 나오게 되었다. 이렇게나마 우선 출판 허가가 나온 원고의 조판이 1942년 봄부터 시작됨에 따라, 이의 교정 작업 또한 바쁘게 병행되었다. 이리하여, 대부분의 어휘 초벌 뜻풀이가 끝나게 되어 사전 체제로 원고 편성도 거의 완성 단계에 이르게 되던 무렵인 1942 10월 1일부터 학회에는 뜻밖의 일이 생기고 말았으니, 조선어학회 학자와 후원자가 체포되는 수난, 즉 '조선어학회 수난'의 사건이 일어났다.

일본 경찰이 1942년 10월 사전 편찬을 주도했다는 죄목으로 서른세 분의 조선어학회 선열들을 홍원경찰서와 함흥형무소에 가두고 모질게 고문해 두 분이 감옥에서 돌아가시고 다른 분들은 광복 전후에 반죽음 상태로 풀려난 사건이다. 이는 일본 식민통치가 자행한 가장 잔혹한 민족 말살 책동이며, 독립운동사에서 가장 슬프면서도 그러나 가장 빛나는 투쟁이다.

조선어학회 수난의 발단은 한 여학생의 일기 몇 줄이었다. 1942년 여름 방학 직후, 함경남도 홍원군 전진역에 철도 승객을 단속하러 나왔던 홍원경찰서 형사가 메이지대학을 졸업한 박병엽이란 청년을 검문하였다. 반일 감정이 컸던 그는 당시 총독부가 강요하던 국방복을 안 입고 삭발도 하지 않았다 하여 형사가 그의 집을 수색하였다. 수색에서 박병엽의 조카인 영생여자고등보통학교 4학년 여학생의 일기장을 발견하니 2년 전에 쓴 일기 중에 '오늘 국어를 썼다가 선생님한테 단단히 꾸지람을 들었다'는 문구가 있었다. 일제는 국어 상용이라 하여 일본어 쓰기를 강요해 왔는데 일기장을 압수한 경찰은 국어, 즉 일본어를 썼다고 처벌하였다면 반일 사상을 품은 것이 틀림없다 하여 어느 선생으로부터 영향을 받았는지 추궁하였다. 이에 이 학교의 정태진, 김학준 두 선생이 걸려들었다. 정태진 선생은 일 년 전에 학교를 그만두고 서울에 와서 조선어학회에서 큰사전 편찬을 맡아보고 있었다.

이렇게 하여 1942년 9월 5일 정태진 선생을 연행한 홍원경찰서는 그에게 죄를 뒤집어씌우기 위해 온갖 고문과 악형을 가하였다. 결국 강요에 못 이겨 정태진 선생은 그들의 요구대로 자백서를 썼다. 조선어학회가 민족주의자 단체라는 조목을 포함하여 백여 가지 조목을 열거한 자백서를 쓴 것이다. 이를 토대로 홍원경찰서는 조선어학회 사무실을 수색하여 모든 서류와 서적은 물론 애써 편찬한 큰사전 원고까지 압수하였다. 이어서 1942년 10월 1일부터 조선어학회 관련자들을 대대적으로 검거에 나서 사전 편찬에 직접 참여했거나 재정적으로 후원한 분, 모두 서른세 분을 검거하였다. 이 가운데 1943년 12월 8일 이윤재 선생이 옥사하고 이듬해 1944년 2월 22일 한징 선생이 돌아가셨다. 가혹한 고문의 후유증과 영양실조 때문이다. 공판까지 간 분은 이극로, 최현배, 이희승, 정인승, 이인, 김양수, 김도연, 이우식, 정태진, 이중화, 김법린, 장현식 선생이다.

이분들은 수많은 고문을 당하였다. 그중에서 가장 견디기 어려웠던 것은 '아사가제'와 '비행기태우기'라고 회고한 바 있다. 아사가제란 두 다리를 뻗은 채 앉혀 놓고 목총을 두 다리 사이에 넣어 비틀어 대는 것이다. 비행기태우기란 사지를 묶은 사이로 목총을 가로질러 꿰어 넣은 다음 목총 양 끝을 천장에 매달아 놓고 비틀거나 저며들게 하는 것이다.

이분들에게 '고유 언어는 민족의식을 양성하는 것이므로 조선어학회의 사전 편찬은 조선 민족의 정신을 유지하는 민족운동'이라는 이유로 내란죄를 덮어씌웠다. '조선어학회는 문화운동의 가면을 쓰고 어문운동을 통해 민족의식을 북돋워서 조선 독립을 위한 실력을 신장했'고 판결하였다. 최종적으로 이극로 선생은 징역 6년, 최현배 선생은 징역 4년, 이희승 선생은 징역 2년 6개월, 정인승 선생과 정태진 선생은 징역 2년, 그리고 이인, 김법린, 이중화, 이우식, 김양수, 김도연 선생은 징역 2년에 집행유예 4년이었다.

조선어학회 수난은, 단순히 국어학자들이 우리 말글을 지키려다 일제의 탄압을 받은 사건이 아닌, 민족혼을 일깨우고 자주독립을 쟁취하려는 독립운동으로 평가해야 한다. 그것은 이 일에 연루돼 투옥된 분 가운데는 국어학자보다 민족주의자, 독립운동가가 더 많은 데서도 그 성격을 알 수 있다. 그분들 가운데 광복 후 대한민국의 초대 법무부장관에 이인 선생, 초대 재무부장관에 김도연 선생, 초대 문교부장관에 안호상 선생이 포함된 것을 보더라도 조선어학회 투쟁이 단순한 말글 투쟁이 아니라 독립운동이었음을 알 수 있다.

1945년 광복 후 재판의 증거물로 홍원에 갔다가 잃어버렸던 《조선말 큰사전》 원고를 9월 8일 서울역 한 창고에서 찾아냈다. 뜻밖의 기쁨이었다. 이를 기반으로 조선어학회는 1947년에 《조선말 큰사전》 첫째 권을 발간하고 1957년에 여섯 권 모두 발간하였다.

2014년 8월 29일, 서울 세종로공원에서 한글학회 회원과 조선어학회 선열 유족, 그리고 많은 시민들이 참석한 가운데 한글학회와 서울시가 '조선어학회 한말글 수호 기념탑' 제막식을 열었다. 우리 말글을 지키며 민족의 독립을 위해 헌신하신 조선어학회 선열들의 고귀한 뜻에 조금이라도 보답하고자 한 징표였다.

우리말은 오랜 역사 속에서 꿋꿋이 발전해 왔다. 우리말을 적는 우리글, 한글 역시 어려운 역사 속에서 지켜 왔다. 일제강점기 일본은 국토를 병합하고 나서 우리 민족을 저들에 통합시키려 문화를 빼앗으려 했고, 그 문화의 알맹이라 할 우리말을 쓰지 못하게 하였다. 이러한 상황에 조선어학회는 우리 민족을 지키기 위해, 우리 문화를 지키기 위해 우리 말글을 지키려 그 어느 때보다도 더 큰 힘을 쏟았다. 조선어학회에서 큰사전 편찬에 힘쓰던 정태진 선생이 쓴 '재건도상의 우리 국어'(1946년)의 한 부분을 지금 다시 되새겨 본다.

"만일 우리 인류에게 언어라는 아름다운 보배가 없었던들 오늘날 우리 인류가 가장 자랑하는 모든 문화는 움도 싹도 터보지 못하였을 것이다. 언어가 없는 곳에 국가가 어디 있으며, 언어가 없는 곳에 역사가 어디 있으며, 언어가 없는 곳에 교육이 어디 있으랴? 우리의 국가, 우리의 역사, 우리의 교육은 오직 우리의 언어를 통하여 처음으로 그 존재를 나타내고, 그 가치를 드러내게 되는 것이다."

[출전]

2008 우리 말글을 가꾸고 지킨 한힌샘 주시경 선생, 김태진·소재영 엮음《스승》, 31-44, 논형.
2011 조선어학회의 귀한 뜻을 이어받자,《한글새소식》463, 6-7, 한글학회.
2016《언어학사강의》, (주)박이정.
2017 조선어학회 수난 사건은 위대한 독립운동이었다,《국립한글박물관 소식지》2017년 8월, 국립한글박물관.

8.2. 우리말 사전 편찬

《말모이》 편찬 사업

《말모이》는 1910년대 조선광문회에서 주시경 선생과 뜻을 같이하는 그의 제자 김두봉, 권덕규, 이규영 선생 등의 언어학자가 참여해 편찬된 최초의 현대 우리말 사전의 원고이다. 최남선 선생, 박은식 선생 등이 우리 문화의 선양을 목적으로 설립한 조선광문회에서 일을 시작하였기 때문에 당연히 민족주의적인 애국계몽사상이 편찬의 기반이 되었음은 물론이다.

그런데 편찬자들의 사망과 망명 등으로 불행히도 출판되지는 못하였다. 그러나 《말모이》 원고는 1927년 민족계몽단체인 계명구락부에 인계되었다가 이후 조선어연구회로 넘어가 《조선말 큰사전》의 뿌리가 되었다. 《말모이》 원고는 1968년 서울대학교 이병근 선생이 경기도 광주에서 발굴하여 현재 국립한글박물관이 간직하고 있는데, 2012년 12월 24일 등록문화재 제523호로 등록되었다.

지금 전해 오는 《말모이》 원고는 그 첫째 권으로 보이는 푸른색 원고지에 붓으로 쓴 원고로, 240자 원고지 기준 153쪽이다. '알기, 본문, 찾기, 자획 찾기'로 구성되어 있는데, 그 중 '알기'에는 6개 항목의 '범례·어법용어·전문용어'의 약호가 수록되어 있고, '본문'에는 'ㄱ'부터 '걀죽'까지의 표제어 및 뜻풀이가 수록되어 있다. '찾기'는 표제어의 색인이며, '자획 찾기'는 표제어와 본문 한자어의 획수 색인이다. 또한 용언의 어미와 체언의 조사를 포함한 '토'를 독립된 품사로 설정하였다. 그래서 용언의 표제어는 체언의 표제어처럼 그 어간만이 제시되어 있다. 그리고 표제어와 뜻풀이를 모두 한글로 표기하였다.

《큰사전》 편찬 사업

1910년부터 시작한 《말모이》 편찬 사업은 주시경 선생의 갑작스러운 죽음으로 중단되고 난 뒤, 조선어연구회는 이 일을 제대로 이어가기 위해 1929년에 '조선어사전편찬회'를 조직하여 사전 편찬 사업을 다시 시작하였다.

조선어연구회는 1929년에 각계 인사 108명이 발기인이 되어 '조선어사전편찬회'를 조직하고 편찬회와 조선어연구회가 사전 편찬의 기초 작업을 위해 어휘 수집, 뜻풀이, 편집, 맞춤법 통일, 표준어 조사·선정 등의 업무를 분담하여 추진하였다. 그래서 1933년에 '한글 맞춤법 통일안'을 내놓았고, 1936년에 '사정한 조선어 표준말 모음', 1941년에는 '외래어 표기법 통일안'을 내놓았다. 이렇게 마련된 한글맞춤법과 표준말은 오늘날 우리 말글 생활의 뿌리가 되었다는 점에서 민족문화에 길이 빛나는 매우 소중한 자산이다.

기록에 따르면, 어휘 수집 과정에서는 크게 일반어, 전문어, 특수어(고어, 방언, 은어 등)로 나누어 접근하였는데 이미 나와 있었던 조선총독부 《조선어사전》, 영국인 게일이 만든 《한영자전》, 개인이 기증한 사전 원고 등을 참고했는가 하면, 신문·잡지·소설·시집, 고전 언해·역사·지리·관제 등 각 전문 방면의 문헌들에서 널리 조사하여 뽑았으며, 주로 방언은 조선어학회 기관지인 《한글》에 광고를 내어 독자들과 방학 때 시골로 가는 학생들에게 의뢰하여 모았다.

조선어학회 수난으로 사전 편찬과 출판은 당연히 중단되고 말았다. 드디어 1945년 8월 광복을 맞이하여 조선어학회 수난으로 1942년에 잡혀갔던 학회 회원들이 서울로 돌아왔다. 그런데 사전 원고는 함흥으로 서울로 두루 찾아보았으나, 어디로 사라졌는지를 알 수 없었다. 일제가 패전하여 물러갈 때 각종 중요 문서를 불사르고 가면서 사전 원고도 함께 태워 없앤 것으로 짐작하였다. 이를 조선어학회뿐 아니라, 온 민족이 다 같이 걱정하고 한탄하였다. 그래서 각 방면의 인사들은 원고를 찾는 데에 온 힘을 다하였다.

그러던 중 9월 8일에 그토록 찾던 《큰사전》 원고가 예상하지 못했던 서울역에 있는 조선운송주식회사 창고 속에서 발견되어 나왔다. 이는 함흥 법원에서 피고인들이 불복하여 상고함에 따라 증빙 자료로 서울의 상급법원으로 이송했던 것이 일제 말기 광복 초기 경황없는 속에서 그대로 창고에 방치되어 있었다. 이 원고 뭉치는 2012년 12월 '등록문화재' 제524-1호로 등록되었으며, 2020년 12월에는 그 가운데 여덟 책은 대한민국 '보물' 제2086호로 승격되었다. 현재 한글학회, 독립기념관, 개인 등이 간직하고 있다.

이 원고를 손에 든 사전 편찬원들은 설레는 심정을 가다듬고 원고를 정리

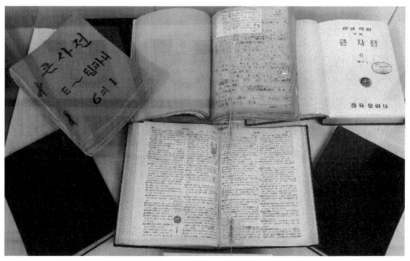

《큰사전》 '원고' 표지와 내용, 그리고 《큰사전》 표지와 본문

하기 시작하였다. 그리고 1946년에 원고 정리가 본궤도에 오르면서 을유문화사와 우호적인 출판 계약도 맺었다. 이에 따라 전체 분량의 약 6분의 1쯤을 탈고하여, 조판과 교정, 인쇄까지 끝내어 1947년 한글날인 10월 9일에 드디어 첫째 권을 세상에 내놓았다. 뒤이어 둘째 권, 셋째 권을 내고 6.25 전쟁을 겪으면서 여러 어려움이 뒤따랐지만, 마침내 1957년 한글날인 10월 9일에 여섯째 권을 성공적으로 펴내어 《큰사전》 완간을 이루어 우리 민족문화사에서 가장 빛나는 업적을 이루었다.

《조선말 큰사전》 머리말의 첫머리에서 밝힌 다음 내용은 오늘날에도 우리가 간직해야 할 말씀이다.

> "말은 사람의 특징이요, 문화의 표상이다. 조선말은 우리 겨레가 반만년 역사 생활에서 문화 활동의 말미암던 길이요, 연장이요, 또 그 결과이다. 그 낱낱의 말은, 다 우리의 무수한 조상들이 잇고 이어 보태고 다듬어서 우리에게 물려 준 거룩한 보배이다. 그러므로 우리 말은 곧 우리 겨레가 가진 정신적 및 물리적 재산의 총 목록이라 할 수 있으니, 말을 떠나서는 하루 한 때라도 살 수 없는 것이다."

큰사전 원고가 겪은 수난

9월 8일은 한글학회로서는 매우 뜻깊은 날이다. 지금의 한글학회인 옛 조선어학회가 편찬하다가 압수되어 행방을 알 길 없던 큰사전 원고뭉치가 서울역 조선운송주식회사 창고에서 극적으로 발견된 날이다. 1945년 9월 8일이다. 1942년 조선어학회 수난으로 압수해 갔던 큰사전 원고뭉치를 되찾았다. 1945년 당시 신문에 따라서는 10월 2일 또는 10월 3일에 찾았다고 보도하기도 하였다.

그런데 왜 큰사전 원고뭉치가 서울역 창고에서 발견되었을까? 영화 '말모이'에서처럼 배우 유해진이 도망가다가 던져두었을까? 앞에서 이미 밝혔듯이, 함흥 법원에서 1심 판결 후 피고인들이 불복하여 서울의 상급법원에 항소하자 그 증빙 자료로 이송 중에 광복이 되자 미처 법원으로 배달되지 못하고 창고에 방치되어 있었다.

그런데 큰사전 원고는 한국전쟁 시기에 또다시 수난을 겪었다. 첫 번째는 6.25 당시이다. 6.25 직후 을지로에 있던 한글학회 사무실은 바로 인민군이 접수하였다. 이때 최현배 선생과 유제한 선생이 밤에 인민군 몰래 들어가서 큰사전 원고를 가져 나왔다. 이를 최현배 선생 댁 마당에 묻어 두고 두 분 다 피난을 떠났다. 몇 달이 지나 서울이 수복되어 마당을 파서 이 원고를 온전히 꺼냈다. 그러고 나서 만약을 대비하여 한 벌을 더 베껴 두니 원고는 두 벌이 된 셈이다. 두 번째는 1.4 후퇴 때다. 사전 편찬이 1.4 후퇴로 또 중단되자 새로 베낀 원고는 최현배 선생이 부산으로 가져가고 원본은 유제한 선생이 천안 고향집으로 가져갔다. 최현배 선생이 부산으로 가져간 원고는 동래 금정산 아래 장전리의 추호영 선생 댁에 보관하였다. 큰사전 원고뿐만 아니라 한글학회 도서 2천여 권도 그 댁에 함께 보관하였다. 그 뒤 다시 서울을 수복하자 큰사전 원고를 각기 부산과 천안에서 서울로 되가져와 사전 편찬을 계속하였다.

참고로, 9월 8일은 유네스코가 정한 세계 문해의 날이기도 하다. 파리에 있는 유네스코 본부에서는 1997년부터, 한 해 동안 전 세계에서 문맹 퇴치에 공로가 있는 사람 또는 기관에 상을 준다. 주로 아프리카, 중남미 등에서 활동하는 분들이 선정되는데, 바로 상 이름이 세종대왕 문해상이다. 배우기 쉬운 글자, 한글을 창제하여 문맹을 없앤 세종대왕의 높은 정신을 기리는 뜻이 담겨 있다. 9월 8일은 이래저래 뜻깊은 날이라 하겠다.

[출전]

2008 한글학회 100돌과 우리 말글의 오늘,《문학사상》428, 52-62, (주)
  문학사상.
2020 말 모아 마음 모아, "말모이" – 국어사전 편찬과 조선어학회 –,《마중
  문학》43, 163-173, 마중문학사.
2022 한글학회는 말글 연구와 문화 운동의 중심,《한글새소식》593, 2-3,
  한글학회.

8.3. 한글학회 사람들

한글학회는 겨레 문화를 지켜 온, 그리고 지켜 나갈, 큰 별이다

1908년 창립한 국어연구학회에 뿌리를 둔 한글학회는 단순히 우리말과 우리글을 연구하는 학회가 아니라, 우리의 정신과 문화를 지켜 온, 그리고 지켜 나갈 겨레의 학회이다. 일본 제국주의의 혹독한 압정에서 목숨을 걸고 우리말과 우리글을 지켜 온 한글학회 선열들의 눈물겨운 투쟁이 없었다면, 우리는 오늘과 같은 문화와 번영을 누릴 수 없었을 것이다. 오늘날 우리 문화와 번영은 멀리는 세종대왕에서 가까이는 한글학회를 이끌어 온 선열들의 덕분이라 믿는다. 이처럼 한글학회는 단순한 학술단체가 아니라, 우리 겨레 문화를 지켜 온, 그리고 앞으로도 지켜 나갈, 빛나는 큰 별이다.

이러한 큰 별, 한글학회는 그동안 우리말 우리글에 대한 학술 연구와 국어 운동의 실천, 둘의 조화를 이루면서 활동해 왔다. 선열들과 선배들이 이룬 학문 성과를 계승하여 우리말과 우리글 연구를 언어과학으로 승화시키며, 이를 바탕으로 우리말을 지키고 가꾸는 국어 운동을 실천해 왔다. 국어를 객관화하여 연구만 하고 국어 운동의 가치를 무시하는 학문 태도를 뛰어넘고, 학문 성과의 바탕 없이 맹목적으로 국어 사랑을 외치는 국어 운동의 태도를 극복하였다. 그렇게 하여 학술 연구에서도, 국어 운동 실천에서도 앞장서 왔다. 이를 위해 젊은 학자들과 뜻을 함께하여 우리말과 우리글을 과학적으로 연구하는 학술 활동을 깊이 있게 펼쳐 나왔으며, 우리말을 사랑하고 가꾸는 사회 각계각층의 개인, 단체들과 힘을 모아 우리말과 우리글의 가치를 드높이는 국어 운동을 힘차게 펼쳐 왔다. 또한 한국어를 배우려는 국외동포들과 외국인들에게 우리말을 교육하는 일에도 힘을 쏟아, 자랑스러운 우리말과 한글의 가치를 세계인이 함께 누리는 날을 준비해 왔다.

한글학회 초대 회장 김정진

미국 로스앤젤레스 한인 마을 한가운데 '찰스 호 김 초등학교'가 있다(225 South Oxford Avenue, Los Angeles, California). 2006년 9월 로스앤젤레스 교육청이 한국인의 이름을 따서 설립한 초등학교이다. 찰스 호 김 선생이 한인으로서 미국과 한인 사회에 기여한 공로를 빛내기 위하여 초등학교 이름에 그의 이름을 붙인 것이다. 로스앤젤레스 한인 사회로서는 대단히 영광스럽고 자랑스러운 일이라 하겠다. 그런데 그분은 바로 지금의 한글학회인 국어연구학회 초대 회장인 김정진 선생 (1884~1968)이다.

잘 알다시피, 한글학회는 그 뿌리를 거슬러 올라가면 1908년 8월 31일에 창립한 '국어연구학회'에 닿는다. 나라 안팎으로 어려울 때 국어의 언어학적 연구를 바탕으로 우리 말글 사랑을 실천한 주시경 선생은 김정진 선생을 비롯하여 뜻을 같이하는 사람들과 함께 국어연구학회를 창립하였다.

김정진 선생은 1904년 관립한성

김정진 선생

중학교(지금의 경기고등학교) 제1회로 졸업하고 1912년까지 인천영화학교, 이화학당 등 여러 학교에서 교사로 근무하였다. 그 뒤 중국 상하이에서(이때 국경 통과를 위해 이름을 '김 호'라고 적었다) 잠시 일을 하다가 1914년 미국 샌프란시스코로 건너갔다(이때 이름이 '찰스 김'). 처음에는 탄광에서 막일을 하다가 1920년 캘리포니아 중부의 리들리에 정착하여 농산물 사업을 시작하였다. 이어서 김형제회사를 설립하여 사업을 크게 확장하였으며, 천도복숭아를 독점 재배하여 미국 전역으로 공급하기도 하였다. 펼치는 사업마다 성공하여 한인 최초로 백만장자가 되었다.

그러나 그는 단순한 사업가가 아니라 청년 시절부터 민족의식이 투철하고 실천력이 강하여 언제나 한인의 복지 향상과 조국 독립을 위해 노력하였고 한인학교와 한인교회 운영에 재정 지원도 하였다. 그는 한인을 대표하는 사업가, 육영사업가, 교육자, 사회지도자, 독립운동가였다. 1968년 돌아가신 후, 1997년 대한민국 정부는 그에게 건국훈장 독립장을 추서하였다. 2002년 대한민국 정부는 김정진 선생 부부의 유해를 국립대전현충원(독립유공자묘역 2-974)으로 이장하여 모셨다.

조선어학회 수난 33인

조선어학회 수난으로 고난을 겪은 서른세 분 가운데는 국어학자를 비롯하여 사전 집필에 직접 참여한 분이 있고, 사전 편찬을 재정적으로 후원한 분도 있는데 그 명단은 다음과 같다(순서는 생년월일 순).

> (가) 사전 집필에 참여한 분
> 이중화 한 징 장지영 이윤재 이병기 권덕규 이강래 이극로
> 김윤경 최현배 정열모 이희승 정인승 정태진 이은상 정인섭
> 김선기 이석린 권승욱

(나) 재정 후원에 참여한 분
　　서승효 윤병호 이만규 김종철 이우식 안재홍 신현모 김도연
　　장현식 이　인 김양수 김법린 안호상 서민호

　사전 집필에 직접 참여한 학자들 가운데 정인승 선생과 정태진 선생에 대해서 살펴보도록 하자. 먼저 정인승 선생이다.

정인승

　정인승 선생(1897~1986)은 일제강점기에 일본의 우리말 말살 정책에 항거하여 우리말을 연구하여 지켰으며, 광복 이후에도 그 연구는 계속되어, 특히 학교문법의 연구와 보급에 큰 업적을 이루었다. 여러 저서와 논문에는 선생의 학문적 업적과 우리말 사랑의 정신이 깃들어 있다. 이 가운데 가장 대표적이라 할 수 있는 《표준 고등 말본》(1956년, 신구문화사)이라는 저서와 '우리말의 씨가름에 대하여'(1959년, 《한글》 125, 32-43, 한글학회)라는 논문을 중심으로 선생의 품사론과 문장론의 연구 업적을 이해해 보기로 하겠다. 《표준 고등 말본》은 고등학교 1·2·3년용 교과서이다. '우리말의 씨가름에 대하여'는 씨가름(품사 분류)에 대한 정인승 선생의 이론이 정연하게 전개된 귀중한 논문이다. 정인승 선생의 품사론 연구에서 가장 주목할 일은 씨가름에 대한 원리와 실제를 풀이한 업적과 '이다'를 풀이자리토씨(서술격조사)로 규정한 업적이다.

　정인승 선생은 말본(문법) 연구의 의의를 다음과 같이 밝혔다. "말의 법칙에 맞지 아니하면 말이 분명하지 못하다. 말을 법칙에 맞게 하자면, 말의 근본 형태, 곧 낱말의 형태 및 그 결합하는 여러 가지 형태들을 잘 알아야 할 것이다." 곧 말본 연구의 근본 목적은 말의 조직 체계를 밝히는 것이라고 하였다. 그러면서 말의 조직 체계를 밝히기 위해서는 각 낱말의 성질을 먼

저 밝혀야 하는데, 여기서 바로 씨가름의 필요성이 있게 된다고 하였다.

씨가름을 말의 조직 체계에 맞게 하기 위해서는 반드시 합당한 기준이 있어야 한다는 점을 강조하였다. 씨가름의 기준을 설정하기 위하여 우선 낱말과 씨를 다음과 같이 정의하였다. "소리마디가 하나로든지, 또는 둘 이상으로 모여서든지, 무슨 한 개의 뜻을 나타내게 된 것을 낱말이라 한다. 소리마디 하나라도 뜻을 가지면 한 낱말이 되고, 아무리 여러 소리마디라도 뜻을 가지지 못하면 낱말이 못된다. ··· 낱말의 말뜻은 각 낱말마다 다 다르지만, 그것들이 월을 이룰 때에는 끼리끼리 공통되는 몇 가지의 성질이 있는데, 낱말을 각각 구별되는 성질에 따라 분류하는 각 갈래를 씨라 한다." 정인승 선생의 씨가름에 대한 기본 생각은 다음과 같다. "씨가름의 기준을 낱말의 내용, 형태, 직능의 세 가지 관점에 두되, 그 경중에 따라 크게 갈라야 한다."

씨가름에 있어서는 반드시 이와 같은 세 가지 관점을 종합적으로 기준으로 삼되, 그 경중의 차이를 두어야 한다고 하였다. 이 가운데서 '직능'이 가장 중요하며, 다음으로는 '형태', 그다음이 '내용'이라고 설명하였다. 예를 들어 어떠한 낱말들을 내용으로만 보아 다른 말들과 구별하여 독립한 씨로 설정할 수 있을 것 같더라도 그것이 형태나 직능으로 보아 다른 말과 견주어 형태와 직능이 같다면 독립한 씨로 설정할 필요가 없다고 설명하였다. 우리말에서 대명사나 수사 같은 것은 내용으로만 명사와 다를 뿐이고, 형태와 직능이 모두 명사와 같으므로, 이런 것은 명사의 범주 안에서 다루어야 한다고 주장하였다. 또 다른 예로, 형태로는 독립한 씨로 설정할 수 있을 법하더라도 그 내용이나 직능이 다른 낱말들과 같다면 또한 독립한 씨로 설정할 필요가 없다고 설명하였다. 우리말에서 '이다'는 형태만 다를 뿐이지, 내용과 직능으로 보면 조사와 같으므로, 조사의 범주 안에서 다루어야 한다고 주장하였다. 그러나 만일 직능만 다른 말들과 구별되어, 독립한 씨로 설정할 수 있는 것이면, 그것은 형태나 내용이 다른 말들과 공통될지라도 당연히 독립한 씨로 설정할 수밖에 없다고 설명하였다. 이른바 관형사는 형태로는 활용이 없어 부사와 같고, 내용으로는 형용사나 접두어와 같되, 그 직능이 독특하여 부사나 형용사와 달리 독립한 씨로 설정한다고 주장하였다.

정인승 선생의 씨가름 연구에서 가장 주목할 만한 사실은 '이다'를 풀이자리토씨로 규정한 것이다. '이다'는 다른 자리토씨들과 마찬가지로, 이름씨의 자리를 정하여 주는데, 특히 그 자리가 풀이말 자리이므로, 다른 풀이씨(움직씨, 그림씨)와 같은 형식이 필요하여, 그래서 끝바꿈을 하게 됨은 물론이며, 도움줄기가 결합할 수 있고, 때매김도 할 수가 있다고 설명하였다.

정인승 선생은 문장론 연구의 목적을 우리가 구체적인 월의 체계를 올바르게 깨쳐서, 실제 언어생활에서 말이나 글을 정확히 이해하고 표현하는 요령을 얻도록 하는 데 두었다. 그래서 월의 체계를 밝히기 위하여 월조각, 마디, 월의 체계 등에 대하여 여러 각도에서 풀이하였다. 일일이 그림풀이를 붙인 것도 이러한 뜻으로 이해된다.

한편, 우리는 대체로 앞 시대 학자들의 연구 업적을 이어받는 데 매우 인색하다. 이러한 자세는 학문의 발전을 가로막는 것이라고 본다. 따라서 우리는 우리말의 바람직한 연구를 위해서는 앞 시대 학자들의 연구에서 학문의 올바른 전통을 찾아 이를 계승하고 또한 발전시켜야 할 것이다. 이러한 의미에서 정인승 선생의 학문 성과를 올바르게 이해하여 이를 오늘날의 학문으로 발전시키는 일은 대단히 의의 있는 일이라고 생각한다.

정태진

다음으로 정태진 선생(1903~1952)에 대해 살펴보도록 하자. 정태진 선생은 일제강점기에 일본의 우리말 말살 정책에 항거하여 우리말을 교육하면서 지켰으며, 광복 이후에도 우리말 교육과 연구에 큰 업적을 이루었다. 선생은 일제강점기에는 영생여자고등보통학교 교사를 거쳐 조선어학회에서 《큰사전》 편찬에 온 힘을 기울였는데, 1942년 조선어학회 수난으로 모진 옥고를 치르고 나서 함흥 법원에서 징역 2년형을 선고받고, 광복 한 달 전인 1945년 7월 1일 풀려나왔다. 선생은 광복과 더불어 한글학회에 돌아와 《큰사전》 편찬을 다시 시작하는 한편, 여러 교육기관에서 국어학을 강의하였다. 선생의 의지와 헌신에 힘입어 조선어학회는 마침내 1947년 한글날에 《조선말 큰사전》 첫째 권을 세상에 내어놓았다. 우리 민족문화사에서 획기적인 업적이다.

정태진 선생은 1921년에 경성고등보통학교(지금의 경기고등학교)를, 1925년에 연희전문학교 문과를 졸업하였다. 그리고는 미국인 선교사인 연희전문학교 부교장의 미국 유학 권유를 사양하고, 교사 구하기가 어려운 추운 지방, 함흥에 있는 영생여자고등보통학교에 교사로 근무하였다. 학생들에게 조선어를 가르치면서 틈나는 대로 민족의 얼을 심어 주며, 한글의 우수성과 조선 문학의 뛰어남을 통하여 조선말의 아름다움을 일깨워 주었다. 그러나 선생은 여러 가지로 부족한 자신이 남을 가르치는 스승이라 할 수 있을까, 생각하고 지내던 차에 다시 연희전문학교 부교장한테서 유학 권유를 받고 미국 유학을 결심하였다. 그렇게 하여 1927년 미국 우스터대학의 철학과에 입학하였다. 1930년에 졸업하고 컬럼비아대학 대학원에 가서 교육학을 전공하고 귀국하였다. 1931년에 귀국하자 서울에 있는 여러 전문학교에서 교수로 오라고 했지만 다 거절하고 영생학교로 복귀하였다. 그렇게 하여 10년을 함흥에서 지냈는데 어느 날 선생보다 여섯 살 위인 연희전문학교 동기생인 정인승 선생으로부터 조선어학회에 와서 큰사전 편찬을 함께 하자는, 뜻밖의 간청을 받았다. 연희전문학교 시절 두 사람은 정인보 교수의 지도를 받아 우리가 고유한 민족문화를 가진 것에 대하여 자부심을 품고 우리 문화를 연구하였다. 선생은 정인승 선생 뜻에 동의하여 결국 1940년 봄방학에 영생학교를 사직하고 서울로 와서 큰사전 편찬 사업에 힘을 합쳐 일하였다.

그러던 중, 선생은 1942년 조선어학회 수난의 첫 인물로 걸려들어 모진 옥고를 치렀다. 선생은 광복 다음 날인 8월 16일, 혼자 조선어학회에 나가 편찬실을 둘러보았다. 그러나 이곳저곳 다 찾아보았으나 큰사전 원고는 보이지 않았다. 지금부터 새롭게 사전 원고를 쓰려 하니 고문당할 때보다 더 마음이 아팠다. 그래서 폐허가 된 학회 사무실에서 남은 인생을 다시 큰사전 원고 쓰는 일에 바치기로 결심한다. 8월 20일 조선어학회는 긴급 총회를 열었다. 가장 시급한 것이 국어 교육이라 판단하고 국어 교과서를 편찬하기로 하였다. 그래서 선생은 큰사전 원고 쓰는 일과 함께 새 교과서 엮기에 온 힘을 다하였다.

정태진 선생은 '말에는 겨레의 얼이 들어 있으니, 겨레의 말을 사랑하는 마음은 곧 겨레의 얼을 사랑하는 마음'이라 하였다. 이렇듯 선생이 평생 지녔던 정신은 한글 사랑의 정신이었으며, 겨레 사랑의 정신이었으며, 우리 겨레의 행복을 위하여 한글을 사랑하였다. 말과 글은 한민족의 피요, 생명이요, 혼이라고 생각하였다.

또한 선생은 국어와 한글은 민족, 문화, 역사의 원동력이라는 믿음을 영생여학교에서 교육하면서, 조선어학회에서 큰사전을 편찬하면서, 언제나 변함없이 지니고 있었다. 영생여학교에서 가르치는 동안 선생은 기회 있을 때마다 "너희들은 조선말만 써야 한다. 너희들이 아름다운 조선말을 안 쓰면, 얼마 아니 가서 조선말과 조선민족은 이 지구상에서 영영 사라지고 말게 된다."라고 교훈하였다.

선생의 연구 업적은 저서와 강의안, 논문을 통해 확인해 볼 수 있다. 그 가운데 특히 강의안은 모두 직접 손으로 쓴 글인데, 더하고 지우고 여러 차례 고친 것이다. 그러나 이 강의안이 더 보태고 고쳐서 온전한 저서로 출간하지 못하고 일찍 돌아가시니 아쉬움이 크다. 선생의 연구 내용은 국어학 전반에 걸쳐 있다. 말소리와 문법은 물론, 방언과 옛말에 특별히 관심을 가졌다. 이는 큰사전 편찬의 올림말, 뜻풀이와 관련을 맺는다.

선생의 방언과 옛말 연구 방법은 철저하게 비교 연구로 일관하였는데, 언어과학은 언어의 구체적, 경험적 사실을 연구 대상으로 삼기 때문이라 하였다. 당시 학문 경향인 비교언어학의 영향으로, 국어를 과학적 연구인, 내적 비교를 위하여 시골말 캐기가 필요함을 강조하였다. 이와 같이 방언의 가치와 방언 조사의 필요성을 인정하고 하루가 급하게 방언을 수집해야 한다는 것을 주장한 것은 언어 변화 연구와 방언 연구를 위한 선구자적인 업적이다.

이제 우리는 선생의 고귀한 우리 말글 사랑 정신과 선생의 학문 업적을 바탕으로 오늘날 우리 말글을 가꾸고 지키는 일에 더욱 힘써야 할 것이다. 이것이 바로 우리가 선생의 삶과 학문을 바르게 계승하는 길이라 믿는다.

이우식

사전 편찬을 재정적으로 후원한 분들 가운데서는 이우식 선생과 이인 선생에 대해서 살펴보도록 하자. 먼저 이우식 선생(1891~1966)이다.

1947년 조선어학회가 펴낸 《조선말 큰사전》 머리말에는 "말은 사람의 특징이요, 문화의 표상이다. 조선말은 우리 겨레가 반 만 년 역사 생활에서 문화 활동의 밑미암던 길이요, 연장이요, 또 그 결과이다."라고 밝혔다. 그 낱낱의 말을 모아 편찬한 큰사전이야말로 우리 민족문화의 거룩한 보배이다. 이러한 큰사전 편찬의 중심에는 바로 이우식 선생이 있다.

이우식 선생은 경상남도 의령에서 태어났다. 일본에서 유학하고 귀국하여 1919년 의령에서 삼일 독립 만세를 주동하였다. 그 후 중국 상하이로 갔다가 1920년 귀국하면서 대한민국 임시정부에 독립운동 자금을 지원하였다. 그리고 중외일보를 인수하여 백성의 소리를 대변하였고, 조선어학회의 뜻을 받들어 큰사전 편찬 자금을 후원하였다. 가난에 허덕이던 백성들을 돌보고 인재를 양성하는 일에도 헌신하였다.

1929년 이우식 선생을 비롯한 108명의 애국지사가 모여 조선어사전편찬회를 조직하였다. 그러나 사전 편찬을 위한 낱말 수집과 뜻풀이에 큰 진전이 없었다. 많은 시간이 필요하고 그런 만큼 재정이 필요한데, 재정 확보가 쉽지 않았기 때문이다. 1931년 1월 조선어사전편찬회는 조직을 개편하여 이우식 선생을 회장으로 추대하고 재정 확보 방안을 구체적으로 논의하였다. 그래서 이우식 선생을 중심으로 1936년 3월 후원회를 조직하여, 3년 안에 편찬 사업을 완수할 수 있도록 거금 1만 원을 후원하였다.

3년이 지난 1939년 봄이 다가왔다. 낱말 수집은 대체로 마감할 만큼 되었으나 뜻풀이 카드 작성은 절반에도 이르지 못하였다. 그런데 사업 자금 1만 원이 바닥난 상태였다. 그러자 다시 후원회는 1년 동안 3천 원을 더 후원하기로 하여 큰사전 편찬을 독려하였다. 그래서 ㄱ부터 카드 내용을 원고지에 옮겨 쓰기 시작하여 12월에 우선 완성된 원고로 조선총독부에 출판 허가를 신청하였다. 그리하여 1940년 3월 많은 부분을 지우고 고치는 조건으로 간신히 허가를 받았다.

후원금 3천 원이 바닥이 났다. 또다시 후원회에 기대기는 어려운 상황이었다. 그렇게 되자 1940년 4월 이우식 선생이 혼자서 달마다 250원씩을 희사하기로 약조하였다. 그 이후 조선어학회 수난으로 이우식 선생은 조선어학회 선열들과 함께 함흥형무소에 갇히게 되어 모진 고난을 겪은 후 1944년 징역 2년, 집행유예 4년을 선고받았다. 광복 후에도 찬조회원으로 활동하면서 한글학회의 우리 말글 가꾸고 지키는 일을 계속 후원하였다.

한 가지 더. 양사관(養士館) 설립에 관한 일이다. 총독부의 탄압 속에서도 학자들이 어려움 없이 연구할 수 있도록 이들을 한곳에 모아 공동 연구도 하고 창작 저술도 하도록 하자는 취지로 이우식 선생이 재정 지원하기로 하고 이인 선생을 비롯한 몇몇 인사들이 양사관이라는 시설의 설립 허가를 얻기 위해 동분서주하였다. 그러나 총독부에서 허가해 주지 않아 안타깝게도 이우식 선생의 뜻을 이루지 못하고 말았다.

한편, 조선어학회 활동과 큰사전 편찬의 중심에 있었던 이우식 선생, 이극로 선생(1893~1978), 안호상 선생(1902~1999)은, 물론 이 세 분은 조선어학회 수난으로 옥고를 치르셨는데, 바로 경상남도 의령 출신이다. 이는 충의의 고장 의령의 자랑이기도 하다.

이인

다음으로 이인 선생(1896~1979)에 대해서 살펴보도록 하자. 한글학회는 최근 한글회관 본관과 논현동 별관에 이인 선생 부조상을 설치하였다. 이인 선생의 한글문화 발전에 남긴 고귀한 뜻을 길이 빛내기 위함이다.

이인 선생은 일제강점기부터 대한민국 건국에 이르는 기간 동안 항일 사건의 변론을 위해 온 몸을 던졌다. 식민지 법정을 구석구석 찾아다니며 불굴의 기개로 투쟁한 민족 변호사였다. 조선어학회 회원으로 우리 말글 지키기에 혼신의 힘을 다하며 감옥에서 고초를 겪은 민족운동의 선각자였다. 아울러 한글문화 발전을 위해 전 재산을 한글학회에 다 내놓은 숭고한 애국자였다. 한글학회가 일·말·글을 지켜 우리 민족을 영원히 이어가라는 뜻이 담겨 있다. 오늘날 한글학회가 활동하도록 이인 선생이 기틀을 마련해 준 것이다.

이인 선생이 법률을 공부하기로 마음먹은 것은 한마디로 억울한 국민을 구해 보자는 의분이 뭉쳐서였다. 27세의 젊은 나이로 변호사 시험에 합격하여 민족 변호사로 활동을 시작하였다. 그리하여 항일투쟁사에 남을 만한 굵직굵직한 항일 사건에는 거의 빠짐없이 관여하였다. 이인 선생의 민족사랑에 대한 책무는 변호사로서 항일 사건 변론에만 그친 것은 아니다. 이 못지않게 민족혼을 가꾸어 지키는 데에 헌신하였다. 그래서 조선어학회의 말글 연구와 실천 활동을 돕는 일에 그 누구보다도 큰 힘을 쏟았다. 우리가 이인 선생을 높이 기리는 뜻은 바로 여기에 있다.

이인 선생은 1929년 조선어연구회의 조선어사전편찬회의 발기위원이 되어 우리말 사전 편찬 사업을 적극적으로 지원하였다. 민족을 지키는 것은 말글을 지키는 데서 출발한다는 신념에 바탕을 둔 일이다. 그리고 큰사전 편찬을 위한 비밀후원회를 조직하여 재정 지원을 하였다. 이 일로 1942년부터 조선어학회 수난으로 함흥경찰서와 감옥에서 모진 고초를 겪었으며, 결국 징역 2년 집행유예 4년을 선고받았다.

1948년 8월 대한민국 정부가 수립되면서 이인 선생은 초대 법무부 장관에 취임하였으며, 김병로 변호사를 대법원장으로 추천하여, 두 분이 건국 초기의 법치 기반을 마련하였다. 그 이후 국회의원으로, 재야 원로로서 이인 선생은 항상 나랏일을 걱정하였다. 평생을 청렴 강직으로 일관하면서 직언과 직필을 서슴없이 하여 사회 정의 실천에 심혈을 쏟은 대인으로 국민의 존경을 받았다.

이인 선생은 1948년 4월에 재단법인 한글학회 이사에 취임하여 학회 운영에 참여하였다. 그런데 이인 선생은 전 재산을 한글학회에 기증하였으니, 이는 참으로 훌륭한 일이라 아니할 수 없다. 재산 기증은 두 차례에 걸쳐 이루어졌다. 1976년 한글학회 회관 건립 기금을 내놓은 것이 첫 번째이고, 1979년 돌아가신 후 살던 집을 유족을 통해 내놓은 것이 두 번째이다.

이인 선생은 1976년 8월 15일에 3천만 원을 한글학회 회관 지을 기금으로 내놓아 한글학회 회관을 짓는 기틀을 마련하였다. 이인 선생은 "나는 한글학자는 아니지만, 평생을 우리 말글이 발전되고 보급되는 것이 가장 보람 있는 일이라고 생각한다."라고 말하고 현재 우리 사회에서 일어나고 있는 국어 순화 문제는 민족적인 큰 과업이니 온 겨레가 다 같이 노력해야 할 중요한 일이라고 강조하였다.

다음은 두 번째 기증이다. 살던 집과 터를 한글학회에 기증하라는 선생의 유언에 따라 1979년 강남구 논현동 자택에서 노환으로 돌아가시자 선생의 유족들이 논현동 주택을 한글학회에 기증함으로써 선생의 겨레 사랑의 높으신 뜻을 다시 한번 빛나게 하였다. 이로써 이인 선생은 살아서는 평생을 조국의 독립과 자유민주주의 정착에, 돌아가셔서는 그 삶의 흔적까지 한글 문화 발전에 다 바쳤으니, 이보다 더한 겨레의 스승이 어디에 또 있다 하겠는가.

대한민국 정부는 이러한 선생의 공로를 높이 받들어 1963년에 건국훈장 국민장을, 1969년에는 무궁화 국민훈장을 수여하였다. 그리고 1979년에 돌아가셨을 때는 사회장으로 장례를 치렀으며, 그 뒤 2012년 10월에는 국립대전현충원(독립유공자묘역 4-566)으로 이장하여 모셨다. 그리고 이인 선생의 정신을 계승하고자 뜻있는 사회 인사들이 모여 그 정신을 기림과 이음을 상징하는 실체로 사단법인 애산학회 세우고 학술지 《애산학보》를 발행해 오고 있다.

광복 이후 한글학회는 최현배 선생과 허웅 선생이 회장을 맡아 이끌어왔다. 이제 국어 사랑에 바탕을 둔 이 두 학자의 국어 연구에 대해 살펴보기로 하자.

최현배

최현배 선생(1894~1970)은 나라 잃은 어려운 시대에 주시경 선생의 뜻을 이어받아, 우리말 우리글을 연구하는 것은 우리 민족문화를 지키는 것이고, 민족문화를 지키는 것은 바로 나라를 되찾고, 민족을 지켜나가는 길이라 생각하였다. 이렇듯 최현배 선생은 우리말을 연구하는 기틀을 마련하고, 이를 바탕으로 우리말을 지키고 가꾸는 일을 한평생 실천해 온 우리나라를 대표하는 국어학자, 국어운동가이다. 또한 광복 이후 대한민국의 국어 교육의 기반을 마련하였으며, 한글학회를 반석 위에 올려놓은 대학자이다.

최현배 선생은 생전에 수많은 저술을 남겼다. 그러한 저술은 다음 두 전집에 실려 있다. [1] 최현배(2012년),《외솔 최현배 전집》(모두 28권), 연세대학교 출판문화원. [2] 최현배 지음 외솔회 엮고 옮김(2019년),《외솔 최현배의 문학·논술·논문 전집》(모두 4권), 채륜. 그 가운데 학문 업적으로 가장 탁월한 저서는 1937년에 첫 발간한《우리 말본》과 1942년에 첫 발간한《한글

최현배 선생

갈》이다.《우리 말본》은 현대 우리말의 음운, 단어, 문장에 대해 풍부한 자료를 바탕으로 과학적으로 연구한 책이며,《한글갈》은 우리 옛 문헌을 체계적으로 정리하면서 훈민정음에 대해 본격적으로 연구한 책이다. 이제 이 두 저서를 중심으로 최현배 선생의 국어 연구에 대해 살펴보기로 하겠다.

최현배 선생의 학문을 구체적으로 살펴보기에 앞서 역사적으로 우리말과 우리글을 보아 온 여러 선현

들과 학자들의 관점에 대한 허웅 선생의 견해를 소개하고자 한다. 이 견해를 통해 보면 최현배 선생 학문의 성격이 차지하고 있는 분명한 위치를 확인할 수 있다. [허웅 1999, 우리 말글을 보아 온/보는 두 가지 눈,《한힌샘 주 시경 연구》12, 5-29, 한글학회]

> "우리들이 우리 말과 글을 보는 눈은 두 가지다. 한없이 사랑하는 마음을 가지고서 우리 말글을 배우고 연구하고 지키고 가르치는 사람들이 있는가 하면, 외국 말글을 보듯하는 사람들도 있고, 더 부정적인 눈은 외국 말글에 대해 우리 말글을 낮보는 사람들도 있어 왔고 그리고 지금도 있다. 앞것은 말글에 대한 민족사관이오, 뒷것은 말글에 대한 식민사관이다. 이러한 두 가지 견해의 대립은 훈민정음을 만든 동기에 대한 해석에서도 나타난다. 역사의 기록에 따라, 세종의 민족 자주 정신과 민본 정신과 그분의 독창적인 머리와 그분의 진취적 성격이 훈민정음을 만들어 낸 밑바닥이 되었음을 높게 기리는 국어학자들이 있는 반면, 훈민정음은 그러한 데에서 만들어진 것이 아니라, 한자의 소리를 달기 위해서 만들었다고 우겨대는 사람들이 있다. 그래서 우리들은 '세종대왕-김만중-주시경-최현배'의 줄을 잇는 선에서 국어를 보고 연구하고 교육해야 할 것이다."

그러면 먼저《우리 말본》의 학문적 업적에 대해 살펴보자.《우리 말본》에서는 그 연구 대상을 우리말의 본을 연구하는 것이라고 규정하였다. 말에는 일정한 본이 있는데, 그 본을 말본이라 하고, 그 말본을 연구하는 학문을 말본갈이라고 규정하였다. 사람은, 생각과 느낌을 나타내기 위하여, 여러 낱말을 서로 얽어 붙여서 쓰는데, 말본이란 곧 낱말을 부려 월을 구성하는 과정이라고 하면서, 이러한 말본은 개인의 머릿속 생각으로 만들어 내는 것이 아니라, 객관적으로 사회적으로 실재하는 말에 바탕을 둔다고 규정하였다.

《우리 말본》은 크게 두 부분으로 구성되어 있다. '말소리갈'과 '말본갈'이 그것인데, 말본갈은 다시 씨갈과 월갈로 나뉜다. '씨갈'은 낱말의 형식과 월에서의 작용을 연구 대상으로 하고, '월갈'은 월에 관한 여러 현상을 밝히는 것을 연구 대상으로 한다고 규정하였다. 구체적으로 씨갈은 생각을 나타내는 재료를 연구하는 분석적, 정지적이고, 월갈은 그러한 재료로 월을 만들어 생각을 나타내는 본을 연구하는 종합적, 활동적이라고 규정하였다.

《우리 말본》은 기본적으로 과학적 연구 방법론에 바탕을 두고 있다. 말본은 객관적으로 사회적으로 실재하는 말에 대하여 귀납적으로 그 본을 찾아내는 것이라고 밝혔다. 또한 말본 연구는 언어 자료를 관찰하고, 이를 기술하고, 설명하는 과정을 거쳐야 한다고 하였다. 즉, 객관적인 언어 자료를 대상으로 이를 귀납적으로 기술하고 설명하는 것이 말본 연구의 본색이라고 하였는데, 이는 바로 과학적 연구 방법의 기본 태도이다.

또한 최현배 선생은 말본 연구의 규범적 성격을 강조하였다. 《우리 말본》의 목적은, 객관적인 개별언어로서의 우리말의 정확한 기술과 설명에만 있는 것이 아니라, 우리 말글의 정리를 위한 실천적인 가치, 그리고 우리말 교육을 위한 실용적 가치에도 있었다. 최현배 선생은 우리 민족이 되살아날 수 있는 여러 가지 길 가운데서 중요한 것은 민족의 고유문화를 떨쳐 일으키는 일이라 하고, 고유문화 가운데서도 말과 글이 가장 중요하다는 것을 다음과 같이 강조한 바 있다.

> "한 겨레의 문화 창조의 활동은, 그 말로써 들어가며, 그 말로써 하여 가며, 그 말로써 남기나니: 이제 조선말은, 줄잡아도 반만년 동안 역사의 흐름에서, 조선 사람의 창조적 활동의 말미암던 길이요, 연장이요, 또 그 성과의 축적의 끼침이다."

《우리 말본》의 연구 방법 가운데 주목할 사실의 또 하나는, 외래 및 선행 이론을 비판적으로 수용하여, 이를 우리말 특성에 맞게 발전시켰다는 점이다. 이는 최현배 선생의, 민족적 이상을 바탕으로 하는 세계화 감각에 기반을 둔 것으로 풀이할 수 있다. 최현배 선생은 일찍부터 세상을 바라보는 눈이 매우 넓었다. 비단 외래 이론뿐만 아니라, 주시경 선생과 같은 앞선 학자들의 연구도 비판적으로 계승하여 발전시켰음을 《우리 말본》에서 볼 수 있다. 최현배 선생은 주시경 선생의 학문 정신과 태도를 그대로 이어받았으나, 구체적인 학설까지 맹종하지는 않았다. 주시경 선생의 분석적 체계를 지양하고, 종합적 체계를 세운 것이 그러한 한 예이다.

결론적으로, 《우리 말본》의 연구 방법은 현대적인 의미에서 국어학이 싹 트기 시작할 무렵에, 나라 안팎의 수많은 연구 업적을 두루 섭렵하고, 그것을 과감하게 수용하여, 우리말 특성에 맞도록 더욱 갈고 닦았으며, 나라 안에서도 밖에서도 얻을 수 없는 지식은 넓고 깊은 사색을 통하여 창안해 낸 이론이라고 할 수 있겠다. 바로 이러한 연구 방법이 지금 우리가 계승해야 할 것이다.

다음은 《한글갈》에 대해 살펴보자. 1942년에 정음사에서 초판을 발행했으며 1976년에 《고친 한글갈》을 발행하였다. 초판 머리말에서 이 책의 성격을 잘 밝히고 있다. "이 책은 훈민정음에 관한 일체의 역사적 문제와 한글에 관한 일체의 이론적 문제를 크고 작고를 망라하여, 이를 체계적으로 논구하여, 그 숨은 것을 들어내며, 그 어두운 것을 밝히며, 그 어지러운 것을 간추리어, 정연한 체계의 한글갈(정음학)을 세워, 위로는 신경준, 유희의 유업을 잇고, 아래로는 주시경 스승의 가르침의 유지를 이루고자 하였다."

《한글갈》은 '한글쓰기'의 역사적 발전 과정과 한글 연구의 역사로 되어 있다. 마침 이 책의 지음이 끝나기 직전에 《훈민정음해례》가 안동에서 발견되어, 그 본문을 이 책의 첫머리에 싣고, 또 그 설명을 이 책에 풀어 넣어 훈민정음 연구에 큰 빛을 던져 주었다. 《한글갈》에서 최현배 선생은 "한글은 과학스런 조직을 가지고 민중 교화의 사명을 띠고 난 글자이다. 오늘날 우리 국민의 가난하고 여리고 어지러운 뒤떨어짐을 이기고서, 세계 사람들과 더불어 어깨를 겨누고 나아가려면, 그 가장 근본스런 방도가 한글만으로써 글자 생활의 한길을 삼음에 있나니: 대한 나라의 참된 독립과 자유의 발전도 여기에서 꽃피며, 배달겨레의 민주주의스런 번영과 행복도 여기에서 열음열어, 겨레의 이상 밝은 누리의 실현도 이로써 이룰 수 있는 것이다. 한글은 겨레의 생명이요 자랑이며, 나라의 힘이요 소망이다. 한글만 쓰기로써 겨레 문화를 빛내자."라고 주장하였다.

《한글갈》은 많은 양의 한글 문헌을 기술하여 한글 창제 이후 현대에 이르기까지의 한글 사용의 역사적 전개 과정을 서술하고, 그 문헌들을 독창적인 방법으로 분류하고, 실증적으로 고증하여, 체계적으로 기술하였다. 이를 통해 국어의 문자론과 음운론의 학술적인 위상을 높였다. 또한 국어 문자정책의 근본 문제를 해결할 방안도 함께 내세웠다.

이와 같이 최현배 선생의 올곧은 학문을 바탕으로 '한글이 목숨'이라는 신념을 가슴에 품고, 평생 국어를 지키고 가꾸는 실천 운동을 전개하였다.

허웅

허웅 선생(1918~2004)의 우리말 연구는 민족문화를 잇고 가꾸는 데서 시작하였다. 청년 시절 최현배 선생의 《우리 말본》을 처음 대하면서 자신이 나아가야 할 앞길을 결정한다. 그래서 '한 나라의 말은 그 나라의 정신이며, 그 겨레의 문화 창조의 원동력'이라는 생각을 일찍이 마음에 간직하였다. 우리말을 우리 민족의 정신과 문화의 뿌리라고 생각하였다. 이러한 생각은 허웅 선생 학문의 바탕이 되었으며, 평생을 일관되게 지닌 학문 태도였다

그래서 허웅 선생 학문의 성격을 한마디로 말하자면 '연구'와 '실천', 둘의 조화이다. 국어를 객관화시켜 과학적으로 연구만 하고 국어 운동의 가치를

무시하는 학문 태도, 학문적 바탕 없이 맹목적으로 국어 사랑을 외치는 국어 운동의 태도, 허웅 선생은 이 둘을 평소 가장 경계하였다. 그러한 면에서 허웅 선생은 탁월한 학문 업적을 남긴 국어학자이자, 우리 민족문화와 정신을 꿋꿋하게 지킨 국어 운동의 실천가였다.

허웅 선생의 학문 업적은 크게 두 가지로 살펴볼 수 있다. 첫째는, 우리말을 연구하기 위한 이론의 토대를 마련한 업적이다. 1960년대에 지은 저서 《언어학개론》(1963년, 정음사), 《개고신판 국어음운학》(1965년, 정음사)을 통해 국어 연구에 필요한 언어학 이론을 수립하였다. 외래 이론을 비판적으로 수용하면서 이를 독창적인 이론으로 발전시켰다. 둘째는, 우리말 자료를 바탕으로 우리말의 참모습을 밝힌 업적이다. 15세기 우리말 체계를 세우고 이 체계에 따라 옛 말본(=문법) 연구를 집대성하여 《우리 옛말본》(1975년, 샘문화사)을 펴냈다. 선생은 이를 바탕으로 한편으로는 국어의 역사를 추적하고, 또 다른 한편으로는 20세기 국어를 연구해 왔는데, 그 결실은 《20세기 우리말의 형태론》(1995년, 샘문화사), 《20세기 우리말의 통어론》(1999년, 샘문화사)이다.

허웅 선생의 국어 운동은 국민의 글자 생활은 한글만으로, 언어생활은 쉽고, 바르고, 고운 말로, 그리고 이를 통해 우리 말글의 가치를 높이 받드는, 국어에 대한 자긍심을 높이는 활동이었다. 특히 국어 순화의 올바른 방향을, 이해하기 어렵거나 불필요한 한자말과 외래말을 쉬운 한자말이나 토박이말로 고쳐 쓰는 것으로 잡았다. 모든 한자말과 외래말을 토박이말로 고쳐 쓰자는 것이 아니라 무분별하게 쓰는 한자말, 외래말을 토박이말로 다듬어 쓰자는 것이다. 선생이 주창한 '한글은 우리 겨레와 민중을 위한 글자로 태어난 것'이라는 생각은 글자 생활에서 민주주의를 실천하는 정신이다. 한글만 쓰면, 읽기에 좀 불편한 점이 있다손 치더라도, 모든 국민들이 모두 편하게 글자 생활을 하며 모두가 문화와 정보를 누릴 수 있게 되지만,

한글과 한자를 섞어 글자 생활을 하면, 일정한 교육을 받은 지식층만이 문화와 정보를 누리게 된다는 점에서 한글만 쓰기를 주장한 것이다. 이것이 곧 글자 생활의 민주주의 정신이다.

허웅 선생의 학문 방향이 이렇게 세워진 데는 주시경 선생과 최현배 선생의 교훈에 힘입은 바가 크다. 선생은 우리말에 대한 고귀한 가치를 펼친 주시경 선생과 최현배 선생의 정신을 받아서, 한 민족의 말은 그 민족의 창조적인 정신 활동으로 말미암아 만들어졌고 다듬어져 가는, 정신의 가장 거대한 소산일 뿐 아니라, 이 일은 또한 민족의 고유한 정신을 형성하는 데에 있어서 다른 어떠한 요인보다도 더 큰 영향력을 발휘하는 것임을 강조하였다.

그리고 우리말은 우리 민족이 가장 소중하게 여기고 이를 가꾸어 나가야 함에도 불구하고, 과거 중국 문화의 영향을 지나치게 입었고, 일제 침략 시대에는 민족의 정신과 말과 글을 조직적으로 파괴당했고, 광복 뒤에는 서양 문화의 영향을 지나치게 받아, 우리 민족의 사고의 밑바닥에는 아직까지 민족의 언어와 글자에 대한 멸시감이 가시어지지 않고 있음을 개탄하였다. 이러한 우리 말글을 지켜 가꾸어야 하겠다는 생각은 선생이 평생 이어온 학문의 목표였다. 결국 선생은 학문의 목표가 단순히 학문을 위한 학문에 그쳐서는 안 되며, 우리의 올바른 언어생활을 위해 기여해야 하며, 학문이 이를 위해 이바지해야 할 것이라 강조하였다.

허웅 선생의 학문 연구 방법의 가장 큰 특징은 앞선 연구를 계승하고 이를 바탕으로 독창적으로 발전시킨 것이다. 선생이 계승한 것은 나라 안팎의 여러 이론과 사상이다. 가까이는 주시경 선생과 최현배 선생, 우리 선인들에게 뿌리를 두었으며, 나라 밖으로는 유럽의 기능주의 이론, 미국의 기술언어학 이론, 변형생성문법 이론을 두루 참조하고 있다. 단순히 소쉬르의 '랑그'와 '빠롤'을 받아들인 것이 아니라 허웅 선생은 말의 '갈무리'와 '부려쓰기'

로 설명하면서 동양과 서양에서 그 이론의 뿌리를 찾아왔다. 걷잡을 수 없이 복잡하고, 어지럽도록 순간적인 현상의 세계에서, 보다 질서 있고, 더욱 항구적인 그 무엇인가를 찾으려는 노력은 동양이나 서양이나 마찬가지인데, 이렇게 설명한 갈무리된 말이 바로 랑그이며, 이를 직접 부려쓰는 말이 빠롤이다.

아울러 현대 언어학 이론에서도 필요한 개념을 적극적으로 받아들인다. '겉구조'와 '속구조'는 변형생성문법 이론에서 받아들였다. 문장의 층위를, 의미를 반영하는 속구조와 실제 발화에 실현되는 겉구조로 양분하고, 이 두 구조 사이를 변형에 의해 연결하려는 변형생성문법 이론을 통해 속구조와 겉구조의 개념을 받아들여 우리말 문법 현상을 설명하였다.

그리고 일반언어학과 개별언어학의 관계를 명료하게 풀이하였다. 언어 속에 작용하고 있는 일반 원리, 보편 원리를 찾아내는 일이 언어학의 근본 과제가 되어야 한다는 데에는 이론의 여지가 없지만, 이를 위해서는 개별언어들에 대한 깊은 연구가 선행되어야 한다는 사실을 소홀히 하는 데에 문제가 있음을 지적하였다. 개별언어의 깊은 연구 없이는 일반언어학은 가공의 것이 될 수밖에 없다. 개별언어학과 일반언어학은 관심의 핵을 달리 가지면서 공존해야 한다. 이를 바탕으로 우리말을 연구하는 데 있어서, 허웅 선생은 우리말 자료의 정확한 기술을 기반으로 하였다. 어떤 주어진 이론에 따라 우리말 자료를 해석하는 방법이 아니라, 실증적 자료를 바탕으로 귀납적으로 우리말 구조에 맞는 틀을 마련하여, 연구의 방향을 제시하였다.

그렇게 하여 허웅 선생은 학문의 깊이를 더했을 뿐만 아니라, 연구 대상도 참으로 넓다. 언어 이론에서 국어 기술에 이르기까지, 음성학, 음운론, 형태론, 통사론(=문장론)에 이르기까지, 그리고 이를 넘어서 우리말과 우리글에 대한 정책에 이르기까지 연구의 폭을 넓혔다.

글쓴이가 허웅 선생과의 첫 만남은 학부 1학년의 언어학개론 강의에서였다. 어떠한 이론이라도 선생의 말씀을 통해 나오면 쉽고 정확하였다. 그래서 감격하였다. 잔잔한 목소리에 가로-세로 정연하게 짜 이룬 선생의 강의는 언어학이 이렇게 슬기로운 학문이로구나 하는 것을 시간마다 확인하게 하였다. 그때 교재는 언어학 이론을 분명한 체계로 세워 우리 학계에 소개한, 1963년에 발간한 《언어학개론》이었다. 유럽과 미국의 다양한 언어 이론을 바탕으로 하고 선생의 관점에서 창의적으로 틀을 짜서 세운 우리나라 처음의 언어학 개론서이다. 이 책은 우리나라에서 언어학을 연구하고 국어학을 공부하는 데 있어 오랫동안 주요한 지침서가 되었다는 점에서 높이 평가되었다.

글쓴이가 대학원에 입학하였을 무렵, 허웅 선생은 15세기 국어의 형태론을 집대성한 《우리 옛말본》을 출간하였다. 그래서 자연스럽게 이 책의 내용이 대학원 강의의 주제가 되었다. 시간마다 선생의 말씀을 들으면, 어쩌면 선생의 이론을 위해 언어 자료가 존재하는 것으로 착각할 정도로 언어 현상을 정확하게 꿰뚫어 보는 이론을 세우고 있었다.

허웅 선생의 삶은 우리에게 빛을 던져 주는 큰 별과 같았지만, 화려하지는 않았다. 늘 생각하는 바를 묵묵히 실천하는 삶이었다. 그리고 한결같이 너그러움을 지녔다. 누구나 선생을 처음 대하면서 느끼는 것은 그 밝은 얼굴에 묻어나는 너그러움이다. 좀 더딘 제자가 있어도 기다려 준다. 그러나 당신에 대해서는 전혀 그렇지 않았다. 선생의 말씀대로 표현하자면, 원고지 한장 한장 쓸 때마다 '피를 말리는' 열정과 엄격함으로 그 많은 학문 업적을 이루

허웅 선생

어 냈다. 이렇듯 허웅 선생은 안으로는 엄격하면서 밖으로는 너그러움을 지닌 삶을 살았다.

그래서 선생의 국어 사랑과 존중의 삶과 학문은 오늘을 살아가는 우리들과 그리고 앞으로 학문을 이어갈 후학들이 우리 말글에 대해 어떻게 생각하고 무엇을 해야 할 것인가를 깨우쳐 주었다. 국어와 한글에 쏟은 선생의 사랑은 길이 빛날 것이다.

[출전]

1996 정인승 선생의 품사론과 문장론 연구, 《새국어생활》 6-3, 20-37, 국립국어연구원.
2005 허웅 선생의 학문 세계, 김차균 외 공저 《허웅 선생의 우리말 연구》, 15-35, 태학사.
2014 주시경 선생의 말글 사랑과 그 사랑 이어가기, 《새국어생활》 24-3, 61-75, 국립국어원.
2016 한글학회는 겨레 문화를 지켜 온, 그리고 지켜 나갈, 큰 별입니다, 《한글새소식》524, 20-20, 한글학회.
2020 최현배 선생의 학문 세계, 《나라사랑》 129, 31-53, 외솔회.
2021 애산 이인 선생과 한글학회, 《애산학보》 48, 229-254, 애산학회.
2021 한글학회 초대 회장 김 정진 선생에 대하여, 《한글새소식》 588, 5-5, 한글학회.
2021 조선어학회, 큰사전, 그리고 의령, 《의령의 인물과 학문 8, 국립국어사전박물관 건립 추진 학술발표회》, 의령문화원/국립국어사전박물관 건립추진위원회.
2022 정태진 선생의 삶과 학문, 《애산학보》 49, 81-109, 애산학회.

09

남북의 언어 차이를 극복하자

말로써 행복을

남북의 언어 차이를 극복하는 것은 통일을 준비하는 우리들에게 매우 절실한 과제이다. 언어가 의사소통의 원활한 도구로 기능하지 못한다면, 이로 인해 사회·문화 갈등이 일어난다. 실제로 남한 사회에서 북한이탈주민, 조선족, 고려사람 등 다소 차이 나는 한국어를 사용하는 사람들에게 부당한 편견을 가지는 경우가 있다. 따라서 진정한 통일 한국 사회를 위해서는 언어 차이에 의한 이러한 갈등 상황을 반드시 미리 극복하여야 할 것이다.

9.1. 남북의 언어 차이

　남북 교류가 잦아지면서 우리는 방송에서 남북 회담에 참여하는 북한 사람의 말을 듣고는 한다. 그렇다면 남한말과 북한말의 차이가 의사소통이 안 될 정도일까? 그렇지 않다. 상당 부분 남북의 언어 구조는 같고, 얼마간의 단어 차이가 있을 정도라는 것이 정확한 표현이다. 다음은 2002년 남북 언어학자 회의에 참석했던 당시 북한의 언어학연구소 문영호 소장의 연설이다. [참고: 문영호 2002, 언어의 민족성을 구현하는 것은 우리 말의 통일적 발전을 이룩하기 위한 기본 방도,《남북 언어 동질성 회복을 위한 제1차 남북 국제 학술 회의 논문집》, 14-22, 국립국어연구원] 과연 얼마나 이해하지 못하는가?

> "현시기 언어 분야에서 민족성을 고수하는 문제는 민족어의 고유성과 우수성을 지켜나가는 근본 원칙으로 될 뿐 아니라 민족의 자주성과 존엄을 높이고 북남 사이의 언어적 차이를 줄이는 기본 방도로 됩니다. 우리 말과 글의 민족성을 특징짓는 가장 중요한 언어 수단은 우리 겨레가 오랜 옛날부터 창조 발전시켜 온 민족어 유산에 집중적으로 반영되어 있습니다. 우리는 민족어 유산을 발굴 정리하는 어렵고 방대한 사업을 실속있게 진척시켜 나감으로써 겨레 앞에 지닌 자기의 책임을 다해야 할 것입니다."

　남북 언어 차이에 대한 개념을 남북 언어학자 회의에 참석했던 당시 국립국어연구원 남기심 원장의 연설을 인용해 보자. [참고: 남기심 2002, 남북 언어의 이질화와 그 극복 방안,《남북 언어 동질성 회복을 위한 제1차 남북 국제 학술 회의 논문집》, 7-12, 국립국어연구원]

"예부터 남이나 북에 여러 지역 방언이 있었다. 이런 방언적 차이를 이질화라 할 수 있는가? 동일한 언어가 지역 간의 교류가 끊김으로써 이질화하여 분화되기에 이르는 것은, 음운 체계의 변화, 문법의 변화로 인하여 단어의 발음 구조가 달라지고 문장 구성 방법이 달라지며, 어휘 체계도 달라져서 의사소통이 불가능해지는 경우를 말한다. 현재 남북 간에는 의사소통에 지장이 될 정도의 심각한 이질화는 없다. 다시 말하면 현재 남북 간의 언어 사이에는 심각한 음운 체계상의 변화도 없고, 문법상의 차이도 없으며, 어휘 체계상의 차이도 크지 않다."

그러나 실제 남북은 분단 이후 일상생활용어로부터 전문용어에 이르기까지 단어에 차이가 나며 한글 표기법도 부분적으로 서로 다르며, 언어문화의 차이로 화법의 특징도 서로 다르다. 남북 단어의 차이는 주로 광복 이후에 생겨난 말에서 나타난다. 또한 남북의 언어문화 차이로 감사, 요청, 거절, 사과 등과 같은 화법에서 남한은 주로 간접 화법이, 북한은 주로 직접 화법이 쓰여 서로의 대화 방식의 차이를 이해하지 못해서 나타나는 어려움이 있다.

광복 이전 조선어학회(지금의 한글학회)가 1933년에 한글 맞춤법 통일안을 제정하고, 1936년에 표준말을 사정하여 보급·교육한 결과, 남북은 표준화된 언어 및 문자 체계를 가지게 되었다. 분단 초기에도 남북은 이러한 표준화된 말과 표기법을 공통으로 가졌는데 거기에다가 조선어학회 임원들이 남북으로 흩어져서 동일한 말글정책을 펼쳐 동질성을 유지할 수 있었다. 남한은 문교부 편수국을 책임진 한글학회의 최현배 선생을 중심으로 하여 말글정책을 수립하였고, 북한은 조선어학회의 간사장을 맡았던, 1948년 4

월 남북 여러 정당 사회단체 연석회의에 참석하러 평양에 갔다가 그곳에 남은, 이극로 선생을 중심으로 말글정책을 펼쳤다.

이렇듯 현재 남북이 분단 80년이 다가옴에도 언어 체계의 근본 차이가 없고 표기법 원리가 기본적으로 같은 것은, [1] 분단 이전 일제강점기에 이미 조선어학회가 말과 표기법을 표준화했다는 점과, [2] 분단 직후 남북의 말글정책을 수립한 학자들이 모두 같은 조선어학회에 뿌리를 두고 있었다는 점에 근거한다. 그렇지만 분단의 세월이 흘러갈수록 언어 차이가 조금씩 나타나게 되었다. 이제 그러한 차이를 단어, 말소리, 문법, 화법 등으로 나누어 살펴보기로 하자.

단어

북한은 1949년부터 한글전용이 국가정책으로 실시된 이래 언어의 규범성을 높이기 위해 한글맞춤법, 표준어의 보급과 함께 단어의 대대적인 정화인 말다듬기 운동을 시작하였다. 이러한 바탕에서 1966년 김일성 교시에 의해, 남한의 표준어를 대체할, 문화어가 만들어졌다. 문화어는 평양말을 기준으로 하여 언어의 민족적 특성을 보존·발전시키고, 사회주의 국가를 건설하는 자립정신을 바탕으로 형성되었다고 설명한다. 이와 같은 북한의 문화어 제정으로 남한의 표준어와 차이가 나타나기 시작하였다.

북한의 문화어에는 사회주의 이념이나 북한 특유의 사상, 제도를 가리키는 것이 많다. 정치 분야의 '수령, 교시, 선동사업', 경제 분야의 '로동영웅운동, 녀성보잡이', 문화 분야의 '공훈배우, 인민배우, 창작과제' 등이 그러한 예이다. 이념과 제도 차이가 단어 차이에 영향을 미친 것이다.

형태의 자이는 없으나 의미가 다르게 남북에서 사용되는 단어들도 있다. 역시 정치성이 강한 단어일수록 이런 현상이 심하다. 대표적인 예가 '동무'

이다. 남한 사전의 뜻풀이는 '늘 친하게 어울려 노는 사람'인데 비해, 북한 사전은 '로동계급의 혁명위업을 이룩하기 위하여 혁명대오에서 함께 싸우는 사람을 친하게 이르는 말'이라고 먼저 풀이하고 난 다음에 '같이 어울리어 사귀는 사람, 일반적으로 남을 무관하게 부를 때에 쓰는 말'이라고 풀이한다. '어버이' 역시 남한 사전의 '아버지와 어머니를 아울러 일컫는 말'에 대하여 북한 사전은 '인민대중에게 가장 고귀한 정치적 생명을 안겨주시고 친부모도 미치지 못할 뜨거운 사랑과 두터운 배려를 베풀어주시는 분을 끝없이 흠모하는 마음으로 친근하게 높이여 이르는 말'로 풀이한다. 북한 사회의 이념과 가치가 단어에 어떤 영향을 주었는가를 구체적으로 보여 준다.

남한말의 기준으로 볼 때, 남북 단어의 차이를 원인에 따라 다음과 같은 세 가지 유형으로 분류해 볼 수 있다.

[1] 북한의 방언을 문화어로 삼은 단어

광복 이전부터 남북 언어의 단어에는 방언 차이가 존재하였다. 그래서 북한의 다듬은말 가운데는 남한말과 서로 다른 경우가 있다. 이는 북한에서 평안 방언이나 함경 방언을 문화어로 삼았기 때문이다.

문화어	표준어	문화어	표준어
가마치 ← 누룽지		게사니 ← 거위	
눅다 ← 헐하다		닭알 ← 달걀	
오레미 ← 올케		발쪽 ← 족발	

[2] 북한에서 남한과 다른 의미로 쓰는 단어

남한에서도 쓰고 있으나 북한에서 남한과 다른 뜻으로 쓰는 단어가 있는데, 이는 광복 이후 서로 사회 제도의 차이에서 온 것이다. 예를 들면, '선동'의 경우, 남한에서는 부정적인 의미로 쓰나 북한에서는 정책 사업을 잘 수행하도록 부추기고 호소한다는 뜻으로 쓴다. '세포'의 경우, 남한에서는 생물학 용어로 쓰는데, 북한에서는 어떤 집단에서 기층 단위가 되는 조직을 말한다. '바쁘다'의 경우, 남한에서는 일이 많아 겨를이 없다는 뜻도 있지만, 북한에서는 힘에 부치어 참기 어렵다, 매우 딱하다는 뜻으로 자주 쓴다. '보기 바쁘다, 말하기 바쁘다'는 보거나 말하는 것이 매우 딱하다는 뜻이다. 북한에서 '시끄럽다'는 성가시도록 말썽이나 까탈이 많다, 정신을 차릴 수 없게 번거롭거나 번잡스러워 귀찮다는 뜻으로도 쓴다. '일없다'의 경우, 남한에서는 필요 없다는 뜻으로 상대방에 대하여 기분이 상하고 화가 났을 때 쓰는 말이지만, 북한에289

서는 괜찮다는 뜻으로 쓴다. 남한에서 '방조'는 부정적인 의미로 쓰이는 반면에 북한의 '방조'는 긍정적인 의미로 사용된다.

[3] 북한에서 분단 이후 새로 만들어 쓰는 단어

남북 분단 이후에 북한에서 새로 쓰는 단어에는 다듬은말과 외래어가 있다. 먼저 1960년대 중반부터 본격적으로 진행된 북한의 말다듬기 운동에 따라 새로 만든 단어들의 예이다.

다듬은말		본래말
지은옷	←	기성복
손기척	←	노크
큰물	←	홍수
피돌기	←	혈액순환

다음은 북한이 옛 소련이나 동유럽권에서 외래어를 받아들여 남한과 달라진 외래어, 외국 지명의 경우이다.

남한말	북한말	남한말	북한말
달러	딸라	컴퓨터	콤퓨터
마라톤	마라손	마이너스	미누스
백신	왁찐	캠페인	깜빠니야

<지명>

네덜란드	화란	러시아	로씨아
루마니아	로므니아	헝가리	웽그리아
바티칸	바띠까노	베트남	윁남
스웨덴	스웨리예	시베리아	씨비리
카이로	까히라	폴란드	뽈스카

그러나 단어 차이를 북한말을 기준으로 본다면, 남한말에는 광복 이후 수많은 외래어가 쓰이고 있어서 남북 단어가 차이 나는 원인이 되었다. 북한 사람들이 남한 사람들을 만났을 때 의사소통이 어려운 것 중에 첫 번째로 꼽는 것이 바로 남한의 지나친 외래어 사용이기도 하다. 그렇기 때문에 남북 언어 통합을 위해서 우리가 시급하게 해야 할 과제는 바로 남한말에 지나치게 많이 쓰이는 무분별한 외래어를 우리말로 다듬는 일이라 하겠다.

얼음보숭이

한때 남한 사람들에게 '북한에서 아이스크림을 무엇이라 하는지 아느냐'라 물으면 대부분이 '얼음보숭이'라 대답하였다. 그러나 그렇지 않다. 북한에서는 아이스크림을 '에스키모'라 한다. 북한의《조선말큰사전》에서 '에스키모'를 찾아보자. '소젖, 닭알, 사탕가루, 향료 같은것을 섞어 한데 풀어서 크림 비슷하게 하여 얼음같이 차게 하거나 얼음과자처럼 만든 음식의 하나. 제조기에서 균질화하여 잔이나 종이에 싸거나 종이고뿌에 담아낸다'라고 풀이한다.

북한에서 김일성 교시에 따라 외래어 다듬기를 하면서, 아이스크림을 '얼음보숭이'로 다듬어 제시한 바 있다. 그러나 실제 언어생활에서는 한 번도 쓰이지 않았다고 한다. 북한에서 1960년대부터 추진된 단어 다듬기 활동에서 20여 년간 다듬은 한자어와 외래어는 대략 5만여 단어였다. 그러나 1986년 10월에 이러한 5만여 단어를 다시 대대적으로 정리하였다. 널리 쓰이는 2만5천 단어만 남기고 절반을 폐기하였다. 그 결과는 1992년에 발간한 《조선말큰사전》에 반영하였다. 이때 다듬은말 '얼음보숭이'가 사라지고 '아이스크림'이 되살아났다. 물론 현실에서는 지금 아이스크림을 '에스키모'라 한다.

이렇듯 북한에서 다듬은말로만 제시되었던 얼음보숭이는 남한 사회에 어쩌다가 널리 알려진, 잘못된 정보였다. 그러면 왜 에스키모일까? 상표가 상품의 일반 이름을 대신하는 경우가 더러 있다. 승합차 상표의 하나였던 '봉고'가 이제는 우리 사회에서 승합차를 가리키는 일반 이름으로 자리 잡았다. 접착용 셀로판테이프를 상표였던 '스카치테이프'라고 부르는 것, 일회용 반창고를 '대일밴드'라 부르는 것이 모두 같은 예이다. 에스키모는 바로 이러한, 상표의 보통명사화의 한 예이다. 에스키모 표 아이스크림에서 상표 에스키모가 상품 이름이 된 것이다. 한편, '아이스케이크'를 북한에서 '아이스케키'라고 불렀는데 이것은 '얼음과자'로 다듬었다.

말소리

남북 언어의 말소리는 실제 차이가 없지만, 두음법칙에서는 양상이 다르다. 북한말에서는 광복 후 두음법칙 현상을 없애는 것을 규범으로 정했기 때문이다. 물론 남한말에서도 외래어 수용에서는 두음법칙을 적용하지 않고 있다. 북한의 발음법 규정에 따르면, 한자어는 음절마다 한자어의 현대 소리에 따라서 발음하는 것을 원칙으로 하여, 'ㄹ'은 모든 모음 앞에서 'ㄹ'로(예: 로동, 력사, 련속), 'ㄴ'은 모든 모음 앞에서 'ㄴ'으로(예: 녀자, 뇨소, 뉴대) 발음한다.

'ㄷ'과 'ㅌ'의 구개음화 현상은 남북 언어 모두에 나타난다. 과거 평안 방언은 실제 구개음화가 나타나지 않았으나(예: 면기불, 둥다), 현재 북한말에서는 구개음화를 적용하여 '전기불, 좋다'로 발음하고 있다. 이를 통해 볼 때, 북한의 문화어는 평안 방언을 그대로 반영한 것이 아니라, 기본적으로 남한의 표준어를 바탕으로 한 것이다.

문법

남북 언어의 문법 구조 역시 다르지 않다. 그러나 규범문법 기술에 관한한, 몇 가지 차이가 있다. 예를 들어 품사 분류를 보면, 북한 문법은 다음과 같이 8개의 품사를 두고 있다. '명사, 수사, 대명사, 동사, 형용사, 관형사, 부사, 감동사'. 남한 문법과의 차이점은 '조사'가 빠진 것이다. 조사는 체언에 참여하는 문법형태로, 용언에 참여하는 문법형태(남한의 '어미')처럼, 품사의 자격을 주지 않는다. 따라서 남한 문법의 조사와 어미를 묶어 북한에서는 '토'라는 범주를 설정한다.

화법

남북 언어 가운데는 그 뜻은 통하나, 표현하는 방법이 달라서 의사소통에 어려움을 겪는 경우가 있다. 특히 인사, 감사, 칭찬, 사과, 거절 표현이 서로 다르다는 것도 자주 보고된 바 있다. 다음 예는 북한이탈주민들의 화법 특성인데, 이를 북한말의 화법 특성으로 보아도 될 것이다. 일반적으로 남한 화법은 에둘러서 말하는 간접 표현 방식인 데 대하여 북한 화법은 직접 표현 방식이다.

(가) 인사 표현: 남한 사람이 '다음에 차 한잔해요, 언제 밥 한번 먹자' 등의 지나가는 인사말을 하면, 북한 사람은 곧이듣고 연락을 기다린다. '나중에 연락할게'와 같은 완곡한 거절 표현을 알아듣지 못한다.

(나) 거절 표현: 상대가 기분 나빠하지 않게 최대한 배려하면서 거절하기보다는 자기 생각을 바로 직접 나타낸다.

(다) 사과 표현: '미안하다, 죄송하다'라는 말을 쉽게 하지 못한다.

(라) 감사, 칭찬 표현: 감사와 칭찬에 대한 표현을 어색해한다. 그리고 칭찬받으면 어떻게 응대해야 할지 몰라 난처해 한다.

어문규범

다음 두 문장의 차이를 살펴보자. '우리나라'와 '우리 나라'라는 띄어쓰기 차이가 있다. '아는 것, 중요한 것'과 '아는것, 중요한것'도 띄어쓰기 차이이다. '역사'와 '력사'의 차이, '올바르게'와 '옳바르게'의 차이도 있다.

(가) 남한: 우리나라 역사를 올바르게 아는 것이 중요한 것이다.

(나) 북한: 우리 나라 력사를 옳바르게 아는것이 중요한것이다.

남한은 1933년에 조선어학회(지금의 한글학회)에서 제정한 한글 맞춤법 통일안을 광복 후에도 국가의 공인된 맞춤법으로 삼고 계속 사용해 오다가, 이를 수정·보완한 새로운 '한글맞춤법'을 1989년부터 사용하고 있다. 북한은 1954년에 '조선어철자법'을 정해 사용하다가, 1966년에 '조선말규범집'으로 바꾸고 그 이후 수정을 거듭하여 2010년에 수정하여 오늘날에 이르고 있다. 남북은 이처럼 어문규범을 서로 교류 없이 각각 고쳐 시행해 온 결과, 지금은 작지 않은 차이가 생기게 되었다. 어문규범 중, 사이시옷과 두음법칙에서 차이가 가장 크다.

[출전]

2006 《남북 언어의 문법 표준화》(서울대학교 한국학연구총서 20), 서울대학교 출판부.

2008 남북한 언어의 차이, 그 극복을 위하여, 《서울대학교 인문대학 AFP 제3기 강의 자료》.

2014 《남북 언어의 어휘 단일화》(서울대학교 통일학연구총서 22), 서울대학교출판문화원.

2015 남북한 어휘 단일화, 《새국어생활》 25-4, 107-124, 국립국어원.

9.2. 남북의 언어 차이 극복을 위하여

남북의 언어 통합을 위한 노력은 통일 이후 언어생활과 관련된 사회적, 경제적 부담을 줄이기 위해 절실하다. 그렇기 때문에 특히 단어 차이를 최소화하는 노력, 어문규범을 단일화하는 노력, 화법의 차이를 서로 이해하려는 노력이 가장 중요하다.

남북의 언어 차이를 극복하기 위해 남한의 국립국어원과 북한의 사회과학원 언어학연구소 사이에 열린 여러 차례 남북 언어학자 학술회의 내용과 겨레말큰사전 편찬에 대해서 살펴보겠다. 겨레말큰사전 편찬 사업은 남북 언어학자들이 여러 차례 직접 만나 논의한 단어 통합의 대표적인 노력으로 남북 언어학자 교류의 큰 성과이다.

국립국어원과 사회과학원 언어학연구소의 교류

국립국어연구원은 1996년 중국 창춘에서 열린 언어학자 국제학술토론회의에서 북한의 사회과학원 언어학연구소 학자들을 처음 만났으며, 2001년 12월에 중국 베이징에서 이들과 다시 만났다. 이렇게 하여 학술 교류 차원에서 남북 언어 국제학술회의를 모두 7차례 개최하였다. 남북 학술회의의 첫째 목적은 남북 언어학자가 직접 교류하여 남북 언어에 대해 서로 이해를 증진하는 것이었고, 둘째 목적은 남북 언어 통합에 대한 연구와 이와 관련한 정책 방향을 모색하는 것이었다.

일곱 차례의 학술회의를 통해서 보면, 남북 언어학자가 직접 교류하여 남북 언어에 대해 서로 이해를 높이면서 남북 언어의 통합에 관한 연구와 정책을 추진하는, 남북 언어 동질성 회복을 위한 주제가 중심이 되었다. 구체적으로는 단어 통일에 관한 방안, 언어 자료의 교류와 남북 공동의 말뭉치 구축에 관한 방안, 민족어 보존과 남북 공동의 지역어 조사 방안 등이 논의되었다. 현실적으로 협력이 가능한 주제가 중심이 되었음을 볼 수 있다. 그러나 새로운 주제를 발굴하기가 어려웠고, 또한 단어 단일화를 위한 제안만 있었지 실천적인 결정을 내리지 못하였던 점은 아쉬운 일이었다. 남북은 2007년 옌볜에서 열린 제7차 회의를 마지막으로 더 이상 남북 공동 언어학자 학술회의를 열지 못하였다. 북측 상대인 사회과학원 언어학연구소가 겨레말큰사전 편찬에 적극적으로 참여하게 되면서부터이다.

남북 공동 겨레말큰사전 편찬

《겨레말큰사전》은 남한과 북한이 공동으로 추진하여 남북의 언어 차이를 극복하려는 우리말 사전으로, 분단 이후 남북에서 달라진 단어를 뜻풀이에 적극적으로 반영하는 사전이다. 그리고 남북의 국어학자들이 함께 단일 어문규범을 작성하는 사전이며, 기존의 남북 사전에 수록되지 못했던 지역어와 문헌어를 광범위하게 조사하여 올림말로 수록하는 사전이다. 수집한 단어 자료 가운데 남북이 공통으로 쓰는 말은 우선하여 올리고, 차이 나는 것은 남북이 합의하여 단일화하고, 이렇게 하여 약 30만 개의 올림말을 실을 대사전이다. 이러한 내용을 2005년 봄 남북 학자들이 합의하여 현재 추진 중이며, 2010년 천안함 피격 사건 이전까지, 해마다 네 차례씩 남북 학자들이 함께 모여, 서울, 평양, 개성, 금강산 및 중국의 베이징, 선양 등지에서 사전편찬회의를 개최해 왔었다.

일반 단어 단일화

겨레말큰사전의 올림말 선정 원칙은 겨레말큰사전 올림말 선정 작업 요강에서 다음과 같이 밝히고 있는데, 작업의 진행은 다음과 같다. 우선 남북이 각각 《표준국어대사전》과 《조선말대사전》 올림말의 공통점과 차이점, 문제점을 찾아, 먼저 공통적인 올림말을 확정한다. 다음으로 두 사전에서 차이가 나는 것 중에서 쉽게 단일화할 수 있는 것과 토의를 더 해야 할 단어를 가려내어, 겨레말큰사전에 올리지 않을 단어를 확정한다. 이제 이와 같은 올림말 선정 원칙에 따라 단일화를 합의한 몇몇 단어를 들어 보기로 한다.

[1] 한 가지 형태로 단일화한 예

단일안	남한말	북한말
거북이	거북이	거부기
곰곰이	곰곰이	곰곰히
곱배기	곱빼기	곱배기
근근이	근근이	근근히(가뜩이, 겹겹이, 그뜩이)
금이	금니	금이
넋두리	넋두리	넉두리
널직하다	널찍하다	널직하다
늦둥이	늦둥이	늦동이
더욱이	더욱이	더우기
도리어	도리어	도리여
드디어	드디어	드디여
맛깔	맛깔	맛갈
멋적다	멋쩍다	멋적다
미쟁이	미장이	미쟁이(도배쟁이, 땜쟁이)

빛깔	빛깔	빛갈
섣부르다	섣부르다	서뿌르다
설거지	설거지	설겆이
숨바꼭질	숨바꼭질	숨박곡질
안쓰럽다	안쓰럽다	안스럽다
외톨이	외톨이	외토리
이빨	이빨	이발
일찍이	일찍이	일찌기
짓궂다	짓궂다	지꿎다
타성받이	타성바지	타성받이(각성받이, 언덕받이)
헤엄	헤엄	헤염
혼구멍	혼꾸멍	혼구멍

[2] 남북이 서로 다른 형태인데 둘 다 받아들인 단어

단일안	남한말	북한말
아내/안해	아내	안해
볍씨/벼씨	볍씨	벼씨
햅쌀/햇쌀	햅쌀	햇쌀
달걀/닭알	달걀	닭알
오뚜기/오또기	오뚝이	오또기

[3] 합의하지 못한 단어

일꾼, 장꾼, 나무꾼 : 일군, 장군, 나무군 등

외래어 단일화

남북의 외래어 표기가 다르다는 것은 잘 알려져 있다. 우선 'ㄱ' 항에서

양쪽 사전 모두에 올려 있는 외래어를 살펴보면, 표기가 같은 것과 다른 것이 반반인 셈이다.

(가) 남북이 같은 것:
　　가솔린(gasoline), 가운(gown), 가제(Gaze), 게놈(Genom),
　　게릴라(guerilla), 고릴라(gorilla), 고무(gomme), 골프(golf),
　　그리스(grease), 기타(guitar) 등 85개
(나) 남북이 다른 것:
　　갈륨/갈리움(gallium), 갱/깽(gang), 고딕/고지크(gothic),
　　그래픽/그라휘크(graphic), 카피/꼬삐(copy) 등 86개.

위와 같은 현실에서 지금까지 겨레말큰사전 편찬에서는 서로 같은 것은 그대로 인정하고, 남북이 차이가 있는 것은 3가지로 나누어 단일안을 마련하였다. 즉, 남한 외래어로 단일화한 것, 북한 외래어로 단일화한 것, 그리고 제3의 안으로 단일화한 것이다. 다만 필요한 경우, 남한과 북한 외래어 둘 다를 인정하여 복수로 둔 것도 있다.

[1] 남한 외래어로 단일화한 것

단일안	남한말	북한말
가돌리늄	가돌리늄	가돌리니움
고딕	고딕	고지크
나일론	나일론	나이론
뉘앙스	뉘앙스	뉴앙스
디자인	디자인	데자인
레모네이드	레모네이드	레모네드
마네킹	마네킹	마네킨
매스컴	매스컴	매스콤
벤치	벤치	벤취

볼링	볼링	보링
시럽	시럽	시롭
아마추어	아마추어	아마츄어
저널리즘	저널리즘	져널리즘
코러스	코러스	코라스

[2] 북한 외래어로 단일화한 것

단일안	남한말	북한말
가라데	가라테	가라데
기브스	깁스	기브스
런닝	러닝	런닝
로보트	로봇	로보트
본네트	보닛	본네트
샤마니즘	샤머니즘	샤마니즘
색스폰	색소폰	색스폰
세퍼드	셰퍼드	세퍼드
알콜	알코올	알콜
잠바	점퍼	잠바
컨닝	커닝	컨닝
필림	필름	필림

[3] 제3의 안으로 단일화한 것

단일안	남한말	북한말
기아	기어	기야
다이알	다이얼	다이얄
리야카	리어카	리야까
메세지	메시지	메쎄지
몽따주	몽타주	몽따쥬

[4] 복수로 인정한 것

단일안	남한말	북한말
갤런/갈론	갤런	갈론
그래프/그라프	그래프	그라프
라디오/라지오	라디오	라지오
배드민턴/바드민톤	배드민턴	바드민톤
에너지/에네르기	에너지	에네르기

어문규범 단일화

그간 겨레말큰사전 편찬에서 남북의 어문규범을 단일화하기 위해 의논한 내용을 하나씩 살펴보기로 하자.

[1] 자모 배열 순서

사전에 실을 올림말의 순서를 정하는 글자의 배열 순서에서 남북이 차이를 보이는 것은 크게 다음과 같은 네 가지다.

첫째, 초성 순서에서 'ㅇ' 위치는 잘 알다시피, 남한에서는 'ㅇ'의 순서가 'ㅅ' 다음에 놓이지만 북한에서는 자음 글자가 다 끝난 다음에 'ㅇ'이 놓인다. 이것은 남북이 사전을 찾을 때 가장 크게 차이 나는 점이다. 이러한 차이를 단일화하기란 쉽지 않다. 양측 모두 합당한 언어학적 이론을 내세우고 있기 때문이다. 그러나 여러 논의를 거친 끝에, 전통적인 방식에 따라 남한의 순서대로 'ㅅ' 다음에 'ㅇ'을 두는 것으로 의논하였다.

둘째, 초성에 쓰이는 겹자음 'ㄲ ㄸ ㅃ ㅆ ㅉ' 위치에 대해, 남한에서는 'ㄱ' 나음에 'ㄲ'이, 'ㄷ' 다음에 'ㄸ'이 놓이는 반면, 북한에서는 'ㅎ'까지 모두 끝나고 'ㄲ ㄸ ㅃ ㅆ ㅉ'이 차례로 놓인다. 즉, 남한에서는 'ㄱ ㄲ ㄴ ㄷ

ㄸㄹㅁㅂㅃㅅㅆㅇㅈㅉㅊㅋㅌㅍㅎ' 순서로 하고 있으며, 북한에서는 'ㄱㄴㄷㄹㅁㅂㅅㅈㅊㅋㅌㅍㅎㄲㄸㅃㅆㅉ ㅇ' 순서로 하고 있다. 이것은 북한의 순서대로 하기로 의논하였다. 결과적으로 초성의 자음 순서는 다음과 같이 하였다.

ㄱㄴㄷㄹㅁㅂㅅㅇㅈㅊㅋㅌㅍㅎㄲㄸㅃㅆㅉ

셋째, 모음 글자의 순서에 대해, 남한은 'ㅏㅐㅑㅒㅓㅔㅕㅖㅗ ㅘㅙㅚㅛㅜㅝㅞㅟㅠㅡㅢㅣ' 순서이고, 북한은 'ㅏ ㅑ ㅓ ㅕ ㅗ ㅛ ㅜ ㅠ ㅡ ㅣ ㅐ ㅒ ㅔ ㅖ ㅚ ㅟ ㅢ ㅘ ㅝ ㅙ ㅞ' 순서이다. 이에 대해서 우선 다음과 같이 의논하였다. (1) 홑모음글자를 먼저 배열하고 이어서 겹모음글자를 배열한다. (2) 홑모음글자의 배열 순서는 'ㅏ ㅑ ㅓ ㅕ ㅗ ㅛ ㅜ ㅠ ㅡ ㅣ'로 한다.

넷째, 종성에서 겹자음 'ㄲ, ㅆ'의 순서는 북한 순서대로 모든 자음이 끝난 뒤에 두기로 하였다. 결과적으로 종성 순서는 다음과 같이 하였다.

ㄱㄳㄴㄵㄶㄷㄹㄺㄻㄼㄽㄾㄿㅀㅁㅂㅄㅅㅇㅈ ㅊㅋㅌㅍㅎㄲㅆ

글자 이름에 대해서 차이가 나는 것은 홑자음 'ㄱ ㄷ ㅅ'의 이름과 겹자음 'ㄲ ㄸ ㅃ ㅆ ㅉ'의 이름이다. 남한의 이름은 각각 '기역, 디귿, 시옷', 그리고 '쌍기역' 등이다. 북한의 이름은 각각 '기윽, 디읃, 시읏', 그리고 '된기윽' 등이다. 이러한 글자 이름에 대해서는 'ㄱ(기윽), ㄷ(디읃), ㅅ(시읏)'으로, 겹자음은 'ㄲ(쌍기윽), ㄸ(쌍디읃), ㅃ(쌍비읍), ㅆ(쌍시읏), ㅉ(쌍지읒)'으로 하기로 의논하였다.

[2] 띄어쓰기

남북의 띄어쓰기에서 '단어 단위로' 띄어쓴다는 원칙은 일치한다. 현재 남북은 이 원칙을 따르되 북한은 붙여쓰는 경우를 넓게 잡아 규정한 반면, 남한은 몇몇 경우에 한해서 붙여쓰도록 하거나 붙여쓰는 것을 허용하고 있다. 띄어쓰기에서 가장 큰 쟁점은 의존명사, 보조용언, 대명사, 명사 연결체 등의 띄어쓰기이다.

'것, 바, 줄, 수' 등과 같은 의존명사의 경우, 남한에서는 '갈 바를 알 수 없다'로 북한에서는 '갈바를 알수 없다'로 쓴다. 이 문제는 단어 단위로 띄어쓰는 원칙을 존중하여 '갈 바를 알 수 없다'처럼 띄어쓰는 것으로 의논하였다. 다만, 단위를 나타내는 의존명사는 '한명, 두마리'처럼 붙여쓰는 것으로 의논하였다. 즉, 일반 의존명사는 띄어쓰고, 단위를 나타내는 명사는 앞말과 붙여쓴다.

본용언과 보조용언의 띄어쓰기도 중요한 논의 과제이다. 남한에서는 '가고 있다, 읽게 하였다, 오지 않았다, 먹어 버렸다'처럼 띄어쓰는 것을 원칙으로 하나, 북한에서는 '가고있다, 읽게하였다, 오지않았다, 먹어버렸다'처럼 붙여쓴다. 이에 대해 보조용언을 띄어쓰되, '-어' 바로 다음에 오는 보조용언을 앞말에 붙여쓰는 것으로 의논하였다.

대명사의 경우, 앞말과 띄어쓴다는 큰 원칙에는 의견을 같이하였으나, '우리글, 우리나라, 우리말'의 경우, 남한은 합성어로 인정하여 붙여쓰는 것을 제안하였고, 북한은 대명사 '우리'와 명사 '글, 나라, 말'의 연결체로 보아 띄어쓰는 것을 제안하였다. 여러 차례 회의 결과, '우리＋글, 우리＋말'은 합성어로 보아 '우리글, 우리말'로 붙여쓰고, 그러나 '우리＋나라'는 구로 보아 '우리 나라'로 띄어쓰는 것으로 의논하였다

명사 연결체의 예를 들면, 남한에서는 '통일 대학교 사범 대학'을 원칙으로 하고, '통일대학교 사범대학'을 허용한다. 북한에서는 '통일대학교 사범대

학'으로 쓴다. 이 문제에 대해서는 '의미 단위별로' 띄어쓰는 쪽으로 의논하였다. 즉 '통일대학교 사범대학'으로 표기하기로 하였다.

고유명의 경우, 이름과 호는 성에 붙여써서 '김광수, 서화담'으로, 지명의 단위를 나타내는 명사는 앞말에 붙여써서 '서울시, 평양시'로, 기관·기구·단체 이름은 의미 단위별로 띄어써서 '사회과학원 언어학연구소, 서울시 관악구 신림동' 등으로 표기하기로 의논하였다.

[3] 사이시옷

사이시옷 표기에 관해서 남북이 의견을 모으기란 매우 어렵다. 남한에서는 주어진 조건에서는 사이시옷을 모두 쓰지만, 북한에서는 원칙적으로 사이시옷을 쓰지 않는다. 현격히 다른 두 표기법을 단일화한다는 것은 지금도 그렇지만, 앞으로도 상당히 어려울 것으로 짐작된다. 그래서 남북은 사이시옷 표기의 차이를 줄일 수 있는 공통분모를 찾기 위한 방안을 서로 제시하여 몇 차례 의논하고 있다.

현재 남한이 '나뭇잎, 냇가, 귓병, 전셋집, 등굣길, 장맛비, 두붓국'으로 표기하는 것을 북한에서는 '나무잎, 내가, 귀병, 전세집, 등교길, 장마비, 두부국'으로 표기한다. 이러한 차이를 줄이는 방법은 남한은 사이시옷 표기의 수를 줄이는 것이고 북한은 사이시옷 표기의 수를 늘이는 것이다. 따라서 남한은 여러 차례 제안을 수정해 가면서 다음과 같은 안을 제시하였다. 이렇게 하면, '나뭇잎, 냇가, 귓병, 전세집, 등교길, 장마비, 두부국'으로 표기하게 될 것이다.

남　한: 나뭇잎	냇가	귓병	전셋집	등굣길	장맛비	두붓국
북　한: 나무잎	내가	귀병	전세집	등교길	장마비	두부국
남제안: 나뭇잎	냇가	귓병	전세집	등교길	장마비	두부국

[4] 두음법칙

남북의 어문규범 단일화에서 '역사'와 '력사', '여성'과 '녀성'의 표기를 단일화하는, 단어 첫머리의 ㄴ, ㄹ 표기 문제인 두음법칙에 관한 것이 가장 큰 과제이다. 이에 대해서는 남북이 조금씩 의견을 주고받았지만, 아직 방향을 정하지 못하고 있다.

남북의 언어 차이 극복을 위하여

남북의 언어 차이를 극복하는 것은 통일을 앞두고 있는 현시기에서 매우 절실한 과제이다. 언어가 의사소통의 원활한 도구로 기능하지 못한다면, 이로 인해 사회·문화 갈등이 일어난다. 실제로 남한 사회에서 북한이탈주민, 조선족, 고려사람 등 다소 차이 나는 한국어를 사용하는 사람들에 대해 부당한 편견을 가질 수가 있다. 따라서 진정한 통일 한국 사회를 위해서는 이러한 갈등 상황을 반드시 미리 극복하여야 한다. 이를 위해 일반 단어의 차이, 공공언어의 차이, 전문용어의 차이, 표기법의 차이를 해소해야 할 것이다. 특히 남북의 언어 차이를 극복하여 의사소통을 원활히 하기 위해서 다음과 같은 문제는 반드시 해결해야 할 과제이다.

첫째, 남한 사회에서 외래어, 외국어를 마구 쓰는 것을 줄여가야 할 일이다. 북한의 관점에서 본다면, 남한말에는 최근 수많은 외래어, 외국어가 쓰이고 있어서 남북 언어의 단어가 차이 나는 원인이 된다. 북한 사람들이 남한에서 의사소통이 어려운 이유로 꼽는 것이 지나친 외래어, 외국어 사용이기도 하다. 그렇기 때문에 남북 언어 통합을 위한 절실한 과제는 바로 남한말에 불필요하게 지나치게 많이 쓰는 외래어, 외국어를 고유어나 쉬운 한자어로 다듬는 일이다.

둘째, 언어문화와 화법 차이를 서로 이해해야 할 일이다. 예를 들어 고마움을 표현하는 사람에 대해, 남한 사람들은 마음에 있는 고마움을 표현하려는 사람이라고 생각하지만, 북한 사람들은 아첨하는 사람이라거나 사죄하는 사람이라고 생각한다. 그 결과 북한 사람들은 감사 표현을 하는 남한 사람들에 대해 쑥스러움도 모르는 가벼운 사람들이라고 오해하고, 남한 사람들은 감사를 표현해야 할 상황에 감사 표현을 하지 않는 북한 사람들을 고마움도 모르는 사람이라 오해한다. 따라서 서로의 대화 방식을 이해하는 것이 원활한 의사소통을 위해 꼭 필요하다. 오해를 이해로 전환해야 할 것이다.

남북 언어 차이를 줄이고 민족어를 통합하는 것은 남북 통일의 기반이다. 앞으로 전개할 남북 언어 통합을 위한 구체적인 실천 방안을 다음과 같이 제시한다.

첫째, 남북 단어 통합과 어문규범 단일화를 적극적으로 추진하기 위해서는 지금까지 이루어진 성과와 조직을 최대한 활용하는 것이 가장 좋은 방안이라고 생각한다. 그간 남북의 언어정책기관인 국립국어원과 사회과학원 언어학연구소가 학술회의를 통해 교류하면서 주로 어휘 문제에 대해 학술토론을 이어 왔으며, 겨레말큰사전 편찬위원회가 실제로 남북 어휘와 어문규범 단일화를 실천해 왔기 때문이다. 따라서 이러한 기존의 기관들로 협의 기구를 조직하여, 이론적인 측면은 학술회의의 토론을 거쳐 보완하고, 실질적인 언어 통합 작업은 겨레말큰사전 편찬위원회가 추진하도록 한다. 그리고 민간단체 또는 개인들로 언어 통합 검증단을 구성하여 단일화한 어휘와 어문규범이 일상 언어생활에 적합한지를 검증하도록 한다. 이렇게 하면, 남북의 언어정책가, 언어전문가, 언어사용자가 두루 참여하여 지속적으로 노력하면 남북 언어 통합을 성공적으로 이룰 수 있을 것이다.

둘째, 언어 통합의 실질적인 방안은 겨레말큰사전의 올림말 선정 기준을 따를 수 있을 것이다. 즉, 남북의 대표적인 사전을 바탕으로 공통적인 것은 그대로 단일화한 단어로 삼고, 형태나 의미에서 차이 나는 것은 남북이 협의하여, [1] 남한의 단어로 단일화하거나, [2] 북한의 단어로 단일화하거나, [3] 제3의 새로운 단어를 제시하거나, [4] 남한과 북한의 단어를 복수 단어로 선정하는 것이다.

[출전]

2007 남북 단일 어문규범 작성의 현황과 전망, 《민족어 발전의 현실태와 전망 국제학술회의》, 국립국어원·사회과학원언어학연구소·연변대학.
2015 분단 70년의 남북한 언어, 《지식의 지평》 19, 1-18, 한국학술협의회.
2016 《남북한 의사소통 방식 차이 극복 방안 연구》, 통일준비위원회 정책연구용역 결과보고서. [공저].
2020 통일 시대의 우리말, 《중학교 국어 3-1》, 120-124, (주)천재교육.
2020 남북한 언어의 차이와 그 극복 방안, 《중학교 국어 3-2》, 190-196, (주)창비.

9.3. 남북의 전문용어 통합

'텍스트언어학'과 '본문언어학'은 어떠한 관계일까? 이는 text linguistics
에 대한 각각 남한과 북한의 언어학 전문용어이다. 남한 학계에서는 영어
그대로 '텍스트'를 사용하고 있고 북한 학계에서는 text를 '본문'이라는 한자
어를 사용하고 있다. 예를 더 들어 보자. '말뭉치언어학'과 '코퍼스언어학'이
있다. 이는 corpus linguistics에 대한 각각 남한과 북한의 언어학 전문용어
이다. 북한 학계에서는 corpus를 그대로 '코퍼스'라고 사용하고 있고, 남한
학계에서는 이를 '말뭉치'라는 고유어로 사용하고 있다. 또 '데이터베이스'와
'자료기지'가 있는데, 이는 database에 대한 각각 남한과 북한의 전문용어이
다. 위에서 몇몇 언어학 전문용어를 들어 보았듯이 남북에서 사용하는 전문
용어가 서로 다르다.

그동안 남북 전문용어의 차이와 통합 방안에 대한 조사와 연구는 남북
언어 통합 과제에서 주요 대상이 되어 왔다. 그러한 과제 가운데서도 특히
국립국어원에서 추진한 남북 교과서 학술용어 비교 연구를 비롯하여 최근
몇 해 동안 남북 전문용어 표준화에 대한 연구가 수행되었다. 이 모든 것은
남북 전문용어 통합의 필요성을 깊이 인식한 결과라 하겠다. [참고: 김문오·
전수태(2007년), 《남북 교과서 학술 용어 비교 연구》. 김선철·김건희(2008년),
《남북 교과서 학술 용어 비교 연구 2》. 신중진 외(2015년), 《2015년 남북
기초 전문용어 분석 - 수학 및 자연과학 분야》. 신중진 외(2016년), 《2016년
남북 전문용어 구축》]

전문용어와 그 분류

전문용어란 특정 분야에서 특정한 사물이나 개념을 지칭하기 위해 정확하게 규정된 과학 개념과 학술 내용을 담고 있는 단어이다. 전문용어는 일반용어와 구별되는 조어 방식, 의미 특성을 지닌다. 전문용어는 단어의 기원에 따라 다음과 같이 나뉜다. 언어학 분야를 예로 들어 보자. '말소리'는 고유어에서 기원한 것이고, '음성'은 한자말에서, '악센트'는 (서양)외래어에서 각각 기원한 것이다. 고유어와 한자어, 또는 고유어와 외래어, 한자어와 외래어가 함께 쓰인 것도 있다.

전문용어의 실제 양상을, 남북 모두 가장 규범적인 저서라 할 수 있는 학교문법의 말소리 분야 용어를 대상으로 살펴보기로 하자. 남한의 학교문법서인 《고등학교 문법》(2002년)에 나타난 말소리 분야 용어를 찾아 살펴보면, 모두 94개 용어가 나타난다. 그 가운데 고유어가 32개이며, 한자어가 62개이며, 서양외래어는 하나도 없다. 남한의 학교문법 용어는 이미 오래전에 한자어 기원으로 통일한 바 있기 때문에 원칙적으로 한자어 용어 중심이지만, 고유어의 비율도 높은 편으로 전체 1/3을 넘어선다. 북한의 학교문법서인 《국어문법》(2001년)에 나타난 말소리 분야 용어를 찾아 살펴보면, 모두 41개 용어가 나타난다. 그 가운데 고유어가 35개로 압도적이며, 한자어는 6개 나타난다. 다음은 몇몇 예를 들어 대조한 것이다.

남한말	북한말
자음	자음
모음	모음
음절	소리마디
예사소리	순한소리
단모음	홑모음
된소리	된소리

이중모음	겹모음
거센소리	거센소리
울림소리	울림소리
구개음화	'지,치'로 되기

또한 전문용어는 그 수준, 또는 용도에 따라 교육용 전문용어와 학술·산업용 전문용어로 나눌 수 있다. [1] 교육용 전문용어란 초등·중등학교의 교육용 교과서를 중심으로 한 교육 현장에서 활용하는 전문용어이다. [2] 학술·산업용 전문용어란 학술 분야와 산업 현장에서 활용하는 전문용어이다. 한편 교육용 전문용어를 기초 전문용어, 학술·산업용 전문용어를 심화 전문용어라 부르기도 한다.

남북 전문용어의 차이

남북 전문용어는, 체제와 이념의 차이, 학문 연구와 교육 풍토의 차이, 외국과의 학술 교류의 차이 등으로 말미암아 차이가 나타나게 되었다.

국립국어원에서 기획하여 연구한 남북 교과서 학술용어 비교 연구인 김문오·전수태(2007년)은 국사, 세계사, 수학, 물리, 화학, 생물, 천문학, 체육 등 8개 분야의 교과서에 나타난 남북의 전문용어를 비교한 연구 결과이고, 이에 이어진 연구 김선철·김건희(2008년)은 국어문법, 문학, 기술, 미술, 음악, 지구과학, 국토 지리, 세계 지리, 한문 등 9개 분야의 교과서에 나타난 남북의 전문용어를 비교한 연구 결과이다.

실제 예를 국사 교과서인 남한의 《국사》와 북한의 《조선력사》를 통해 살펴보자. 남한 교과서에서는 1,040개 용어, 북한 교과서에서는 596개 용어가 대상이 되었다. 대응 쌍이 있는 것 가운데에서 남북의 용어가 같은 것은 168개이고 차이 나는 것은 109개이다. 국사 교과서에서는 특히 북한에서 이념이 강하게 반영되어, [앞-남한/뒤-북한, 이하 모두 같음], '갑오개혁 / 1894년부르죠아개혁', '6·25전쟁 / 조국해방전쟁', '임진왜란 / 임진조국전쟁', '통일신라 / 후기신라' 등으로 남북이 대응된다. 다음 (가)는 전문용어가 같은 예이고 (나)는 전문용어가 서로 다른 예이다.

(가) 남북 국사 교과서의 같은 용어 (전체 168개)
    1. 고유어(5)
        무명, 설기떡, 수리취떡, 시루, 움집
    2. 한자어(156)
        가야, 갑신정변, 금당벽화, 금속활자, 팔만대장경, 평양천도
    3. 외래어(1)
        카프
    4. 고유어 + 한자(5)
        거북선
    5. 한자어 + 외래어(1)
        레닌주의
(나) 남북 국사 교과서의 서로 다른 용어 (전체 109개)
    1. 고유어 ↔ 고유어(1)
        고인돌 ↔ 고인돌무덤
    2. 한자어 ↔ 한자어(70)
        고려청자 ↔ 고려비색자기, 광개토대왕릉비 ↔ 광대토왕릉비, 임술농민봉기 ↔ 1862년(전국)농민폭동, 임오군란 ↔ 1885년(임오)군인폭동
    3. 외래어 ↔ 외래어(3)
        러시아 ↔ 로씨야
    4. 한자어 ↔ 고유어(2)
        토기 ↔ 질그릇, 삼국시대 ↔ 세나라시기, 왕오천축국전 ↔ 다섯개의 천축국에 갔다온 이야기, 위화도회군 ↔ 위화도군사돌림

(나)와 같이, 남북이 서로 다른 것은 대개 어문규범의 차이에 의한 것과 말다듬기의 차이에 의한 것이다. 먼저 어문규범의 다름에 따른 차이인데, 두음법칙의 적용의 차이, 외래어 표기의 차이에 따른 것이다. 어문규범 차이의 중요한 예를 보이면 다음과 같다.

한자어에서는 '고령가야 / 고녕가야', '나당연합군 / 라당련합군', '상경용천부 / 상경룡천부', '양반전 / 량반전', '용비어천가 / 룡비어천가' 등으로 대응된다. 물론 인명에서 두음법칙 적용으로 차이가 나는 것도 많다.

외래어에서는 '우즈베키스탄 / 우즈베끼스딴'으로 대응되고, '메이지유신 / 명치유신', '운요호사건 / 운양호사건', '헤이그특사사건 / 헤그밀사사건', '야마토조정 / 야마또왕정' 등으로 대응된다.

다음은 말다듬기의 차이이다. 남한에서 한자어 용어를 쓰는 사례에 대응해 북한에서는 고유어 용어를 쓰는 사례가 있다. '한자어(남) ↔ 고유어(북)' 유형에는 '송하보월도 / 달밤에 소나무밑을 거닐며'가 있다. 그리고 '한자어 ↔ 고유어＋한자어'에서 '노량해전 / 노량바다싸움', '목판인쇄 / 나무판인쇄', '몽유도원도 / 꿈에 본 동산', '보부상 / 보짐장사군', '세형동검(細型銅劍) / 좁은놋단검', '자격루 / 자동물시계' 등이다.

남한에서 한자어 용어를 쓰는 사례에 대응하여 북한에서는 상대적으로 조금 더 쉬운 한자어 용어를 쓰는 사례가 있다. 북한에서는 '대첩(大捷)'을 '대첩'이라고 하기도 하지만 '대승리'라고 하기도 한다. 북한에서 한자어 용어를 쓰는 사례에 대응하여 남한에서는 '고유어＋한자어'의 합성어로 쓰는 사례도 있다. '뗀석기 / 타제석기', '간석기 / 마제석기' 등이 그러하다.

남북 전문용어의 통합 필요성

통일 시기의 남북 언어 차이, 특히 전문용어의 차이를 극복하고, 단일안으로 통합하여 보급·교육하는 목적은 통일 이후에 통일 국가 국민들의 원활한 의사소통을 위한 것이다.

남북 전문용어의 차이는 통일 국가의 효율적 운영과 남북 주민 간의 원활한 의사소통을 어렵게 할 수 있다. 특히, 정부 및 공공기관에서 사용하는 행정 전문용어가 다를 경우에는 사회 갈등이나 불만이 발생할 수 있으며, 교육 전문용어가 다를 경우에는 통일 국가 미래 세대의 소통과 공동체 의식 함양에 장애를 불러일으킬 수 있다. 이러한 문제를 제대로 해결하지 못하면 그로 말미암아 발생하는 사회 비용도 적지 않을 것이다. 통일 국가 운영의 투명성과 효율성을 높이고 주민들의 원활한 의사소통을 향상하기 위해서 모든 영역의 전문용어 표준화가 반드시 필요하다.

결론적으로 말하자면, 언어의 차이, 전문용어의 차이로 남한 주민이든 북한 주민이든 차별을 받지 않도록 하여, 언어 차이로 인한 남북 갈등과 불만을 극복해야만 진정한 통일을 이룩할 것이다.

남북 전문용어의 통합 방향

남북 전문용어를 통합할 때, 또는 그 논의를 전개할 때 미리 전제해 두어야 할 원칙을 다음과 같이 제시한다.

첫째, 평화 통일을 전제로 하여 남북의 언어 차이를 서로 존중하는 한편, 일방적으로 어느 한쪽으로 치우치지 않게 해야 한다.

둘째, 전문용어 통합에는 언어학적 합리성을 존중하며, 언어생활의 편의성을 최우선으로 해야 한다.

셋째, 남북 전문용어 통합은 연구 단계에 멈춰서는 안 될 것이다. 관련 기구에서 표준화한 성과는 언어사용자들로 구성한 전문용어 통합 검증단의 검증을 거쳐 확정한 후, 실제 사용하도록 적극적으로 노력해야 할 것이다.

그러기 위해서는 교육과 언론의 역할이 중요하다. 학교에서는 통합안을 적극적으로 교육하고, 언론은 이를 널리 보급해야 할 것이다.

넷째, 남북 전문용어 통합안의 정착을 위하여 분야별 남북 전문용어 대조 자료집을 편찬하여, 즉 남한의 전문용어, 북한의 전문용어, 남북의 통합 전문용어를 정리한 대조 자료집을 제작하여 다양한 방법으로 보급해야 할 것이다. 특히 인터넷, 스마트기기와 같은 다양한 전자장치를 활용하여 검색 프로그램을 개발·보급하는 것이 매우 효과적일 것이다.

전문용어 통합의 가치, 한국어 지키기

덧붙여, 전문용어의 국어화와 통합의 가치에 대해 살펴보자. 그것은 바로 사라질지도 모르는 한국어를 지키는 일이다. 언어학자들은 미래에 언어의 소멸 속도가 급속도로 가속화되리라 예측한 바 있다. 그렇다면 한국어도 사라질 수 있을까? 그러나 한국어는 우리가 국가를 유지하고 정치·경제적으로 안정을 유지하는 한 사라지지는 않을 것이라 믿는다. 그렇지만 언어 다양성이 사라지고 정보와 경제가 앞선 국가의 언어를 중심으로 언어 통합이 빠르게 진행되는 것을 그냥 보고만 있다면, 한국어도 가정언어 또는 생활언어에 머물 것이다. 교육용 전문용어, 학술·산업용 전문용어를 외국어로 그대로 받아들인다면, 한국어는 고급언어의 지위를 잃어버릴 수도 있을 것이다.

그렇다면 우리는 어떻게 해야 할까? 무엇보다도 국어를 지키려는 적극적인 노력이 필요하다. 그 대표적인 노력이 바로 전문용어의 국어화이다. 제1언어로서의 국어를 보존하기 위해서는 외국어로 쏟아져 들어오는 학술용어와 산업용어 같은 전문용어를 국어화하는 노력이 절대적으로 필요하다. 각 분야의 학술용어를 국어로 보급하는 것은 국어 보존을 위해서 매우 중요하다.

세계의 많은 언어가 지금 일상생활용어로만 사용되고 전문용어는 영향력이 큰 외국어를 그대로 사용함으로써 위상이 낮아지고 사용 범위도 줄어들고 있다. 국어도 예외가 아니어서 많은 전문용어가 외국어, 특히 영어 그대로 쓰이고 있는 현실이다. 이러한 문제를 극복하고 국어를 보존하기 위해 전문용어를 국어화하고, 더 나아가서 남북 전문용어를 통합하는 것 역시 절실히 요구되는 시점이 바로 지금이다.

[출전]

2006 남북한의 언어학 전문용어 표준화 방안 연구 - 분류 체계 수립을 위하여 -, 《한글》 274, 231-266, 한글학회.
2018 남북 소통을 위한 전문용어 통합의 필요성과 방향, 《새국어생활》 28-4, 9-26, 국립국어연구원.

10

국어 연구가 새롭게 나아갈 방향

말로써 행복을

언어의 본질을 제대로 규명하기 위해서는 공시적인 언어 구조에 대한 연구와 통시적인(=역사적인) 언어 변화에 대한 연구가 균형 있게 수행되어야 한다. 최근 한국어 연구의 대상이 현대 한국어에 대한 공시적 연구에 치중되어 통시적 연구가 상당히 위축되어 있어, 한국어 역사에 대한 연구의 필요성이 제기된다.

인문학은 인간 본성을 밝히는 그 자체로 의미 있는 학문이지만, 인문학 연구에서 이루어진 성과가 인간 삶의 질을 향상시키는 데 기여할 수 있다면, 우리는 응용 연구에도 관심을 가져야 할 것이다. 한국어 연구의 응용 분야 가운데, 특히 국어 교육, 국어 정책, 국어 공학 등이 우리 삶을 행복하게 할 것이다.

10.1. 언어 연구 역사의 흐름

　이제 마지막으로 우리말 연구, 즉 국어 연구가 앞으로 나아갈 새로운 방향에 대해 생각해 보고자 한다. 먼저 일반언어학이 시대의 흐름에 따라 어떻게 변화해 왔는가를 살펴보기로 하자.

언어 연구의 두 관점: 이성주의와 경험주의

　어떤 현상을 과학적으로 연구할 때 학자들은 다음과 같이 세 단계의 과정을 거친다. 주어진 현상에 대한 수집·관찰이 첫째 단계이며, 수집·관찰한 자료에 대한 분석·기술이 둘째 단계이다. 셋째는 그 현상에 대한 해석·설명의 단계이다. 이와 같은 과정은 언어학에서도 마찬가지다. 언어와 관련한 현상에 대하여 먼저 자료를 정확하게 수집하며, 이를 분석하여 체계적으로 기술하고, 나아가 이러한 언어 현상을 합리적으로 설명하려는 것이 바로 언어학이 지향하는 연구 방법이다.

　그런데 언어를 연구하고자 할 때는 크게 두 가지 접근 방법이 있다. 하나는 자료를 수집하고 이를 정확하게 분석하여 기술하는 데에 초점을 두는 접근 방법이고, 다른 하나는 언어 현상을 합리적으로 설명하기 위하여 가설을 세우고 이를 위해 자료를 검증하는 접근 방법이다. 전자를 경험주의에 입각한 언어 연구 방법이라 하고, 후자를 이성주의(=합리주의)에 입각한 언어 연구 방법이라 한다.

서양 철학에서 경험주의란, 실증주의에 근거하여 모든 지식의 기원을 경험에 두는, 경험적 인식을 절대시하는 사상을 말한다. 경험주의에 따르면, 개념은 그것이 실제 경험과 연결되었을 때만 파악될 수 있으며, 어떤 명제가 정당한가는 반드시 경험에 의존해야 한다. 근대 경험주의 철학의 선구자는 17세기 영국의 베이컨(F. Bacon)과 로크(J. Locke) 등이다.

이성주의란 이성이나 논리가 세계를 지배하고 있어, 이성에 의해 세상을 인식하려는 사상을 말한다. 이성주의는 본능이나 감각에 의존하지 않고 인간이 지니는 사고와 이성에 근거하는 논리적 지식을 중요시한다. 대표적인 이성주의 철학자는 프랑스의 데카르트(René Descartes)이다. 감각적 경험주의를 경시하고 논리적 지식을 중시한다. 이러한 견해는 고대 그리스 플라톤의 이데아 사상에까지 거슬러 올라간다.

경험주의에 입각한 언어 연구는 자료를 바탕으로 하여 이를 분석하고 기술하는 방법이기 때문에 귀납적인 방법에 속한다. 이에 비해 이성주의에 입각한 언어 연구는 가설을 세우고 이를 검증하여 언어 현상을 설명하는 방법이기 때문에 연역적인 방법에 속한다. 옛 그리스 시대부터 언어 연구의 역사적인 흐름을 살펴보면, 이러한 두 연구 방법은 시대에 따라 서로 순환하면서 오늘날에 이르고 있다.

20세기 언어학의 성격

일반적으로 20세기 언어학을 구조주의 언어학이라 한다. 20세기 후반의 변형생성문법도 구조주의 이론에 포함하기도 하지만, 대체로 20세기 초기에서 변형생성문법 이전까지를 구조주의 언어학이라 한다. 먼저 20세기 언어학이 성립한 배경을 언어학적 배경과 사상적 배경으로 나누어 살펴보자.

첫째는 언어학적 배경으로, 19세기 언어학의 특징인 역사주의와 문헌 실증주의의 한계를 20세기에 들면서 극복하려 하였다. 이에 따라 언어 연구의 대상이 확대되었다. 역사적인 연구와 함께 공시적인 연구로 대상이 확대되면서 언어 구조에 대해 관심을 가진 결과, 구조주의 언어학이 탄생하였다. 다양한 언어 구조에 관심을 가지면서 다양한 언어 유형을 찾아가는 언어유형론이 발전하였으며, 방언에 대한 관심도 확대되었다.

둘째는 사상적 배경으로, 과학주의와 인식론의 발달에 힘입어 연구 대상을 일반화하고 체계적으로 파악하는 방법론이 형성되었다. 이러한 사상적 배경으로 언어 연구 방법에 혁신을 불러일으켰다.

어떤 현상 안에서 특정 요소는, 각각 고유한 위치를 차지하고, 이웃하는 다른 요소들과 서로 유기적인 관련을 맺으면서, 전체를 형성한다. 이를 구조라 한다. 언어를 구조체로 파악하는 방법론을 구조주의 언어학이라 한다. 구조주의 언어학은 스위스 언어학자 소쉬르(Ferdinand de Saussure, 1857~1913)에 의해 성립되었다. 소쉬르의 《일반언어학강의》(1916년)라는 언어학의 고전은 언어학, 기호학뿐만 아니라 20세기 학문과 사상에 큰 영향을 미쳤다. 소쉬르는 언어란 체계이며, 체계로서 연구되어야 한다고 하였다. 그리고 언어의 역사적인 연구와 공시적인 연구를 명확하게 구별하였다.

구조주의 언어학은 크게 유럽의 구조주의 언어학과 미국의 구조주의 언어학으로 나뉜다. 유럽의 구조주의 언어학은 제네바학파, 프라하학파, 코펜하겐학파를 포함한다. 제네바학파는 언어의 정서적 요소에 대한 연구, 언어의 사회적 기능에 대한 연구를 수행하였다. 프라하학파는 구체적인 언어 사실에 관심을 가지는 기능주의에 입각하여, 말소리 이론의 기초를 확립하였다. 코펜하겐학파는 언어 현상을 설명하는 데에 기호논리학의 방법을 적용하였다. 미국의 구조주의 언어학은 기술언어학이라고도 하는데, 유럽의 구조주의 언어학과는 독자적으로 발전하였다.

경험주의: 미국의 기술언어학

미국의 기술언어학은 경험주의 방법론에 입각하고 있다. 기술언어학은 문화인류학 연구에서 출발한 것으로 아메리카 토착인 문화를 연구하는 데서 시작되었다. 미국 인류학자들이 가장 크게 관심을 가진 문제는 미국 전역에 흩어져 사는 토착인들의 다양한 문화를 연구하는 것이었는데, 이들 문화에 대한 연구는 언어에 대한 이해를 필수적으로 요구하였다. 그래서 현지 조사를 통하여 우선 언어를 관찰하여 자료를 정확하게 수집하고, 이를 바탕으로 분석하여 기술하는 방법론이 확립되었다.

결과적으로 기술언어학 이론은 다음과 같은 특징을 가지게 되었다. 낯선 언어를 연구 대상으로 삼았기 때문에 자료를 중심으로 기술하는 것이 중심 방법이 되어, 귀납적이고 철저히 객관적인 연구 방법이 되었다. 그리고 언어 자료를 분석하여 기술하였기 때문에 언어 구조의 맨 아래 단위인 음성부터 분석하여, 음운 체계를 세우고, 이를 바탕으로 형태소를 분석하고 나아가서 문장 구조를 기술하는, 철저히 층위적인 연구 방법이 성립되었다. 그 결과 음운론과 형태론 연구는 그 방법론이 확립되어 주요 연구 분야로 자리 잡았으나 통사론에 대한 방법론은 거의 확립되지 못하였다. 아울러 연구 방법이 철저히 객관적이었기 때문에 주관적인 성격을 가지는 의미에 대한 연구는 소홀히 되거나 배제되었다.

기술언어학이 객관적인 방법으로 언어의 구조와 체계를 분석하여 기술한 것은 언어학사에서 매우 큰 성과라 평가한다. 그러나 여러 문제점을 안고 있었다. 기술언어학의 가장 큰 이론적 한계는 언어 구조의 객관적인 기술에 치우쳐 언어의 본성인 인간의 언어능력을 해명하지 못하였다는 점이다. 또한 문장 구조와 문장의 의미 해석을 위한 이론이 부족하였다. 이러한 한계에 다다른 기술언어학에 새로운 돌파구를 제시한 사람이 바로 촘스키(Avram Noam Chomsky, 1928~)이다. 그는 스승 해리스(Zellig Sabbettai Harris)와 함께 수학적 방법과 생성적 방법에 관심을 가지면서 대담하게 언어학의 연구 방향을 전환하였다. 이렇게 하여 변형생성문법 이론이 등장하였다.

이성주의: 변형생성문법 이론

20세기 후반의 미국 언어학은 변형생성문법 이론으로 대표된다. 촘스키는 기술언어학의 근본적인 한계점을 해결할 새로운 언어 이론의 필요성을 인식하였다. 그것은 자료 중심에서 설명 중심으로 언어 이론을 변환하는 것이다. 언어의 표면보다는 내면을 중시하는, 문장의 형성 과정과 그 규칙을 해명하려는 것이었다. 이러한 생각을 기반으로 촘스키는 변형생성문법 이론을 확립하여 현대 언어학의 새로운 시대를 열었다.

변형생성문법 이론은 기술언어학이 가지는 한계점을 극복하였기 때문에 기술언어학 이론과는 이론적인 배경, 연구 방법, 연구 대상 모든 것이 대조적이다.

첫째, 변형생성문법 이론의 목표는 인간의 인지능력을 밝히기 위한, 즉 언어능력을 설명하려는 것이다. 인간에게는 무한한 문장을 만들어 낼 능력이 있으며, 인간은 무한한 문장을 구성하기 위한 유한한 규칙을 습득하는데 그러한 능력이 바로 언어능력이다. 변형생성문법 이론은, 비록 이론의 변모를 여러 차례 거듭하였지만, 언어능력을 설명하려는 목표는 지금까지 변하지 않고 있다.

둘째, 변형생성문법 이론은 통사론(=문장론) 중심의 이론이다. 기술언어학 이론은 앞에서 본 바와 같이 통사론 이론은 제시하지 못하였다. 이를 극복하기 위하여, 언어의 문장 구조를 밝히기 위하여 통사론 중심의 이론이 대두되었다.

셋째, 변형생성문법 이론은 가설-검증적인 이론이다. 연구 목표를 달성하기 위하여, 다시 말하여 언어능력을 설명하기 위하여, 가설을 세우고 그것을 검증하는 방법이다. 따라서 더 나은 가설과 검증 방법이 제시된다면 이론은 얼마든지 수정될 수 있다. 변형생성문법 이론이 그간 수없이 변모해 온 근본적인 이유는 이 때문이었다.

넷째, 변형생성문법 이론은 수리-논리적인 방법론이다. 언어능력을 설명하기 위해서 가장 효율적인 방법은 수리-논리적인 방법이라고 인식하고, 논리가 언어 현상을 분석하고 언어능력을 설명하는 도구가 되었다.

변형생성문법의 가장 큰 의의는 현대 언어학을 혁신적으로 발전시키는 데에 크게 공헌을 하였다는 점이다. 더 나아가 언어학뿐만 아니라 문학, 철학, 심리학, 인지과학, 컴퓨터과학, 자연과학, 뇌과학 등에 새로운 연구 방향을 제시하였다.

변형생성문법은 언어학사의 관점에서 보면, 이성주의 언어 연구를 계승하여 발전시켰다는 데에 의의가 있다. 스콜라 문법에서 시작하여 데카르트와 그의 후계 문법학자들에게 이어진 이성주의 언어 연구는, 그 이후 19세기 비교언어학과 20세기 초기 기술언어학과 같은 경험주의 언어 연구에 밀려났다. 그러나 경험주의 언어 연구가 한계에 이르면서 촘스키는 이성주의 언어 연구를 부활시켜 언어의 본질에 가까이 다가가려고 시도하였으며, 결과적으로 이성주의 언어 연구가 발전하는 계기를 마련하였다.

그러나 이러한 변형생성문법 이론 역시 문제가 없을 수 없다. 지나친 이론의 추상화도 문제가 되었으며, 통사론을 강조한 탓에 언어능력의 주요한 부분인 다른 분야에 대한 논의가 소홀히 된 점도 문제가 되었다. 또한 촘스키의 언어능력에 관한 개념은 사회적 관점과 화용론적 차원을 배제하였다.

언어 연구가 나아갈 바람직한 방향

20세기 언어학은 언어 구조에 대한 공시언어학이 주류를 이루었다. 기술언어학 이론과 변형생성문법 이론을 거치면서 언어 구조에 대한 연구가 크게 발전하였다.

　기술언어학 이론은 경험주의 연구 방법을 따랐으며, 그 이후 변형생성문법 이론은 이성주의 연구 방법을 따랐다. 그러나 최근에 이르러 다시 경험주의 연구 방법이 확산하고 있다. 계량적 방법에 바탕을 둔 사회언어학, 언어유형론이 그 예이고, 언어 구조를 연구하는 데에 말뭉치언어학이 널리 활용되는 것도 그 예이다. 최근 들어 컴퓨터 저장용량이 확장되고 데이터 처리 속도가 빨라짐에 따라 컴퓨터를 활용하는 연구가 활발해지면서, 말뭉치언어학은 경험주의 연구 경향과 빅 데이터 정보 처리 기술의 발달로 중요성과 활용도가 훨씬 더 높아졌다. 국립국어원은 2019년부터 인공지능 한국어 학습용으로 굉장한 규모의 빅 데이터를 구축하고 있다. 이 자료는 국립국어원의 ‘모두의 말뭉치’에서 제공하고 있다. 한국어 말뭉치는 인공지능 및 자동번역 기술 발전에 선도적인 역할을 하고 있다. 결과적으로 언어학에서 언어능력 못지않게 언어수행에 관심이 집중되고, 보편문법 못지않게 언어의 개별 기술에 관심이 높아졌다.

　그래서 앞으로 지향해야 할 바람직한 언어 연구란 경험주의 언어 연구 방법과 이성주의 언어 연구 방법이 어느 한 곳에 치우치지 않고 균형을 이루고 더 나아가서 서로 협력하는 가운데 수행되어야 할 것이다.

[출전]

2016 《언어학사강의》, (주)박이정.
2018 언어 연구의 두 관점: 이성주의와 경험주의, 《권재일 교수 정년기념 언어학 특별 강연 자료》, 서울대학교 언어연구소.
2021 이성주의와 경험주의: 언어 연구 역사의 흐름, 《현상과인식》 45-1, 15-31, 한국인문사회과학회.

10.2. 국어 연구의 새로운 방향

국어학의 연구사적 연구

오늘날 모든 학문은 하루가 다르게 새롭게 발전을 거듭하고 있다. 언어학 역시 그 대열에서 빠지지 아니하며, 오히려 앞장서서 20세기 학문 발전을 주도해 왔다. 우리말에 대한 언어학적 연구인 국어학 역시 지난 세기 동안 눈부실 정도로 발전해 왔으며 그 성과는 상당한 수준에 이르렀다. 이는 앞선 원로 국어학자들이 이룩한 학문 업적의 전통과 이를 기반으로 한 중견·소장 국어학자들의 열성적인 연구의 결과라 믿는다. 학문 연구란 아무런 바탕 없이 갑자기 새롭고 엄청난 업적이 나오는 것이 아니라, 항상 앞선 연구의 전통이 바탕이 되어 이를 계승하고, 수정·보완해서 더 완벽한 연구로 발전해 간다. 이러한 학문 전통의 계승·발전의 관계를 밝혀 제시하는 것을 학문의 연구사적 연구라고 한다. 국어학의 연구사적 연구는, 국어학 연구의 역사적 전개 과정을 되살피고 현재의 연구 성과를 기술하고 평가하여, 이를 토대로, 앞으로 전개할 연구가 지향하여야 할 바람직한 방향을 모색하는 것이다.

이러한 관점에서 지금까지의 국어학 연구를 되돌아보아 앞으로 우리에게 전개될 새로운 시대의 국어학 연구가 지향해야 할 바람직한 방향을 모색해 보고자 한다. 이를 위하여 국어학은 왜 연구하는가, 무엇을 연구할 것인가, 어떻게 연구할 것인가, 즉 국어학의 연구 목표, 연구 대상, 연구 방법 등으로 나누어 제시해 보고자 한다.

국어학은 왜 연구하는가

우리는 어떤 일을 수행하면서 그 일을 왜 하는지, 즉 목표에 대하여 무관심해 하는 경우가 흔히 있다. 그러나 어떤 일이든 간에 뚜렷한 목표를 설정하지 않고 수행하면 일의 방향을 가늠하기 어렵고, 체계적인 판단이 불가능하게 되어 성공적인 결과를 기대할 수 없게 된다. 국어학 연구에서도 마찬가지이다. 국어학을 연구하는 목표가 제대로 잡혀 있지 않으면, 체계적인 연구가 어려울 뿐만 아니라, 연구 성과의 종합적인 축적도 어렵다. 따라서 국어학의 바람직한 연구를 위해서는 반드시 연구 목표를 설정해야 하며, 또한 학문적으로 의의 있는 목표를 설정해야 한다.

국어학을 왜 연구하는가에 대한 대답은 쉽지 않지만, 다음과 같이 설정해 볼 수 있다. 첫째는, 국어의 본질을 밝히는 것이다. 국어의 본질을 밝히는 것은 국어의 음운, 의미, 문법 구조의 특징을 체계적으로 밝히는 것과 국어의 계통과 형성, 그리고 역사적인 전개 과정을 밝히는 것을 포함한다. 둘째는, 이를 기반으로, 국어와 관련한 여러 영역, 즉 국어 교육, 국어 정책, 국어 공학 등의 응용에 기여하는 것이다. 그러면 먼저 지금까지의 국어학 연구를 연구 목표와 관련해서 검토해 바람직한 방향을 제시해 보겠다.

첫째, 연구 목표가 명시적으로 제시되었던가 하는 문제이다. 지금까지 여러 연구를 살펴보면 명시적인 목표 제시가 많지 않았던 것이 사실이다. 물론 암묵적으로는 연구 목표를 설정했으리라 생각하지만, 국어학 관련 연구 논저들을 꼼꼼히 살펴보면 연구가 지향하는 목표를 명시적으로 설정한 경우가 흔치 아니하였다. 따라서 국어학의 올바른 연구를 위해서는 먼저 연구 목표를 명시적으로 설정해야 할 것이다. 목표가 뚜렷이 설정되어 있어야만 연구 대상과 방법이 분명해진다. 목표가 명시적으로 설정되어 있지 않으면, 연구 대상과 관련해서, 연구 범위를 한정하기가 어려울 것이며, 연구 결과를 체계적으로 판단하기 어렵다.

둘째, 연구 목표의 설정이 타당했던가 하는 문제이다. 목표 설정의 타당성은 목표의 초점을 어디에 두느냐와 관련된다. 국어학 연구 목표의 초점을, 국어의 본질 규명에 두느냐[제1유형], 국어와 관련한 응용에 두느냐[제2유형] 하는 것이다. 물론 국어학 연구의 중심을 연구의 고유 목표인 제1유형에 두는 것이 지극히 당연하지만, 지금까지의 국어학 연구의 목표를 검토해 보면, 대부분 제1유형에 관심을 집중시켰다. 그러나 여기에서 문제는 제2유형에 연구 목적을 두는 것에 무관심하거나, 더 나아가서 그 가치를 경시·비하하는 태도였다. 응용 연구는 국어학자가 할 일이 아닌, 또한 국어학자가 한눈팔아서는 안 될 일이라고 주장하는 것을 볼 수 있었다. 이것은 모두 국어학의 연구 목표에 대한 인식이 부족했기 때문에 나온 태도였다. 따라서 국어학의 올바른 연구를 위해서 목표를 설정할 때, 목표 유형의 균형을 추구해야 할 것이다. 어느 한 유형에 치우치지 말아야 할 것은 물론이거니와, 각각 서로 다른 목표를 인정·존중해야 할 것이다. 이제 국어학은, 국어의 본질을 정확하게 규명하여, 이를 기반으로 응용하여, 우리 삶의 질을 향상하는 학문으로 다가가야 할 것이다.

국어학은 무엇을 연구할 것인가

지금까지의 국어학 연구 대상을 분석해 보면 대체로 다음과 같은 현상을 찾아볼 수 있다. 이러한 현상을 검토해서 앞으로 우리가 지향해야 할 국어학 연구 대상의 올바른 방향을 제시하겠다.

첫째, 국어학의 기본이 되는 세 연구 분야, 즉 국어음운론, 국어의미론, 국어문법론에 대한 연구가 시대에 따라 또는 외래 언어학의 이론적 배경에 따라 어떤 분야는 중시되고 어떤 분야는 경시되는 경향을 보여 왔다. 예를 들어, 국어 문법론의 경우, 기술언어학에 바탕을 둔 연구에서는 형태론이,

변형생성문법 이론에 바탕을 둔 연구에서는 통사론이 연구의 중심이 되었다. 어떤 특정 분야가 연구의 중심이 되는 현상 못지않게 더 심각한 문제는 상대적으로 다른 특정 분야를 경시하거나 무시하는 현상이다. 변형생성문법의 초기 이론이 형태론을 경시한 예가 그러하다. 이는 연구 대상과 관련하여 우리가 경계해야 할 태도이다. 국어의 본질을 규명하기 위해서는 국어를 구성하는 어느 한 분야라도 소홀히 해서는 안 될 것이다.

따라서 국어의 구조를 연구하는 세 가지 기본 분야에 대한 연구가 균형을 이루어야 한다. 어느 특정 분야에 연구의 관심과 인력이 편중되지 않도록 해야 한다. 그래서 어떤 특정 분야가 연구의 중심이 되어, 결과적으로 다른 분야들을 경시하는 현상에서 벗어나야 한다.

아울러 각 분야의 기초 연구에 더욱 관심을 가지고 이를 활성화하는 자세가 필요하다. 예를 들어, 음운론 연구에 있어서 음성학 연구는 기초적이면서도 필수적이라 하겠다. 음성학에 대한 본격적인 연구는 음운론 연구에 직접 기여할 뿐만 아니라, 새로운 시대에 중요한 과제로 대두될 음성합성, 음성인식 등의 응용 연구를 위해서도 필요할 것이다.

둘째, 국어의 역사를 연구하는 분야가 소홀히 되었다. 국어학의 주요 연구 대상은 국어의 구조를 밝히고 국어의 역사를 추적하는 것이다. 이 두 대상은 국어의 본질을 규명하는 데, 같은 비중을 가진다. 그런데 최근에 와서는 현대 국어 구조에 대한 연구가 국어의 역사적 변화에 대한 연구를 압도하고 있다. 국어사 연구가 현대 국어 연구에 비해 위축되었다는 사실은 매우 안타까운 일이다.

따라서 국어의 역사, 구체적으로 국어의 계통과 형성, 발달 과정을 연구하는 분야에 관심을 높이도록 해야 한다. 오늘날 우리 문화를 형성하였으며, 우리의 정신세계를 이끌어 온 국어를 올바르게 이해하기 위해서는 현대 국어의 공시적 특성뿐만 아니라 역사적 전개 과정도 함께 연구해야 한다.

국어의 역사를 연구하기 위해서는 이론 수립 못지않게 새로운 문헌 자료를 발굴하고, 방언 자료를 정밀하게 정리하는 일, 즉 정확하고도 빠짐없이 국어사 자료를 확보하는 일에 더더욱 높은 관심을 가져야 할 것이다.

또한 국어의 계통을 밝히고 형성 과정을 규명하기 위해서는, 같은 계통에 속하는 언어들끼리의 비교 연구는 물론이거니와 주변 언어들과의 접촉 관계에 대해서도 폭넓은 관심을 가져야 한다. 국어계통론은 국어학 연구 분야 중에서 오랜 역사가 있으나, 연구 성과는 만족할 만하지 못하다. 그 가장 근본적인 이유는 비교언어학적 방법으로 국어의 계통이 아직 입증되지 않았기 때문이다. 국어가 알타이어족에 속할 가능성은 크지만 만족할 만한 증거를 확보하지 못한 상태이다. 앞으로는 지금까지의 연구를 바탕으로 하되 새로운 방법을 끊임없이 모색해야 할 것이다. 그중에서도 가장 중요하고 시급한 것은 알타이언어의 각 개별언어에 대한 체계적인 조사·분석·기술을 통한 대조 및 비교 연구이다. 이러한 연구가 비록 짧은 기간에 어떤 확고한 결론을 끌어내지는 못한다고 하더라도 앞으로 국어 계통에 대한 믿음직한 이론을 도출해 내는 데에는 크게 도움이 될 것이다.

셋째, 국어의 응용 연구에 대한 이해가 부족했음도 한 특징이다. 응용 연구에 대한 이해가 부족했던 것은 학문은 순수 학문 그 자체로만 의의가 있는 것으로 생각하는 편협한 학문관에서 비롯되었다. 인문학이 인간 본성을 밝히는 그 자체로 의의 있는 학문임은 더 논의할 필요는 없다. 그러나 인문학 연구에서 이루어진 성과가 인간 삶의 질을 향상하는 데 기여할 수 있다면, 우리는 이에 대한 관심과 연구에 머뭇거릴 필요가 없다고 생각한다.

따라서 국어의 응용 연구에 무관심했던 태도를 반성하고 이해를 새롭게 해야 한다. 지금까지 응용 연구에 대한 이해가 부족했던 편협한 학문관을 극복하고 관심을 가지고 응용 연구에도 힘써야 할 것이다. 국어학의 응용 분야 가운데, 특히 국어 교육, 국어 정책, 국어 공학 등이 특별히 우리가 관심을 집중해야 할 분야이다. 이에 대해서는 이 글 마지막에 구체적으로 다시 제시하기로 하겠다.

국어학은 어떻게 연구할 것인가

지금까지의 국어학 연구가 자의적이든 그렇지 않든 간에 외래 이론을 바탕으로 수행되었다는 것은 부인할 수 없는 사실이다. 최근으로 올수록 그 정도를 더해 가고 있다. 그렇지만 우리가 지향해야 할 연구 방법의 가장 중요한 방향은 전통의 계승·발전이라는 것은 이미 앞에서 언급한 바 있다. 따라서 앞으로의 국어학의 연구 방법은, 외래 이론은 비판적 수용으로 극복하고, 우리 학문의 전통을 계승하고 창조하는 관점에서 모색되어야 할 것이다.

먼저 그간 국어학 연구에서 외래 이론을 수용한 양상에 대하여 살펴보자. 어떤 언어를 연구하고자 할 때, 스스로의 연구 방법이 확립되어 있지 않으면, 일반적으로 외래 이론을 수용하게 된다. 이때에는 두 가지의 계기가 있다. 외래 이론을 단순히 모방하여 수용하는 것이 그 하나이고, 자국어를 연구하기 위해 필요한 경우에 외래 이론을 수용하는 것이 또 다른 하나이다. 여기서 우리는 국어의 특성과 무관하게 밀려오는 외래 이론을 단순히 수용한 면이 없지 않았는지 반성해 볼 필요가 있다. 기술언어학 이론, 변형생성문법 이론을 수용하는 과정에서 그러하다. 특히 변형생성문법 이론을 수용하면서 국어 현상 자체를 기술하여 설명하기보다는, 미국 언어학에서 논의되는 대상에 맞추어 변모하는 변형생성문법의 여러 이론에 따라 적용해 보려는 시도가 그러하다. 이러한 상황에서 학문 전통의 계승·발전은 어렵다.

외래 이론의 편향된 수용도 생각해 볼 문제이다. 국어학 연구 초기에는 대부분 일본 언어학계를 통한 유럽의 언어학 이론을 수용하는 데에 치우쳐 있었다. 국어학의 전통적인 방법론에 소쉬르의 언어관과 방법론이 깊이 뿌리박고 있는 것이 바로 이러한 영향이다. 그러나 이와는 달리 광복 이후의 국어학 연구는 미국의 언어학 이론에 지나치게 편향된 경향을 보였다.

이러한 현상을 바탕으로 하여 이제 우리가 지향해야 할 국어학의 연구 방법을 다음과 같은 관점에서 제시해 본다. 첫째는 외래 이론 수용의 문제이고, 둘째는 독자적 연구 방법 수립의 문제이다.

먼저, 외래 이론 수용과 관련하여, 우리는 기본적으로 비판적 수용의 태도를 확립하는 것이 중요하다. 외래 이론을 수용하면서 우리가 경계해야 할 태도는 무비판적인 수용과 무비판적인 배척 또는 무관심이다. 이를 극복하는 것이 바로 앞으로 해야 할 과제이다. 그러기 위해서는 언어학사적인 안목을 넓히고, 특정 외래 이론에 치우치지 않고, 비판적인 관점에서 여러 다양한 이론을 수용하며, 서로 다른 가치 체계를 함께 체험하여, 교조적인 사고에 빠지지 말아야 할 것이다.

다음은, 독자적인 연구 방법 수립과 관련한 문제이다. 독자적인 연구 방법은 학문 전통의 계승·발전과 밀접한 관련을 맺는다. 학문 연구의 성과란 아무런 바탕도 없이 갑자기 이루어지는 것이 아니라, 항상 앞선 연구의 전통이 바탕이 되어 이를 계승하고, 수정·보완해서 발전해 간다. 그래서 앞사람들이 이루어 놓은 성과를 잘 검토하고 이어받을 만한 것은 이어받아, 그러한 토대 위에서 새로운 이론을 창조해 나가는 자세가 필요하다. 그렇게 하기 위해, 이제 우리가 전개해야 할 국어학의 연구 방법을 수립하는 데에 고려해야 할 몇 가지 전제를 다음과 같이 제시하고자 한다.

첫째, 지금까지의 언어학이 경험주의를 지양하고 이성주의에 입각했었다면, 이제 우리는 이를 극복하는 방법을 모색해야 할 것이다. 인류가 언어에 관심을 가진 이래, 경험주의 연구 방법과 이성주의 연구 방법이 순환하면서 오늘날에 이르렀다. 그러나 이 둘은 순환하거나 어느 한 가지를 지양하는 관계가 아니라 이제는 공존하면서 서로 협조적인 관계로 발전해야 할 것이다. 구체적인 언어 사실을 기술하는 경험주의 방법도 존중되어야 하며, 언어능력을 해명하려는 이성주의 방법도 존중되어야 할 것이다. 구체적인 언어 사실에 대한 연구는 언어 속에 작용하고 있는 일반 원리를 찾아내는 일에 기여하며, 새로운 이론은 언어 사실을 기술하는 데에 효과적인 방법을 제공한다.

둘째, 지금까지의 연구가 연구 분야를 세분화하여 자율성을 강조하고, 분야별 개별적인 연구를 추구하였다면, 이를 통합하는 이론이 전개되어야 할 것이다. 분야에서는, 예를 들어, 음운론과 문법론을 별개의 분야로 개별적으로 연구할 것이 아니라, 상관성이라는 관점에서 연구해야 음운 특성이나 문법 특성을 더 분명하게 밝혀낼 수 있다. 연구 방법에서도 통합적 연구 방법을 지향하면 훨씬 더 경제성 있는 이론을 개발할 수 있다.

셋째, 연구 방법을 철저히 규격화한 것이 지금까지의 연구 경향이라고 한다면 이 또한 극복해야 할 것이다. 규격화된 이론적 틀에서 벗어나, 다양한 방법으로 국어 현상에 접근한다면, 국어의 본질을 규명하는 데 훨씬 더 효과적이다. 이상적이고 규격화된 문법 중심의 연구 못지않게 실제의 언어 사용을 중시하는 화용 중심의 연구에도 관심을 가져야 한다. 또한 문장을 단위로 삼는 연구를 넘어서 단위의 범위를 담화로 확장하는 연구에도 관심을 기울여야 한다.

응용 연구의 가치

앞에서 이미 살펴보았듯이, 앞으로 국어 연구가 지녀야 할 목표의 방향은 이론언어학 연구와 응용언어학 연구의 균형을 추구해야 하는 것이다. 어느 한 유형에 치우치지 말아야 할 것은 물론이거니와, 각각 서로 다른 목표를 인정·존중하고, 더 나아가서 서로 보완적인 관계를 형성해야 한다. 그래서 국어학은, 국어의 본질을 정확하게 규명하여, 이를 기반으로 우리 삶의 질을 향상하는 학문으로 다가가야 할 것이다. 그러나 여기에는 반드시 중요한 조건이 있다. 응용 연구는 이론 연구의 기반 위에서만 가능하다. 따라서 응용 연구에 관심을 가질수록 이론 연구를 더욱 튼튼히 수행하여야 한다. 응용 연구의 강조가 이론 연구의 경시를 뜻하는 것은 결코 아니다. 이제 국어 정책, 국어 교육, 국어 공학, 그리고 국어 보존에 대해 살펴보자.

국어 정책

국어 정책은 우리가 의사소통의 도구로서 우리 말과 글을 쉽고 정확하고, 그리고 품격 있게 사용할 수 있도록 방향을 제시하는 응용 분야이다. 우리의 언어생활을 윤택하게 하는 분야이다. 이를 위해 과학적인 이론과 합리적인 실천 방안을 제시하는 것이 주요한 과제이다. 의사소통을 쉽고 정확하도록 하기 위해 어문규범을 평가하여 국민들의 언어생활에 맞도록 보완하고 또한 효과적으로 보급해야 한다.

국가의 어휘 자원을 관리하고 국민들이 손쉽게 국어사전을 활용할 수 있도록 사전 편찬의 이론과 실제에 국어학이 적극적으로 참여해야 할 것이다. 국립국어원에서 구축한, 사전 이용자가 직접 참여하여 집필하는 새로운 개념의 개방사전인《우리말샘》편찬에 국어학계의 적극적인 참여가 절실히 필요하다.

또한 통일에 대비하여 국어학의 연구 성과를 가다듬어 남북 간의 언어, 문자, 언어관의 이질성을 극복하여 통합하는 방향을 제시하는 일, 역시 국어학이 담당해야 할 과제이다. 그뿐만 아니라 이주 노동자와 이주 결혼자, 그 자녀들이 국어에 적응하도록 하는 일, 그리고 북한이탈주민들이 국어에 적응하도록 하는 일에도 당연히 관심 가져야 한다. 이들이 우리 사회와 문화에 적응하여 살기 위해서는 무엇보다도 한국어에 적응하는 것이 중요하다. 이들에게도 국어학자가 도움을 주어야 한다.

국어 정책과 관련해서 주목하고자 하는 것은 우리가 세계에 대하여 자랑할 수 있는 대표적 문화유산인 한글을 세계에 널리 나누는 일이다. 언어는 있으나 글자가 없는 민족들을 대상으로 그들의 언어를 기록하는 표기법 수단으로서 한글을 제공하는 일도, 국어학이 관심을 가질, 대단히 가치 있는 일이다.

국어 교육

국어 교육은 효과적인 의사소통을 위한, 말하기, 듣기, 쓰기, 읽기 등 국어 사용 능력 교육과 국어의 본질을 올바르게 이해하기 위한 국어 지식 교육을 포함한다. 국어 교육은 좀 더 구체적으로는 전반적인 국어 사용 기능을 신장시키고, 국어를 자발적으로 사용하는 태도를 함양하며, 일상생활 속에서 국어를 올바르게 사용하도록 하는 것을 목표로 한다. 따라서 이러한 목표를 달성하기 위해서는 국어학에서 연구된 성과를 바탕으로 국어 교육의 방향을 제시해야 한다.

그리고 학교 교육에서 국어 문법을 체계적이고 효과적으로 교육하기 위한 방법을 탐구하는 일은 국어 사용 능력을 신장시키는 기반 지식으로서, 또한 국어의 본질을 올바르게 이해하는 지식으로서, 매우 가치 있는 일이다. 앞으로 국어학 이론에 기반을 둔 국어 교육 방법에 더욱 관심을 가져야 할 것이다.

우리나라의 경제와 문화 발전에 힘입어 국어가 점차 세계로 진출해 가는 시대를 맞이하면서, 외국인을 위한 한국어 교육에 더욱더 적극적으로 관심 가져야 할 것이다. 외국인을 위한 한국어 교육의 표준 교육과정을 수립하고 이에 따라 수준별, 학습자 언어권별 교재를 편찬하는 일에 노력해야 한다. 또한 전문성을 갖춘 한국어 교원 양성을 통하여 수준 높은 한국어 교육이 이루어질 수 있도록 노력해야 한다. 우수한 교원을 확보하기 위하여 교원 자격 제도를 개선하고, 각급 교육기관에서 교원 자격을 가진 사람을 교원으로 채용하는 제도적인 방안을 마련해야 한다. 그간 양적 팽창을 거듭해 온 외국인을 위한 한국어 교육이 이제는 교육과정, 교육자료, 교원의 질적 향상에 관심을 돌려야 할 것이다. 그래서 국어 정책, 국어 교육이 한 걸음 더 앞으로 나아가야 할 것이다.

외국인을 위한 한국어 교육은 우리말을 지키는 방편으로서도 또한 중요하다. 국어 보존의 한 방법은 한국어 사용 인구의 확대이다. 한 언어의 사용 인구가 1억 명 정도가 된다면 언어 보존에 큰 어려움이 없지 않을까 생각한다. 이를 위해서는 수천만 명 정도의 한국어를 할 줄 아는 외국인이 필요하다. 따라서 이제 외국인을 위한 한국어 교육은 이러한 관점에서도 접근할 필요가 있다. 한국어 사용 인구의 확산을 위해 한국어를 배우기 원하는 외국인들에게 한국어를 제대로 가르치는 것을 목적으로 하는 기존의 세종학당 개설을 확대하고 외국의 중등학교와 대학 정규 과정에 한국어 교과목을 개설하는 일에 관심을 크게 쏟아야 한다.

국어 공학

국어 공학은 우리의 언어생활을 훨씬 더 풍요롭게 할 수 있기 때문에 주목받을 응용 분야이다. 이는 국어학과 컴퓨터과학, 인지과학이 만나는 분야이기도 하다. 예를 들어, 음성합성의 경우, 발화의 자연성을 높이기 위해서는 컴퓨터과학 힘만으로는 불가능하며, 국어음성학의 정밀한 기술을 기반으로 해야 가능할 것이다. 이처럼 국어 공학이 관심 가져야 할 분야는 상당히 많다. 국어 공학을 위해 국어학이 자료와 이론을 제공해야 할 분야를 몇몇 들어 보면 다음과 같다.

먼저 시대와 지역을 망라한 균형 잡힌 대규모 말뭉치 구축을 들 수 있다. 구축된 말뭉치는 언어 현상의 통계 분석을 통해 기계 번역의 정확도를 높이고 정보 검색, 컴퓨터를 활용한 전자사전 편찬에 활용할 수 있을 것이다.

다음으로는 국어의 기계 처리 지원을 위한 대규모 범용 전자사전 개발이다. 전자사전은 컴퓨터가 인간의 언어를 분석하고 생성할 때 활용할 수 있도록 개별 단어에 대한 형태, 의미, 문법, 화용 정보를 체계적으로 수록한 언어 처리용 사전이다. 이 사전은 컴퓨터가 인간의 언어를 이해할 수 있도록 구성하여 컴퓨터가 기계 번역, 맞춤법 교정, 지능형 문서 작성 등 언어정보 처리에 활용한다. 이 사전의 개발에서 형태, 의미, 문법, 화용 정보 분석에 국어학이 기여해야 할 것이다.

그뿐만 아니라 국어 공학이 기여하는 일에는 국민들의 언어생활 향상에 도움이 되는 다양한 프로그램을 개발하는 일이 있다. 예를 들어 어문규범 검색, 국어의 역사 정보 검색, 방언 검색, 남북 언어 비교 검색 등을 위한 프로그램이다. 그리고 현행 컴퓨터 코드에 반영되지 않은 옛 한글과 한자, 구결 등 비표준 문자의 정보를 수집하고 연구하여 컴퓨터로 처리할 수 있도록 문자 코드를 표준화하는 일, 다양한 한글 글꼴을 개발하는 일도 있다.

국어 공학의 또 다른 관심 분야는 한국어-외국어 자동번역 프로그램의 개발이다. 이는 단순히 언어생활을 풍요롭게 하는, 삶의 질 향상에만 의의가 있는 것이 아니라, 어쩌면 소멸 위기에 놓일지도 모르는, 우리말을 지키는, 국어를 보존하는 주요한 방편이 된다. 정보의 세계화가 전개되면 전개될수록 외국어에 대한 이해는 불가피하다. 특히 인터넷으로 공급되는 정부 자료가 영어로 되어 있는 한, 앞으로 정보화 시대에 노출될 다음 세대들은 영어 속에서 생활하고, 영어로 생각해야 할 것이다. 영어를 모르면, 쏟아지는 정보에 눈을 막고 살아야 할 판이다. 정보에 눈을 막을 수가 없다면, 영어에 매달려 일상생활을 하지 않을 수 없다. 그렇게 될 경우, 우리 사회를 오늘날까지 이끌어 온 우리말에 대한 자긍심이 사라질 뿐만 아니라, 나아가서 영어 전용의 시대가 될지도 모른다. 우리말 자체가 사라질지도 모른다. 이를 극복하기 위한 유일한 길은 완벽한 영어-한국어 쌍방향 자동번역 프로그램을 개발하는 데 관심을 가지는 일이다. 그래야만 영어로 된 정보를 자동번역을 통해서, 우리말로 받아들여 우리말을 쓰면서 불편 없이 살아갈 수 있을 것이다. 그러기 위해서는 지금까지 개발하여 사용하고 있는 번역 프로그램의 완성도를 크게 올려야 한다. 이와 같이 우리말을 지키기 위해서도 국어학이 국어 공학으로 연구 대상을 확대하지 않을 수 없는 시점이 이제 우리 앞에 다가왔다.

[출전]

1997 21세기 국어학 연구의 새로운 방향, 《대구어문논총》 15, 23-36, 대구어문학회.
2003 국어사 연구의 대상과 방법, 《국어학회 제30회 전국학술대회 발표 자료》, 국어학회.
2009 국어 정책과 국어 교육, 《국어교육》 129, 25-38, 한국어교육학회.
2010 세계화 시대의 국어 정책 방향, 《국어국문학》 155, 5-17, 국어국문학회.
2011 국어 연구의 응용언어학적 접근, 《어문학》 114, 1-14, 한국어문학회.
2011 국어 정책과 국어 보전, 《재미한국학교협의회 제29회 국제학술대회 강연 자료》, 재미한국학교협의회.